赞美的价值

培养孩子的财商

犹太人

教子秘籍

宿文渊☆编著

四川人民出版社

图书在版编目（CIP）数据

犹太人教子秘籍 / 宿文渊编著 . -- 成都 : 四川人民出版社, 2020.5

ISBN 978-7-220-11633-9

Ⅰ . ①犹… Ⅱ . ①宿… Ⅲ . ①犹太人—家庭教育—通俗读物 Ⅳ . ① G78-49

中国版本图书馆 CIP 数据核字 (2019) 第 210903 号

YOUTAIREN JIAOZI MIJI

犹太人教子秘籍

宿文渊　编著

出 版 人	黄立新
策划组稿	张明辉
责任编辑	薛玉茹　戴黎莎
营销策划	张明辉
插画绘制	金版文化
封面设计	简明波
责任校对	舒晓利
责任印刷	许　茜
出版发行	四川人民出版社（成都槐树街2号）
网　　址	http：//www.scpph.com
E-mail	sarmcbs@sina.com
新浪微博	@四川人民出版社
微信公众号	四川人民出版社
发行部业务电话	（028）86259624　86259453
防盗版举报电话	（028）86259624
印　　刷	深圳市雅佳图印刷有限公司
成品尺寸	135mm × 180mm
印　　张	14
字　　数	300千
版　　次	2020年5月第1版
印　　次	2020年5月第1次印刷
书　　号	ISBN 978-7-220-11633-9
定　　价	48.00元

前言

Preface

犹太民族一直以经商人才辈出闻名于世。伟大的政治思想家马克思、无产阶级革命导师列宁、著名心理学家弗洛伊德、伟大科学家爱因斯坦、西班牙画家毕加索、英国经济学家大卫·李嘉图、美国石油大王洛克菲勒、金融大亨索罗斯、华尔街金融巨头摩根……这些在各领域成就辉煌、享誉国际的名人都是犹太裔。犹太人自称是“上帝的选民”，从某种程度上说，这并不是自大。二战后，美国诺贝尔奖的获得者大约有一半是犹太人，从诺贝尔奖设立以来，全世界的获奖者中大约有22%是犹太人，而从人口总数来看，全世界犹太人最多的时候也只有1500万，由此可见犹太人非凡的创造力。

据相关研究显示：犹太人对家庭教育的高度重视，是犹太人获得如此巨大成就的根本原因。重视教育，是犹太民族最为突出的优良传统。犹太民族在求知、交友、处世、自我修养等各方面的良好传统，使他们具备了卓越超群的文化素养。犹太民族将知识和智慧视为自己真正能掌握的财富，他们有着宗教般虔诚的求知好学精神，不仅严于律己，而且将学习、生活、做人、经商等各个方面的智慧精华教给他们的孩子。犹太人的教育不但使犹太人精明、富有，而且还使犹太人不管流落于世界任何一个地方，都能如鱼得水般地开创他们的事业。犹太人相信，良好的家庭教育是世界的希望所在。可以说，犹太裔名人的成功，无一不得益于他们父母进行的早期教育以及对家庭教育的巨大投资和执着追求。独到的家庭教育造就了无数精英，熔铸了民族之魂，托起了美好希望，这就是犹太民族的成功秘诀。

在从小教育孩子尊重知识的同时，犹太人更注重培养孩子的智慧。犹太人家庭的孩子，小时候几乎都要回答这个问题：“假如有一天，你的房子被烧毁了，你的财产被抢光了，你将带着什么东西逃命呢？”如果孩子回答是金钱或珠宝，母亲就会十分耐心地告诉孩子：“孩子，你要带走的不是金钱，也不是珠宝，而是智慧，因为智慧是任何人都无法抢走的，你只要活着，智慧就永远伴随着你。”智慧的观念就这样深深扎根在犹太人的心中。在犹太人的社会中，几乎每个人都认为，学者远比国王伟大，也远比富翁伟大。对于那些只有知识而没有智慧的人，他们将其称为“背着很多书本的驴子”。犹太人从小就教育孩子，一般的学习仅是一种模仿，没有任何的创新，学习应该以思考为主，思考是由怀疑和答案组成的，思考是学习的基础。他们教育孩子：学习是打开智慧大门的钥匙，懂得越多，产生的怀疑就越多，问题就随之增加，所以，提问使人进步，提问和谋得答案一样重要。在许多犹太人家庭里，问放学的孩子的第一句话就是：“你又提问题了吗？”有人称犹太民族是一个企图揭示自然和人类秘密的哲学家式的民族。喜欢思考宏观的、深层次的问题，喜欢抽象，喜欢逻辑，铸成了犹太人家庭教育的核心。出于这样的教育观念，犹太人的家庭非常注重父母和孩子之间的思想与情感交流，父母经常与孩子对话和探讨，并常常对孩子加以引导，诱发孩子进行思考。这样做的结果，使犹太人的孩子拥有了雄辩的口才和智力测试中的优异成绩。

随着社会的进步，人们对教育尤其是素质教育越来越重视，作为孩子的家长更是关心孩子成长。对于正在成长中的孩子来说，如何去设计、创造未来的成长之路，从很大程度上说，决定权掌握在孩子的父母手中。正如一句名言说的那样：“与其说国家的命运掌握在政治家手里，不如说国家的命运掌握在父母手里，推动摇篮的手也在推动人类的未来。”家庭是人生的第一所学校，父母是子女的第一任老师，父母对孩子的家庭教育将会影响孩子的一生。“他山之石，可以攻玉”，犹太人家庭教育的成功经验，是当前我们家庭素质教育的最好参考，值得我们每一个中国父母学习和借鉴。

目录

Contents

第一章 真爱：

成就明天的源泉

第二章 品质：美好人生的基石

第三章 信念：生命的支柱

第五章 心态：一面生活的魔镜

第六章 习惯：决定未来的力量

第八章 进取：塑造完美的自我

第九章 勤奋：重视人生的每一步奋斗

第十章 学习：

孜孜以求的求知精神

第十一章 幸福：无悔人生的音符

第十二章

时间：

成功的帮手

第十三章 财商：

君子爱财，取之有道

第一章

真爱：成就明天的源泉

布朗尼蛋糕

对孩子的教育要尊重孩子自己的选择，而不能把自己的意志强加给孩子，要求他们做自己不愿做的事，成为自己不愿成为的人。

罗伊先生是犹太民族中的传奇人物之一，他赤手空拳、艰苦奋斗，成为成功的金融家。

罗伊先生40岁时有了独子雷特。因为罗伊先生经历过贫困和艰难，所以，他想要给儿子创造一个优越的环境，让其顺利地成长为一个卓尔不群的人。

雷特6岁时，罗伊先生问儿子："长大以后你希望做什么呢？"当时雷特刚刚获得了一个儿童绘画大奖，罗伊先生特意推掉事先计划好的商务会谈，父子俩一起到酒店庆祝。小圆桌上摆着香喷喷的甜点，雷特嘴巴塞得满满的，眨巴着眼睛对父亲嘟哝道："我想当个糕点师，给您做最棒的布朗尼蛋糕。"罗伊先生被逗乐了，顺着话头夸了儿子几句，但打心眼里没把儿子的回答当真。

时光荏苒，天真的小雷特已长成一个英俊少年，他是学校里最出类拔萃的学生。高中快毕业的时候，学校的老师和罗伊先生的朋友热情地为雷特推介了许多优秀的高等学府，甚至有些大学提前给他寄来了报考材料。

罗伊先生把所有资料交给儿子，微笑着对他说："一切由你自己决定。"但雷特却出人意料地推开那些东西，笃定地说："我想考烹饪学院，以后当一名很棒很棒的糕点师。"

罗伊先生的微笑有点僵硬了，他回忆起儿子当年说过的话，看来那不是孩子气。平心而论，罗伊先生觉得自己并不是一个想把自己的意愿强加给儿子的父亲，很多年来，他一直给儿子最大的自由，但他不曾料到会是这样一个结果。

面对优秀的儿子，他即使从不苛求儿子去做他金融帝国的继承者，但也希望儿子成为某个领域里的优异者，比如医生、艺术家、学者等，而糕点师算什么？

罗伊先生心里这样思忖，但他的脸上很是平静，他拍了拍雷特的肩膀说："啊，这个理想有点特殊，那就好好干吧。"

不久，雷特踌躇满志地报考了三所烹饪学院。可接踵而来的都是坏消息，那些学院无一例外地拒绝了雷特，不仅因为他的考试成绩不理想，而且他缺乏烹饪经验，甚至有的专业老师给他下了"缺乏烹饪资质"的评语。

这对一直一帆风顺的雷特来说，实在是个不小的打击，他把自己关在屋子里好些天。一天夜晚，他沮丧地打开房门，看见父亲就站在门外，脸上满是怜惜。罗伊先生朝儿子伸出双臂轻声说："来吧，一切都会过去的。"雷特扑向父亲温暖的怀抱，伤心地哭泣起来。而罗伊先生则紧紧抱住儿子，他很清楚，儿子哭过之后，一切都会过去的。

果然，翌日，雷特主动向罗伊先生要回了当初推掉的那些高等学府的资料。

几年以后，雷特以优异的成绩从大学毕业，然后进了罗伊先生的公司工作。好像有先天遗传似的，雷特不仅很快熟悉了金融业务，而且以他的见识和才能很快在业内崭露头角。

有这样一个出色的儿子，罗伊先生高兴得能从梦里笑醒，但是，在另一方面，他又凭着父亲的敏感察觉到雷特身上的某种忧郁。为什么呢？他想不透，也找不出理由。

毕竟岁月不饶人，罗伊先生病倒了，是老年人常见的心脏病。虽然不严重，但医生还是叮嘱他卧床休养。

休养的第三天晚上，罗伊先生悄悄从床上爬了起来，打算到楼下找几份报纸。那是周末，家里的用人全都回了家。可是，厨房里却还透出灯光，还有些轻微的动静。罗伊先生蹑手蹑脚地走了过去，看见儿子雷特正有条不紊地将奶油、巧克力、香草精、新鲜鸡蛋分类化开、混合，又将雪白的面粉和泡打粉一起均匀搅拌，然后再倒入模具放进电烤箱。他的动作娴熟又专注，仿佛在创作一件艺术品。

“嗨，你在干什么？”罗伊先生好奇地问，他从不知道儿子还会这么一手。雷特回头看了一眼父亲，回答说：“我在给您做一块布朗尼蛋糕。”

过了一会儿，雷特从烤箱里拿出烘焙好的布朗尼蛋糕。棕色的糕体散发着巧克力香味，看上去松软可爱。雷特捧着蛋糕，朝父亲顽皮地鞠个躬，脸上洋溢着得意的笑容。

那笑容是罗伊先生很久不曾看见的，他记起儿子孩提时的理想，当年那个小毛孩子的脸上不就是洋溢着如此灿烂的笑容吗？可是后来……

罗伊先生的眼睛湿润起来，他接过蛋糕，认真地问雷特：“这么多年，你工作得并不快乐，对不对？”雷特怔了一下，并不正面回答，只是道：“可我一直干得很出色。”罗伊先生

低头咬了一口布朗尼蛋糕，细细地咀嚼半天，最后说：“我一直为拥有一个出色的儿子自豪，但是吃了你亲手做的布朗尼蛋糕，我才发现，原来拥有一个快乐的儿子更重要。”

说罢，罗伊先生带着儿子到书房，他从保险柜里拿出当年雷特考烹饪学院的成绩单，全是优秀记录——当时是他用金钱去买断了那些“不合格”的成绩。

书房门在父子俩身后关上，没有人知道那晚究竟发生了什么。不过，第二天雷特就宣布辞去公司所有职务。几个月后，罗伊先生向许多朋友发出了晚会邀请，请柬上没有说明缘由，所有人都没想到，晚会上，罗伊先生微笑着向众人宣布：“今天请诸位来，是庆祝我的儿子雷特正式经营一家糕点店，他能做出世界上最棒的布朗尼蛋糕……”

望子成龙，给孩子设定宏伟的蓝图，是许多家长都乐此不疲的事。在此，我们确实都要感谢父母对孩子的关爱。但正如故事中所说的，智慧的犹太人却能让孩子做自己喜欢的“布朗尼蛋糕”，因为那样，孩子才能真正得到快乐。

打开窗户，但别开错了

我们在人生道路上遭遇失败，或许是因为我们“开错了窗户”，试一试打开另一扇窗户吧，或许成功的阳光霎时就把我们的心灵照亮。

19世纪末在法国犹太人中流传着这样的一个故事：

两个小女孩在阳台上跑来跑去，乐此不疲。

妈妈问她们在干什么，小女孩说：“屋子里太暗，我们想拿点阳台上的阳光进来。”

妈妈乐了，站在一旁看两个可爱的小家伙如何完成这件事。她们先撩起衣襟，等阳光落在衣襟里，便飞快地把衣襟包起来，然后跑进屋，打开衣襟，发现什么也没有了。她们又找出簸箕和扫把，姐妹俩一个扫，一个盛，到底还是没把阳光弄进来。她们想，阳光大概也喜欢零食吧，也喜欢玩具吧，于是分头将好吃的、好玩的都摆在阳台上。阳光果然落在了零食和玩具上，她们乐了，过会儿又将零食和玩具移到屋子里，她们想阳光也许会像小花狗一样跟进来。

折腾了这么大半天，妹妹就问姐姐：“太阳真的不饿吗？真的不喜欢做游戏吗？”

姐姐想了一会儿就说：“它肯定也饿了，也想玩游戏，但它就是不肯进屋子里来。”

妈妈笑着说："你们知道太阳为什么不肯进屋子来吗？"

姐妹俩都表示不知道。妈妈接着说："太阳也怕黑。你们如果打开屋子的窗户，让屋子亮起来，太阳就会进来了。"姐妹俩高兴极了，飞快地跑去开窗户。打开窗户，阳光没有进来，小女孩却趴在窗户上大哭起来。妈妈凑近一看，楼底下花园里，几个人正在捕杀女儿的小花狗。可是，作为妈妈她也无法阻止这件事，因为狂犬病实在来势凶猛，政府下令捕杀这个城市中所有的狗。

妈妈把哭泣的女儿抱到一边，怜爱地说："宝贝，你们开错了窗户。"

她牵着女儿的手，来到另一扇窗前并打开它，屋子里顿时布满阳光。

如果你初为人母，或者初为人师，你不觉得故事中的妈妈是智慧的吗？如果你对一切满怀抱怨，对生活充满了沮丧，那你不觉得应该打开心灵的窗户，让阳光驱散你心中的黑暗吗？如果你在人生的道路上屡屡失败，正当伤心绝望、准备放弃时，你不觉得你开错了窗户吗？这时候你应该果断地打开另一扇窗户，因为成功往往在失败的旁边——而不仅仅是前面。

回家

家庭是人一生中最温暖的地方，我们要以自己的实际行动教育孩子用真心加耐心去呵护家庭的幸福。

科尔在以色列国际机场等着接一个朋友时，他想从空桥走出的旅客中找到朋友，却注意到一个犹太男人带着两个轻便的袋子向前来迎接他的家人走来。

他放下袋子后先走向他最小的儿子（可能是6岁），并给了对方一个长长的拥抱。放开时两人互望着对方，科尔听到这位父亲说："能见到你实在太好了，儿子，我实在好想你。"他儿子笑得很羞涩，眼神有点闪躲，只是轻轻地回答："我也是，爸爸！"

然后男子站直，注视着大儿子（也许9岁或10岁），把儿子的脸捧在手心里说道："你已经是个年轻小伙子啦！我亲爱的柴克！"接着他也给了对方一个温暖又温柔的拥抱。这时，一个小女孩（可能是1岁多）开始在她母亲怀里兴奋地蠕动着，

她从没把她的视线从她归来的父亲的脸上移开，男子说道：“嗨，小姑娘。”当他从妻子手中温柔地接过女儿时，很快地把女儿的小脸都亲了个遍，又把她贴近自己的胸膛摇啊摇，小女孩很快就放松了，满足地把头静静地靠在他肩上。

过了一会儿，他牵着女儿和大儿子的手宣布：“我把最好的留在最后。”然后给了他的妻子一个科尔从未看过的最长、最热情的吻，男子深情地望着妻子，然后静静地说：“我好爱你。”

他们凝视着对方的眼睛，握着彼此的手相视而笑。那一刻科尔觉得他们也许是新婚夫妻，但根据他们孩子的年龄判断，又不太可能，科尔被眼前发生的一切感动了，科尔不禁问道：“你们俩结婚多久啦？”

“在一起14年，结婚12年了。”他顺口答道，眼睛还是盯着他亲爱的妻子不放。

“那么，你离开多久了呢？”科尔继续问道。这男人终于转了过来，看着他，露出愉悦的微笑，答道：“整整两天。”

两天？科尔着实吃了一惊，以这般热烈的欢迎仪式看来，他几乎已认定男子不是离开了几个月，也至少是几个星期。

科尔轻轻地叹了一声，说道：“我希望我的婚姻在12年后还能有你们那般热情！”

这男人马上收敛了笑容，直直地看着科尔，说：“别只是希望，朋友，要下决心。”

科尔一直看着这个特殊的男人和家庭走出自己的视线，当科尔的朋友走到他身边时问道：“你在看什么？”科尔毫不迟疑，以一种热切的坚定回答他：“我的未来！”

幸福生活的获得有时候就像在酿酒，想要酿造出那历久弥香的美酒，并不仅仅是希望，还需要有淘米、蒸料、麦芽糖化、制酒曲、发酵等每一道工序耐心操作的决心，因为稍有一两道工序疏忽，便会前功尽弃。家庭幸福的常青树是需要我们用真心加耐心呵护的！

母亲给出的答案

当孩子遭遇失败时，他们需要的不是生硬的说教，更不是指责，而是正面的鼓励和耐心的引导。

有个犹太孩子对一个问题一直想不通：为什么他的同桌想考第一就考了第一，而自己想考第一却只考了全班第二十一名？

回家后他问妈妈：“妈妈，我是不是比别人笨？我觉得我和他一样听老师的话，一样认真地做作业，可是，为什么我总比他落后？”妈妈听了儿子的话，感觉到儿子开始有自尊心了，而这种自尊心正在被学校的排名伤害着。她望着儿子，没有回答，因为她不知道怎样回答。

又一次考试后，孩子考了第十七名，而他的同桌还是第一名。回家后，儿子又问了同样的问题。她真想说，人的智力确实有三六九等，考第一的人，脑子就是比一般的人灵。然而这样的回答，难道是孩子真想知道的答案吗？她庆幸自己没说出口。

应该怎样回答儿子的问题呢？有几次，她真想重复那几句被上万个父母重复了上万次的话——你太贪玩了；你在学习上

还不够勤奋；和别人比起来还不够努力……来搪塞儿子，哪怕一次。然而，像她儿子这样脑袋不够聪明、在班上成绩不甚突出的孩子，平时活得还不够辛苦吗？所以她没有那么做，她想为儿子的问题找到一个完美的答案。

儿子小学毕业了，虽然他比过去更加刻苦，但依然没有赶上他的同桌，不过与过去相比，他的成绩一直在提高。为了对儿子的进步表示赞赏，她带他去看了一次大海。就是在这次旅行中，这位母亲回答了儿子的问题。

现在这位做儿子的再也不担心自己的名次了，也再没有人追问他小学时成绩排第几名，因为他去年以全校第一名的成绩考入了国际一流大学。寒假归来时，母校请他给同学及家长们做一个报告，他讲了小时候的一段经历："我和母亲坐在沙滩上，她指着前面对我说，你看那些在海边争食的鸟儿，当海浪打来的时候，小灰雀总能迅速地起飞，它们拍打两三下翅膀就升入天空；而海鸥总显得非常笨拙，它们从沙滩飞入天空总要很长时间，然而，真正能飞越大海横过大洋的还是它们。"这个报告使得很多母亲流下了眼泪，其中包括他自己的母亲。

孩子的成功并非仅在于母亲的答案告诉了他持之以恒的重要性，还有他所体会到母亲的答案中传递的爱和支持，母亲用她的答案宣告她对孩子的信心和对孩子自尊的维护。我们不妨相信：是爱让这个世界转动的！

你总会和我在一起

我们每个人都是平凡的，然而当我们拥有爱并发挥出爱的力量时，却可以超越平凡。正是爱激活了沉睡的生命。

1989年发生在美国洛杉矶一带的大地震，在不到4分钟的时间里，使30万人受到伤害。

在混乱和废墟中，一个年轻的犹太父亲安顿好受伤的妻子后，便冲向他7岁儿子上学的学校。他眼前，那个昔日充满孩子们欢声笑语的漂亮的三层教学楼，已变成一片废墟。

他顿时感到眼前一片漆黑，大喊："阿曼达，我的儿子！"跪在地上大哭了一阵后，他猛地想起自己常对儿子说的一句话："不论发生什么，我总会跟你在一起！"他坚定地站起身，向那片废墟走去。

他知道儿子的教室在楼的一层左后角处。他疾步走到那里，开始动手。

在他清理挖掘时，不断地有孩子的父母急匆匆地赶来，看到这片废墟，他们痛哭并大喊："我的儿子！""我的女儿！"哭喊过后，他们绝望地离开了。有些人上来拉住这位父亲说："太晚了，他们已经死了。"这位父亲双眼直直地看着这些好心人，问道："谁愿意来帮助我？"没有人给他肯定的回答，他便埋头接着挖。

救火队长挡住他："太危险了，随时可能发生起火爆炸，请你离开。"

警察走过来说："你很难过，难以控制自己，可这样不但不利于你自己，对他人也有危险，马上回家去吧。”

这位父亲总是只有一句话：“谁愿意帮助我？”

人们都摇头叹息着走开了，都认为这位父亲因失去孩子而精神失常了。

而这位父亲心中只有一个念头：“儿子在等着我。”

他挖了8小时、12小时、24小时、36小时，没人再来阻挡他。他满脸灰尘，双眼布满血丝，浑身破烂不堪，到处是血迹。到第38小时，他突然听见底下传出孩子的声音：“爸爸，是你吗？”

是儿子的声音！父亲大喊：“阿曼达！我的儿子！”

“爸爸，真的是你吗？”

“是我，是爸爸！我的儿子！”

“我告诉同学们不要害怕，说只要我爸爸活着就一定会来救我，也就能救出大家。因为爸爸说过不论发生什么，你总会和我在一起！”

“你现在怎么样？有几个孩子活着？”

“我们这里有14个同学，都活着，我们都在教室的墙角，房顶塌下来架了个大三角形，我们没被砸着。”

父亲大声向四周呼喊：“这里有14个孩子，都活着！快来人！”

过路的几个人赶紧上前来帮忙。

50分钟后，一个安全的小出口开辟出来。

父亲声音颤抖地说：“出来吧！阿曼达。”

“不！爸爸。先让别的同学出去吧！我知道你会跟我在一起，我不怕。不论发生了什么，我知道你总会和我在一起。”这对了不起的父子在经过巨大灾难后，无比幸福地紧紧拥抱在一起。

一对平凡的犹太父子在生死考验时所表现出的真挚感情、所展现出来的深切信任、所收获的巨大幸福，还有什么比这让我们更相信这个世界，更相信我们周围，更相信我们自己在这种爱的包围下所拥有的能量、所创造的奇迹呢？我们是平凡的，但我们又是不平凡的，因为我们拥有爱！

苹果的两种分法

母亲对孩子的成长有着至关重要的影响。作为母亲，要教育孩子从小诚实地说出自己的心声，而不是为了达到目的就伪装欺骗。

一个人一生中最早受到的教育来自家庭，来自母亲对孩子的早期教育。美国一位著名的犹太心理学家为了研究母亲对人一生的影响，在全美选出50位成功人士，他们都在各自的行业中获得了卓越的成就，同时又选出50位有犯罪记录的人，分别去信给他们，请他们谈谈母亲对他们的影响。有两封回信给他的印象最深，一封来自白宫一位著名人士，一封来自监狱一位服刑的犯人。他们谈的都是同一件事：小时候母亲给他们分苹果。

那位来自监狱的犯人在信中这样写道：“小时候，有一天妈妈拿来几个苹果，大小各不同。我一眼就看见中间的一个又红又大，十分喜欢，非常想要。这时，妈妈把苹果放在桌上，问我

和弟弟：‘你们想要哪个？’我刚想说想要最大最红的一个，这时弟弟抢先说出我想说的话。妈妈听了，瞪了他一眼，责备他说：‘好孩子要学会把好东西让给别人，不能总想着自己。’

“于是，我灵机一动，改口说：‘妈妈，我想要那个最小的，把大的留给弟弟吧。’

“妈妈听了，非常高兴，在我的脸上亲了一下，并把那个又红又大的苹果奖励给我。我得到了我想要的东西。从此，我学会了说谎。以后，我又学会了打架、偷、抢，为了得到想要得到的东西，我不择手段。直到现在，我被送进监狱。”

那位来自白宫的著名人士是这样写的：“小时候，有一天妈妈拿来几个苹果，大小各不同。我和弟弟们都争着要大的，妈妈把那个最大最红的苹果举在手中，对我们说：‘这个苹果最大最红最好吃，谁都想要得到它。很好，现在，让我们来做个比赛，我把门前的草坪分成三块，你们三人一人一块，负责修剪好，谁干得最快最好，谁就有权得到它！’我们三人比赛除草，结果，我赢了那个最大的苹果。我非常感谢母亲，她让我明白一个最简单也最重要的道理：想要得到最好的，就必须努力争第一。”

推动摇篮的手，就是推动世界的手。母亲是孩子的第一任教师，你可以教他说第一句谎话，也可以教他做一个诚实的永远努力争第一的人。世界上一切光荣和骄傲都来自母亲。

奇迹的名字叫父亲

在这个世界上，爱总是让我们创造奇迹！

1948年，在一艘横渡大西洋的船上，有一位犹太父亲带着他的小女儿去和在美国的妻子会合。

海上风平浪静，晨昏瑰丽的云霓交替出现。一天早上，男人正在舱里用刀削苹果，船却突然剧烈地摇晃，男人摔倒时，刀子扎入他的胸口，他的全身都在颤抖，嘴唇瞬间乌青。

6岁的女儿被父亲瞬间的变化吓坏了，尖叫着扑过来想要扶他，他却微笑着推开女儿的手：“没事，只是摔了一跤。”然后轻轻地拔出刀子，很慢很慢地爬起来，淡然地用大拇指揩去了刀锋上的血迹。

之后三天，男人照常每晚为女儿唱摇篮曲，清晨替她系好美丽的蝴蝶结，带她去看大海的蔚蓝，仿佛一切如常。而小女儿没有注意到父亲每一分钟都比上一分钟更衰弱、苍白，他看向海平线的眼光是那样忧伤。

抵达的前夜，男人来到女儿身边，对女儿说：“明天见到妈妈的时候，请告诉妈妈，我爱她。”

女儿不解地问：“可是你明天就要见到她了，你为什么不自己告诉她呢？”

他笑了，俯身，在女儿额上深深留下一个吻。船到纽约港了，女儿一眼便在熙熙攘攘的人群里认出母亲，她在喊着：“妈妈！妈妈！”

就在这时，周围忽然一片惊呼，女儿一回头，看见父亲已经仰面倒下，胸口血如井喷，霎时间染红了码头的甲板……

尸检的结果让所有人惊呆了：那把刀无比精确地洞穿了他的心脏，他却多活了三天，而且没被任何人察觉。唯一的解释是因为创口太小，使得被切断的心肌依原样贴在一起，维持了三天的供血。

这是医学史上罕见的奇迹。在医学会议上，有的人称这是大西洋奇迹，有的人建议以死者的名字命名，还有的人说要叫它神迹……

“够了。”那是一位坐在首席的老医生，须发俱白，皱纹里满是人生的智慧，此刻一声大喝，然后一字一顿地说，“这个奇迹的名字，叫父亲。”

与其说这是一个关于奇迹的故事，不如说它是一个关于父爱的故事。父母对孩子的爱是最无私的爱，正是这种爱，创造了一个又一个我们生命里的奇迹。真爱也是成就孩子美好未来的源泉。

让心灵软着陆

孩子的自尊心非常脆弱，经不起太重的打击，需要我们用爱和宽容去滋养。

一位犹太老师在批改学生的作文时，一篇题为《一条围巾》的文章深深吸引了他，他便当作范文在班上阅读。

“这篇文章是抄来的！”老师刚读完这篇作文，一个学生举起手大声地说。他的话音刚落，全班哗然，大家议论纷纷，目光齐刷刷地扫向那个抄袭的同学，她满脸绯红地低下了头。

面对这突然的变故，老师停顿了一下，转过话头问大家：“同学们，这篇文章写得好不好？”

“好是好，可是……”

“我问的是这篇文章写得好不好，不管其他。”

“太好了！”

“那就请同学们谈谈这篇文章好在哪里，请发言的同学到讲台上来说。”

结果，有八位同学发言，大家高度评价了这篇文章。老师接着说：“同学们，这样好的文章我以前读得不多，可能同学们读得也不多，以后多给同学们推荐一些优秀的文章，在班上宣读，你们以为如何？”

“太好了！”

“那么，对今天第一个给我们推荐优秀文章的同学大家说应该怎么办？”

“谢谢！”“非常感谢！”此时，同学们对老师的用意已心领神会。

“从今天开始，每周推荐一篇优秀作文，全班同学轮流推荐。可以拿原文来读，也可以写到自己的作文本上。不过别忘记注明原作者和出处。”同学们会心地笑了，那个抄袭作文的同学也舒心地笑了。

孩子的心灵总是比较脆弱，容易受到伤害，并且受伤的心灵还不易愈合。老师的做法，保全了一个孩子的“面子”，既不伤害孩子的自尊心，又能让他认识到自己的错处，而且还给全班学生上了一堂生动的宽容课。爱与宽容永远是最神奇的魔术师，在包含爱与宽容的教育中，孩子才能健康成长。

神秘的耳朵

母爱是世上最无私的爱，为了孩子的幸福，母亲愿意付出一切。

一天清晨，一个犹太婴儿在美国纽约市一家医院里呱呱坠地了。

“我可以看看我的孩子吗？”孩子的母亲幸福地向医生请

求道。随即医生就把裹着婴儿的小包被递进了她的怀里，移开被布，看见了婴儿的小脸，她不禁倒抽了一口冷气。医生不忍心再看，迅速转过脸去。原来这个婴儿生来便没有耳朵。

他的父亲给他取名杰米。一段时间过后，杰米的父母很庆幸地发现孩子的听力没有什么障碍，跟正常人一样，缺少耳朵，只是损坏了他的相貌，但是天真的杰米并没有意识到他与别的孩子有什么不同。在父母的关爱下，他度过了快乐无忧的童年。

时光流逝，杰米渐渐地长大了，因为没有耳朵，越发显得与众不同。

终于，杰米明白了自己实际上是个残疾人，因为没有耳朵，他感到自卑，再不愿去学校，性格也变得越来越孤僻，甚至不敢走出家门。父母为此感到十分苦恼。杰米的爸爸去请教一位熟识的医生："难道孩子的缺陷真的一点补救的办法都没有吗？"

"如果能得到一双耳朵的话，我相信我可以给他做移植手术。"医生肯定地告诉他。可是到哪里去找一双耳朵呢？有谁肯为一个孩子做出如此巨大的牺牲呢？而且做这个手术也需要一大笔费用。

两年过去了，有一天，爸爸对杰米说："孩子，你要去医院做个手术。妈妈和我已经找到了为你捐献耳朵的人，不过捐献人的身份是保密的。"

移植手术非常成功，杰米终于有了一双耳朵。他高兴极了，简直像换了一个人一样。他又重新回到了学校。大学毕业后，他结婚了，并且如愿以偿成了一名外交官。

工作在富丽堂皇的政府大楼里，出入觥筹交错的外交场合，回到家里有娇美贤淑的妻子相伴，杰米在幸福之际常举手抚摸着耳朵，他真想当面好好感谢那位神秘的捐献人，正是因为这双耳朵，重新给了他生活的勇气和信心，他才能够取得今天的成就。

“我必须得知道！”他急切地催问着爸爸，“是什么人给了我如此慷慨的捐助？”

“孩子，根据约定你不可以知道……至少现在还不行。”

岁月静静地流过，虽然他也私下里进行了长时间的调查，但仍然没能找到那位神秘的捐献人。然而，揭示谜底的那一天终于到来了。那是杰米一生中经历的可能最黑暗的一天。他和爸爸一起站在妈妈的棺材跟前。慢慢地，轻轻地，爸爸向前伸出一只手，撩开妈妈那浓密、灰白的头发……他惊讶地发现安卧在那里的妈妈居然没有耳朵，他一下子什么都明白了。

“我终于知道了妈妈为什么说她很高兴自己永远都不用剪头发。”早已泪流满面的杰米对爸爸低语道，“没有人觉得妈妈不如从前美丽，是吗？”

爱，是这个世界上最珍贵的最美好的礼物！爱，孕育着这世界上最温馨最纯洁的感情！爱，融化在我们心中，撒遍世界的各个角落！这是一个让人感动的故事，因为它向我们描绘的是一种无私奉献的母爱。法国文学家莫泊桑曾经说过：“世间最美丽的情景是出现在当我们怀念母亲的时候。”

仁慈的谎言

只要我们的动机是出于仁慈和爱，那么谎言也是美丽动人的，比吐露实情更能赢得上帝的赞许。

1848年，美国一个安静的小镇上，一声刺耳的枪声划破了午后的沉寂。刚入警察局不久的年轻助手，听到枪声，就随犹太警长匆匆奔向出事的地点。

一位青年人倒在卧室的地板上，身下一片血迹，右手已无力地松开，手枪落在身旁的地上，身边的遗书笔迹纷乱。他倾心钟情的女子，就在前一天与另一个男子走进了教堂。

屋外挤满了围观的人群，死者的六位亲属都呆呆伫立着，年轻的警察禁不住向他们投去同情的一瞥。他知道，他们的哀伤与绝望，不仅因为亲人的逝去，还因为他们是犹太教徒。对于犹太教徒来说，自杀便是在上帝面前犯了罪，他的灵魂将在地狱里饱受烈焰焚烧。而风气保守的小镇居民，会视他们全家为异教徒，从此不会有好人家的男孩子约会他们家的女孩子，也不会有良家女子接受这个家族的男子们的戒指和玫瑰。

这时一直沉默着、双眉紧锁的警长突然开了口："这是一起谋杀。"他弯下腰，在死者身上探摸了许久，忽然转过头来，用威严的语调问道："你们有谁看到他的银挂表吗？"那块银挂表，镇上的每一个人都认得，是那个女子送给年轻人唯一的信物。所有的人都忙乱地否认，包括围在门外看热闹的那些人。警长严肃地站起身："如果你们谁都没看到，那就一定是凶手拿走了，这是典型的谋财害命。"死者的亲人们号啕大哭起来，耻辱的十字架突然化成了亲情的悲痛，原来冷眼旁观的人们也开始走近他们，表达慰问和吊唁。警长充满信心地宣布："只要找到银表，就可以找到凶手了。"

年轻助手对警长明察秋毫的判断钦佩有加，他诚恳地问道："我们该从哪里开始找这块表呢？"警长的嘴角露出一抹难以察觉的笑意，伸手慢慢从口袋里掏出一块银表。年轻人不禁叫出声来："难道是……"警长依然保持沉默。"那么他肯定是自杀，你为什么硬要说是谋杀呢？""这样说了，他的亲人们就不用担心他灵魂的去向，而他们自己在悲痛之后，还可以像任何一个犹太教徒一样开始正常地生活。""可是你说了谎。"警长用锐利的眼睛盯着助手，一字一顿地说："年轻人，请相信我，一个人的一生，比什么都重要。而一句因为仁慈而说出的谎言，只怕上帝也会装着没听见。"那是年轻警官遇到的第一桩案子，也是他一生中最有意义的一课。

杰西克与哈默

关照他人就等于关照自己。

美国黑人杰西克·库思曾经是美国一家名不见经传的小报的记者。因为种族歧视，他在那家报社中感到四面楚歌、受人排挤，与别人交往更成了他最头疼的事情。

那时，美国的石油大王哈默（犹太人后裔）已蜚声世界，报社总编希望几位记者能采访到哈默，以提高报纸的声誉与销量。

杰西克便在心底暗暗发誓，一定要独立完成稿子，以便让他们不敢再轻视自己。

有一天深夜，杰西克终于在一家大酒店门口拦住哈默，并诚恳地希望哈默能回答他的几个简短问题。

经过杰西克的软磨硬缠，最后迫于无奈，哈默同意只回答他一个问题。杰西克想了想，问了他一个最敏感的话题："为什么前一阵子阁下对东欧国家的石油输出量减少了，而你最大的对手的石油输出量却略有增加？这似乎与阁下现在的石油大王身份不符。"

哈默依旧不愠不火，平静地回答道："关照别人就是关照自己。而那些想在竞争中出人头地的人，如果知道关照别人需要的只是一点点的理解与大度，却能赢来意想不到的收获，那他一定会后悔不迭。关照，是一种最有力量的方式，也是一条最好的路。"

哈默离去后，杰西克怅然若失地呆站在街头。他以为哈默只是故弄玄虚，敷衍自己。当然那次采访也没有收到预想的效果，他一直耿耿于怀，对哈默的那番不着边际的话更是迷惑不解。

直到10年后，他在有关哈默的报道中读到这样一段故事。在哈默成为石油大王之前，他曾一度是个不幸的逃难者。有一年冬天，年轻的哈默随一群同伴流亡到美国南加州一个名叫沃尔逊的小镇上，在那里，他认识了善良的镇长杰克逊。

可以说，杰克逊对哈默的成功起了不可估量的作用。

那天，冬雨霏霏，镇长门前的花圃旁的小路便成了一片泥淖。于是行人就从花圃里穿过，弄得花圃里一片狼藉。哈默也替镇长痛惜，便不顾寒雨染身，一个人站在雨中看护花圃，让行人从泥淖中穿行。这时出去半天的镇长笑意盈盈地挑着一担炉渣铺在泥淖里。

结果，再也没人从花圃里穿过了。最后镇长意味深长地对哈默说："你看，关照别人就是关照自己，有什么不好?"

未上锁的门

对于误入迷途的孩子，最好的挽救办法就是一如既往地关爱他们，不抛弃，不放弃，总有一天，爱的力量会唤醒他们的灵魂，让他们迷途知返。

在种族隔离时期，苏格兰的格拉斯哥有一个犹太小女孩像今天许多年轻人一样，厌倦了枯燥的家庭生活和父母的管制。

她离开了家，决心要做世界名人。可不久，她每次满怀希望求职时，都被无情地拒绝了。她只能走上街头，开始乞讨。许多年过去了，她的父亲死了，母亲也老了，可她仍在泥沼中徘徊不前。

在这期间，母女从没有什么联系。可当母亲听说女儿的下落后，就不辞辛苦地找遍全城的每个街区、每条街道。她每到一个收容所，都停下脚步，哀求道：“请让我把这幅画贴在这儿，好吗？”画上是一位面带微笑、满头白发的母亲，下面有一行手写的字：“我仍然爱着你……快回家！”

几个月后，桀骜的女孩懒洋洋地晃进一家收容所，那儿正等着她的是一份免费午餐。她排着队，心不在焉，双眼漫无目的地从告示栏里随意扫过。就在那一瞬，她看到一张熟悉的面孔：“那会是我的母亲吗？”她挤出人群，上前观看。不错！那就是她的母亲，底下有行字：“我仍然爱着你……快回家！”她站在画前，泣不成声。

这时，天已黑了下来，但她不顾一切地向家奔去。当她赶到家的时候，

已经是凌晨了。站在门口，任性的女儿迟疑了一下：该不该进去？终于她敲响了门，奇怪！门自己开了，怎么没锁？！不好！一定有贼闯了进去。记挂着母亲的安危，她三步并作两步冲进卧室，却发现母亲正安然地睡觉。她把母亲摇醒，喊道：“是我！是我！女儿回来了！”

母亲不敢相信自己的眼睛。她擦干眼泪，果真是女儿。娘儿俩紧紧抱在一起，女儿问：“门怎么没有锁？我还以为有贼闯了进来。”

母亲柔柔地说：“自打你离家后，这扇门就再也没有上锁。”

世界因为爱而显得美丽，爱则因为有了母爱而显得博大，富有内涵。真爱也是教育子女最好的方式。对于子女的一些错误，最好的方法就是一如既往地关爱他们，那样他们才会迷途知返，而不是越陷越深。

赞美的价值

对孩子，不应老挑他们的缺点，全盘否定他们，打击他们的自尊，而是善于发现他们的优点，从正面加以积极地鼓励和引导。

父亲带着自认为是无可救药的孩子去心理诊所，孩子已经被他的父亲严重灌输了自己一无是处的观念。对心理医生的询问，孩子总是一言不发，无论如何诱导，他就是不开口。仓促之间，心理医生也无从下手。后来，从孩子父亲的唠叨中，心理医生找到了医治的线索。当时，他的父亲在不停地说：“唉，这孩子一点长处也没有，我看他是没有指望了！”

于是，心理医生开始寻找孩子的长处——孩子不可能没有任何长处。在和孩子父亲的交谈中，心理医生了解到了一个重要的情况，就是他家里的家具常常被孩子用刀划伤，因为到处是刀痕，所以常常受到惩罚。心理医生明白了——喜欢雕刻是孩子的爱好，当然也是孩子的长处。

第二天，心理医生买了一套雕刻工具送给他，还送他一块上等的木料，然后教给他正确的雕刻方法，并不断地鼓励他：“哦，你是我所认识的孩子当中最会雕刻的一位。你具有聪明的天赋，而且还热情勤劳，将来一定会成为一位了不得的艺术家。”当时，孩子的眼睛湿润了。

从此以后，他们接触频繁起来。在接触中，心理医生又慢慢地找到孩子其他的一些优点，当然无一例外地给予中肯的赞美。有一天，这个孩子竟然不用别人吩咐，主动打扫了房间。这件事情，让他的家人十分惊喜。

心理医生问：“孩子，你今天表现得很好，你为什么想起来这样做呢？”孩子回答说：“我想让老师高兴。”

最终，孩子变得健康向上、活泼开朗起来。10年后，那个孩子成了一位著名艺术家。他就是著名的犹太艺术家伯恩·斯坦。

我们身边的每一个人都有自己的优点，只是很多时候我们没有去关注，所以我们没发现。发现宝石需要一颗对宝石的美崇尚的心，而发现他人优点也需要我们有一颗对他人优点赏识、关注的心。让我们去关心我们身边的人，发现他们的优点，不要再吝啬我们的表扬，并相信，总有一天，他们也会像宝石一样耀眼的！

最崇高的父亲

父亲的爱总是似山如海，它静默、深沉。当我们拥有它们时，常常浑然不觉，以为一切都理所当然，因此也丝毫不懂得珍惜；当有一天蓦然回首，幡然醒悟时，才突然被爱的洪流浸没。

在乔治的记忆中，父亲一直就是瘸着一条腿走路的，他的一切都平淡无奇。所以，他总是想：母亲怎么会和这样的一个人结婚呢？

一次，市里举行中学生篮球赛。乔治是队里的主力，他找到母亲，说出了他的心愿：他希望母亲能陪他同往。母亲笑了，说："那当然。你就是不说，我和你父亲也会去的。"他听罢摇了摇头，说："我不是说父亲，我只希望你去。"母亲很是惊奇，问："这是为什么？"他勉强地笑了笑，说："我总认为，一个残疾人站在场边，会使得整个气氛变味儿。"母亲叹了一口气，说："你是嫌弃你父亲了？"父亲这时正好走过来，说："这些天我得出差，有什么事，你们商量着去做就行了。"

比赛很快就结束了，乔治所在的队得了冠军。在回家的路上，母亲很高兴，说："要是你父亲知道了这个消息，他一定会放声高歌的。"乔治沉下了脸，说："妈妈，我们现在不提他好不好？"母亲接受不了他的口气，尖叫起来，说："你必须要告诉我这是为什么。"乔治满不在乎地笑了笑，说："不为什么，就是不想在这时提到他。”母亲的脸色凝重起来，说：“孩子，有些话我本来不想说。可是，我再隐瞒下去，很可能就会伤害到你的父亲。你知道你父亲的腿是怎么瘸的吗？”乔治摇了摇头，说：“不知道。”母亲说：“你两岁时父亲带你去花园里玩。在回家的路上，你左奔右跑。忽然，一辆汽车急驰而来，你父亲为了救你，左腿被碾在了车轮下。”乔治顿时呆住了，说：“这怎么可能呢？”母亲说：“这怎么不可能？只是这些年你父亲不让我告诉你罢了。”

二人慢慢地走着。母亲说：“有件事可能你还不知道，你父亲就是布莱特，你最喜欢的作家。”乔治惊讶地蹦了起来，说：“你说什么？我不信！”母亲说：“其实你父亲也不让我告诉你。你不信可以去问你的老师。”乔治急忙向学校跑去。老师面对他的疑问，笑了笑，说：“这都是真的。你父亲不让我们透露这些，是怕影响你成长。但既然你现在知道了，那我就不妨告诉你，你父亲是一个伟大的人。”

两天以后，父亲回来。乔治问父亲：“你就是大名鼎鼎的布莱特吗？”父亲愣了一下，然后就笑了，说：“我就是写小说的布莱特。”乔治拿出一本书来，说：“那你先给我签个名吧！”父亲看了他片刻，然后拿起笔来，在扉页上写道：“赠乔治，生活其实比什么都重要。布莱特。”

多年以后，乔治成为一名出色的记者。当有人让他介绍自己的成功之路时，他就会重复父亲的那句话：生活其实比什么都重要。

生活比什么都重要，是因为它的真真切切。在生活中，我们才能逐渐明白那不曾发现的关爱何其深厚；在生活中，我们才能逐渐体会到那不曾发现的关爱又是何其重要地影响着我们的成长。

说出你的爱

古语有云：“子欲养而亲不待。”要及早说出你对父母的爱，因为很可能你会永远失去这个机会。

一位犹太教育家在为成年人上的一堂课上，曾给全班出了一道家庭作业。作业内容是：“在下周以前去找你所爱的人，告诉他们你爱他。那些人必须是你从没说过这句话的人，或者是很久没听到你说这些话的人。”

在下一堂课程开始之前，教师问他的学生们是否愿意把他们对别人说爱而发生的事和大家一同分享。一个男人先举起了

手，他看来有些激动。

男人从椅子上站起身，说："先生，上周你布置给我们这个家庭作业时，我对你非常不满。我并没感觉有什么人需要我对他说这些话。还有，你是什么人，竟敢教我去做这种私人的事？但当我开车回家时，我想到，自从5年前我的父亲和我争吵过后，我们就开始避免遇见对方，除非在圣诞节或其他家庭聚会中非见面不可。尽管如此，我们还是几乎不交谈。所以，回到家时，我告诉我自己，我要告诉父亲我爱他。"

"说来也很怪，做了这决定时我胸口上的重量似乎减轻了。第二天5点半，我到了父母家，按门铃，祈祷我父亲会出来开门。我怕是我母亲来开门，而我会因此丧失勇气，但幸运的是，我父亲来开了门。"

"我没有浪费一丁点儿的时间——踏进门就说：'爸，我只是来告诉你，我爱你。'"

"我父亲听了我的话，他不禁哭了，他伸手拥抱我说：'我也爱你，儿子，原谅我竟一直没能对你这么说。'这一刻如此珍贵，我祈盼它静止不动。父亲和我又拥抱了一会儿，长久以来我很少感觉这么好过。但这不是我要说的重点。两天后，那从没告诉我他有心脏病的父亲忽然病发，在医院里结束了他的一生。如果当时我迟疑着没有告诉我父亲，我就可能没有机会了！所以我要告诉全班同学的是：你知道必须做，就不要迟疑。把时间拿来做你该做的，现在就去做！"

大声说出我们的爱，并不是一件难事，可它却会让我们收获很多。说出爱，也许它仅仅是一种形式，可正是这种形式赋予了爱以勇气，赋予了爱以真诚，赋予了爱以感动。只要大声说出父子之间的爱，父子便会更贴心。

我爱我的妈妈

世界上，很多人的成就跟母亲的无私奉献分不开，盛名与荣誉中往往凝注着母亲的泪水、汗水与血水。

凯蒂是一位年轻的英国犹太裔姑娘，中学毕业后，她进入非洲丛林，与桀骜不驯的黑猩猩为伍，历经十余年艰辛的考察，终于在动物研究史上第一次初步揭开了野生黑猩猩行为的奥秘。在完成第一部名叫《黑猩猩在召唤》的科学著作时，她在扉页上写着："献给婉恩、路易斯和雨果……"婉恩是谁？是她的妈妈，是生她、养她、全力支持她的事业的亲爱的妈妈。妈妈在凯蒂孩提时代，就培养了她对动物的浓厚兴趣和对大自然的热爱。

在凯蒂刚满周岁的时候，妈妈就买了一个大的蓬发玩具黑猩猩给凯蒂，以庆祝伦敦动物园头一回产下了小猩猩。妈妈给玩具黑猩猩取了一个名字叫朱比里，和动物园里刚出生的黑猩猩同名。从此，这个玩具朱比里就成了凯蒂最亲爱的朋友，陪伴她度过了整个童年时代。当凯蒂刚学会爬的时候，有一次她钻进那闷热的鸡窝，趴在那里待了5个小时，观察母鸡是怎样下蛋的。妈妈因找不到她而惊恐万分，当即报了警。可是，一发现凯蒂待在鸡窝里，就高兴地笑了。

凯蒂18岁中学毕业后，决定从事黑猩猩的研究，并获准去非洲原始森林考察。当地政府提出：必须有个欧洲人陪同前往。这时，她的母亲——婉恩·古多尔用行动来支持她实现理想，自告奋勇地充当了女儿探险的伙伴。探险无疑是十分艰苦的，生活在热带的原始森林里，各方面都很难适应。有时染上了疫病而高烧不止；有时凶狠的公狒要来袭击营帐，抢夺她们的食物；有时一觉醒来，只见床头是巨大的毒蜘蛛所布下的丝网；有时突然发现一条有剧毒的眼镜蛇，正在用舌头舔她们的鞋子……而吃的却只有罐头食品。但是，这一切并没有难倒这位英勇顽强的母亲。她和女儿生活在一起，为她采集和晒割植物标本，帮她料理生活，为她解除寂寞。总之，她为女儿分担失败的痛苦，与女儿同享成功的欢乐。很难想象，如果没有妈妈，她怎么能在禁猎区生活，她怎么会获得研究黑猩猩的可喜成果！

犹太谚语中有这样一种说法："神不能处处都在，所以他创造了温柔。像爱你自己一样爱你的妈妈，好好保护她，不要让她哭泣，因为神将一滴一滴地计算着她的眼泪。"

希望之光

爱是这个世界上最强大的力量，它给生命以希望、以鼓舞，让我们挺过人生的风霜雨雪，相信前方总会有幸福。

1942年寒冬，纳粹灭绝营内，一个孤独的犹太男孩正从铁栏杆向外张望。恰好此时，一个犹太女孩从集中营前经过。看得出，那女孩同样也被男孩的出现所吸引。为了表达她内心的情感，她将一个红苹果扔进铁栏，一个象征生命、希望和爱情的红苹果。

男孩弯腰拾起那个红苹果，一束光明照进了他那尘封已久的心田。第二天，男孩又到铁栏边，尽管为自己的做法感到可笑和不可思议，他还是倚栏杆而望，企盼她的到来。年轻的女孩同样渴望能再见到那令她心醉的不幸的身影，于是她来了，手里拿着红苹果。

接下来的那天，寒风凛冽，雪花纷飞。两位年轻人仍然如期相约，通过那个红苹果在铁栏的两侧传递融融暖意。

这动人的情景又持续了好几天。铁栏内外两颗年轻的心天天渴望重逢，即使只是一小会儿，即使只有几句话。可最终铁栏会面悄然落幕。这一天，男孩眉头紧锁对心爱的姑娘说：“明天你就不用再来了，他们将把我转移到另一个集中营去。”说完，他便转身而去，连回头再看一眼的勇气都没有。从此以后，每当痛苦来临，女孩那恬静的身影便会出现在他的脑海中。她的明眸，她的关怀，她的红苹果——所有这些都在漫漫长夜给他送去慰藉，带来温暖。战争中，他的家人惨遭杀害，他所认识的亲人都不复存在。唯有这女孩的音容笑貌留存心底，给予他生的希望。

1957年的某天，美国两位成年移民无意中坐到一起。“大战时您在何处？”女士问道。“那时我被关在德国的一座集中营里。”男士答道。

“哦！我曾向一位被关在德国集中营里的男孩递过苹果。”女士回忆道。

男士猛吃一惊，他问道：“那男孩是不是有一天曾对你说，明天你就不用再来了，他将被转移到另一个集中营去？”

“啊！是的。可你是怎么知道的？”

男士盯着她的眼：“那就是我。”

好一阵沉默。

“从那时起，”男士说道，“我再也不想失去你。愿意嫁给我吗？”

“愿意。”她说。

他们紧紧地拥抱。

看了这对犹太男女真实的爱情故事，我们可以深深体会到：爱是这世界上最强大的力量，有它的陪伴，我们才有勇气面对生活的风霜雨雪，才有勇气战胜生活中的电闪雷鸣。用我们的真爱熏陶孩子，让孩子的心中充满爱，让他们用自己心中的爱去温暖他人，他们就会得到更多的温暖和幸福！

瑞恩的井和妈妈的爱

对于孩子善良的愿望，家长一方面要支持、呵护，另一方面也不能让孩子毫不费力地使之实现，要鼓励孩子通过自己的努力和付出不断积累，直到实现目标。

瑞恩是加拿大一个普通家庭的犹太男孩，5年前的一天，这个一年级的小学生，听老师讲非洲的生活状况：孩子们没有玩具，没有足够的食物和药品，很多人甚至喝不上洁净的水，成千上万的人因为喝了受污染的水死去。我们的每一分钱都可以帮助他们：一分钱可以买一支铅笔，60分够一个孩子两个月的医药开销，两加元能买一条毯子，70加元就可以帮他们挖一口井……

6岁的小瑞恩深感震惊，想为非洲的孩子捐献一口井成了他的梦想。他的妈妈并没有像我们的某些家长一样直接给他这笔钱，也没有把它当成小孩子善变的头脑发热时的冲动。妈妈让他在承担正常的家务之外自己挣钱：哥哥和弟弟出去玩，而他吸了两小时地毯挣了两加元；全家去看电影，他留在家里擦玻璃赚到第二个两加元；帮爷爷捡松果；帮邻居捡暴风雪后的树枝……

他坚持了4个月，终于攒够了70加元，交给了相关的国际组织。

然而别人告诉他，70加元只够买一个水泵，挖一口井要2000加元。瑞恩继续努力实现梦想。一年多以后，通过家人和朋友的帮助，他竟筹集了足够的钱，在乌干达的安格鲁小学附近捐助了一口水井。

事情到此并没有结束，因为还有更多的非洲人喝不上干净的水，攒钱买一台钻井机，以便更快地挖更多的水井让每一个非洲人都喝上洁净的水又成了瑞恩的梦想。

5年后，这个6岁孩子的梦想竟成为千百人参加进来的一项事业，“瑞恩的井”基金会的筹款已达75万加元，为非洲8个国家建造了30口井。这个普通的男孩，也被评选为“北美洲十大少年英雄”，被人们称为“加拿大的灵魂”，影响着越来越多的人去爱和帮助他人。

这个故事让人们深深感动，那个充满爱心的男孩实现了他的人生价值，但人们更佩服的是他的妈妈。一个孩子的力量能有多大？没有家人和朋友的支持他的梦想不可能实现。我们的孩子并不缺少梦想和爱心，孩子都是纯洁的天使，无私而有着无数千奇百怪的梦想，所有孩子都一样的聪明，一样的可爱，一样的充满爱心和幻想，不一样的是家长，什么时候家长们能变得更聪明起来，明白什么才是对孩子的真爱？

第二章

品质：美好人生的基石

对必然之事，坦然接受

塞翁失马，焉知非福。对于已经发生的不幸，我们与其无谓地诅咒、埋怨，不如坦然接受，或许这不幸竟是大幸。

一座教堂里，有一尊耶稣被钉在十字架上的塑像，大小和一般人差不多。专程前来这里祈祷、膜拜的人特别多，几乎可以用门庭若市来形容。

教堂里有位看门的犹太人，看到十字架上的耶稣每天要应付这么多人的要求，于心不忍，他希望能分担耶稣的辛苦。有一天他祈祷时，便向耶稣表明这份心。意外地，他听到一个声音，说："好啊！我下来为你看门，你上来钉在十字架上。但是，不论你看到什么、听到什么，都不可以说一句话。"这位先生觉得这个要求很简单，于是耶稣下来，看门的先生上去，像耶稣被钉在十字架般地伸张双臂，这位先生也依照先前的约定，静默不语，聆听信友的心声。

来往的人络绎不绝，他们的祈求有合理的，有不合理的，千奇百怪，不一而足。但无论如何，他都强忍着没有说话，因为他必须信守先前的承诺。

有一天来了一位富商，当富商祈祷完后，竟然忘记手边的袋子便离去了。他看在眼里，真想叫这位富商回来，但是，他憋着不能说。接着来了一位穷人，他祈祷耶稣能帮助他渡过生活的难关。当要离去时，发现先前那位富商留下的袋子，打开里面全是钱。穷人高兴得不得了，耶稣真好，有求必应，万分感谢地离去。

十字架上伪装的耶稣看在眼里，想告诉他这不是你的，但是，约定在先，他仍然憋着不能说。接下来是一位要出海远行的年轻人，他是来祈求耶稣降福他平安的。正当要离去时，富商冲进来，抓住年轻人的衣襟，要年轻人还钱，年轻人不明究竟，两人吵了起来。这个时候，十字架上的假耶稣终于忍不住，遂开口说话了。既然事情清楚了，富商便去找捡了他钱的穷人，而年轻人则匆匆离去，生怕搭不上船。真的耶稣出现了，指着十字架上的人说：“你下来吧！那个位置你没有资格了。”

看门人说：“我把真相说出来，主持公道，难道不对吗？”

耶稣说：“你懂得什么？那位富商并不缺钱，他那袋钱不过是用来嫖妓，可是对那穷人，却足可以解决一家大小生计；最可怜的是那位年轻人，如果富商一直缠下去，延误了他出海的时间，他还能保住一条命，而现在，他所搭乘的船正沉入海中。”

在现实生活中，我们常自认为自己的想法才是最好的，但往往事与愿违。我们必须相信：目前我们所拥有的，不论顺境、逆境，都是对我们最好的安排。若能如此，我们才能在顺境中感恩，在逆境中依旧心存感激。人生的事，没有十全十美。著名的美国犹太心理学家马斯洛曾说：“心若改变，你的态度跟着改变；态度改变，你的习惯跟着改变；习惯改变，你的性格跟着改变；性格改变，你的人生跟着改变。在顺境中感恩，在逆境中依旧心存喜乐，认真地活在当下。对必然之事，且轻快地加以承受。”

摆脱不了诱惑

诱惑之所以存在，是因为我们的人性中存在着贪婪的弱点。因此，我们要教育孩子从小锤炼正直的品德，不为小利所动，这样才不会误入歧途。

1856年，亚历山大商场发生了一起盗窃案，共失窃8只金表，损失16万美金。在当时，这是相当庞大的数目。

就在案子尚未侦破前，有个从纽约来的犹太商人到此地进货，随身携带了4万美元现金。当他到达下榻的酒店后，先办理了贵重物品的保存手续，接着将钱存进了酒店的保险柜中，随即出门去吃早餐。

在咖啡厅里，他听见邻桌的人谈及此事，他们还说有人用1万美元买了两只金表，转手后即净赚3万美元，其他人纷纷投以羡慕的眼光说："如果让我遇上，不知道该有多好！"

然而，商人听到后，却怀疑地想："哪有这么好的事？"

到了晚餐时间，金表的话题居然再次在他耳边响起，等到他吃完饭，回到房间后，忽然接到一个神秘的电话："你对金表有兴趣吗？老实跟你说，我知道你是做大买卖的商人，这些金表在本地并不好脱手，如果你有兴趣，我们可以商量看看，品质方面，你可以到附近的珠宝店鉴定，如何？"

商人听到后，不禁怦然心动，他想这笔生意可获取的利润比一般生意优厚许多，所以他便答应与对方会面详谈，结果以4万美元买下了传说中被盗的8只金表中的3只。

但是第二天，他拿起金表仔细观看后，却觉得有些不

对劲，于是他将金表带到熟人那里鉴定，没想到鉴定的结果是，这些金表居然都是假货，全部只值2000美元而已。直到这帮骗子落网后，商人才明白，打从他一进酒店存钱，这帮骗子就盯上了他，而他一整天听到的金表话题，也是他们故意安排设计的。

贪婪自私的人往往目光如豆，所以他们只瞧见眼前的利益，看不见身边隐藏的危机，也看不见自己生活的方向。

宝贵的回报

无私的奉献往往会让我们得到意想不到的回报。

荷兰的一个小渔村里，曾经有位勇敢的犹太少年以实际行动，让全世界的人们懂得了什么是“无私奉献的回报”。

那是一个漆黑的夜晚，巨浪击翻了一艘渔船，船员们的性命危在旦夕。他们发出了求救信号，而救援队的队长正巧在岸边，听见了警报声，便紧急召集救援员，立即乘着救援艇冲入海浪中。

当时，忧心忡忡的村民们全部聚集在海边祷告，每个人都举着一盏提灯，以便照亮救援队返家的路。

一个小时之后，救援艇冲破了浓雾，向岸边驶来，村民们喜出望外，欢声雷动，当他们精疲力竭地跑到海滩时，却听见队长说："因为救援艇的容量有限，无法搭载所有遇难的人，无奈只得留下其中的一个人。"

原本欢欣鼓舞的人们，听见还有人危在旦夕，顿时都安静了下来，所有人的情绪再次陷入慌乱与不安中。

这时，来不及停下喘息的队长开始组织另一队自愿救援者，准备前去搭救那个最后留下来的人。

16岁的汉斯立即上前报名，然而，他的母亲听到时，连忙

抓住他的手，阻止说："汉斯，你不要去啊！10年前，你的父亲在海难中丧生，而3个星期前，你的哥哥保罗出海，到现在也音讯全无啊！孩子，你现在是我唯一的依靠，千万不要去！"

看着母亲，汉斯心头一酸，却仍然强忍着心疼，坚强地对母亲说："妈妈，我必须去，如果每个人都说'我不能去，让别人去吧'，那情况将会怎么样呢？妈妈，您就让我去吧，这是我的责任，只要还有人需要帮助，我们就应当竭尽全力地救助他。"

汉斯紧紧地拥吻了一下母亲，然后义无反顾地登上了救援艇，和其他救援员一起冲入无边无际的黑暗中。

一小时过去了，虽然只有一个小时，但是对忧心忡忡的汉斯的母亲来说，却是无比漫长的煎熬。忽然，救援艇冲破了层层迷雾，出现在人们的视野中，大家还看见汉斯站在船头，朝着岸边眺望，岸边的众人不禁向汉斯高喊："汉斯，你们找到留下来的那个人了吗？"

远远地，汉斯开心地朝人群挥着手，大声喊道："我们找到他了，他就是我的哥哥保罗啊！"

16岁的汉斯秉持着一份对生命的爱与热情，那份"我为人人"的奉献精神，让我们看见最耀眼的人性之光。特别是在母亲的哀求声中，他仍然坚持前往救援的决心，最后救回来的人竟是他的哥哥，更让人倍感温馨，也让我们懂得无私的奉献会让我们得到意想不到的回报。

被拆掉两次的亭子

诚信是人的立身之本。作为父母，无论付出多大的代价，都要以自己的实际行为教育孩子养成践行自己诺言的良好习惯。

犹太政治家福克斯以诚实守信的品德而受到国人的尊重，他一生做人的原则就是两个字：诚实。正是这样的人格品质，使他从一个普通的推销员成为一个国家的元首。

一次，福克斯受邀到一所大学演讲，一个学生问他："政坛历来充满欺诈，在你从政的经历中有没有撒过谎？"福克斯说："不，从来没有。"

大学生们在下面窃窃私语，有的还轻声笑出来，因为每一个政客都会这样讲。他们总是发誓，说自己从来没有撒过谎。福克斯并不气恼，他对大学生们讲了一个故事。

有一位父亲是一个农场主。有一天，他觉得一座亭子已经太破旧了，就安排工人们准备将它拆掉。他的儿子对拆亭子的事很感兴趣，于是对父亲说："爸爸，我想看看你们怎么拆掉这座亭子，等我从寄宿学校放假回来再拆好吗？"父亲答应了。可是，等孩子走后，工人们很快就把亭子拆掉了。孩子放假回来后，发现旧亭子已经不见了。他闷闷不乐地对父亲说："爸爸，你对我撒谎了。"父亲惊异地看着孩子，孩子继续说："你说过的，那座旧亭子要等我回来再拆。"父亲说："孩子，爸爸错了，我应该兑现自己的诺言。"

这位父亲重新招来工人，让他们按照旧亭子的模样在原来的地方再造一座亭子。亭子造好后，他将孩子叫来，然后对工人们说："现在请你们把它拆掉。"

福克斯说，我认识这位父亲，他并不富有，但是他在孩子的面前实现了自己的承诺。学生们听后问道："请问这位父亲的名字叫什么？我们希望认识他。"福克斯说："他已经过世了，但是他的儿子还活着。""那么，他的孩子在哪里？他应该是个诚实的人。"福克斯平静地说："他的孩子现在就站在这里，就是我，以色列总统福克斯。"接着说："我想告诉大家的是，我愿意像我父亲一样对待这个国家，对待这个国家的每一个人。"当他说完时，台下掌声雷动。

犹太人坚信：一个希望得到社会尊重和支持的人，是不愿意牺牲诚信原则的。在园子里重新拆掉一座亭子，就在孩子的心里重建了一座亭子，这座亭子就是一个信念——对诚信的信念。

海马的焦虑

成功需要靠脚踏实地的行动去实现，而不会无缘无故地从天上掉下来。我们要教育孩子从小树立可行的目标，丢掉那些不切实际的幻想，这样孩子的人生才有了坚实的根基。

犹太拉比（老师或智者）们时常给小孩讲小海马的故事：

小海马有一天做了一个梦，梦见自己拥有了7座金山。

从美梦中醒来，小海马觉得这个梦是一个神秘的启示：它现在全部的财富是7个金币，但总有一天，这7个金币会变成7座金山。

于是它毅然决然地离开了自己的家，带着仅有的7个金币，去寻找梦中的7座金山，虽然它并不知道7座金山到底在哪里。

海马是竖着身子游动的，游得很缓慢。它在大海里艰难地游动，心里一直在想：也许那7座金山会突然出现在眼前。然而金山并没有出现，出现在眼前的是一条鳗鱼。鳗鱼问：“海马兄弟，看你匆匆忙忙的，你干什么去？”海马骄傲地说：“我去寻找属于我自己的7座金山。只是……我游得太慢了。”“那你真是太幸运了。对于如何提高你的速度，我恰好有一个完整的解决方案。”鳗鱼说，“只要你给我4个金币，我就给你一个鳍，有了这个鳍，你游起来就会快得多。”海马戴上了用4个金币换来的鳍，发现自己游动的速度果然提高了一倍。海马欢快地游着，心里想，也许金山马上就出现在眼前了。

然而金山还是没有出现，出现在海马眼前的，是一条大鲨鱼。大鲨鱼对它说：“你太幸运了。对于如何提高你的速度，我恰好有一套彻底的解决方案。我本身就是一条在大海里飞快行驶的大船，你要是搭乘我这艘大船，你就会节省大量的时间。”大鲨鱼说完，就张开了大嘴。

“那太好了。谢谢你，鲨鱼先生！”小海马一边说一边钻进了鲨鱼的口里，向鲨鱼的肚子深处欢快地游去……

犹太人用这个寓言教育子女：金山不会无缘无故地出现在我们面前，不要幻想某天的奇遇来改变自己的生活。我们需要的是自己一步一步脚踏实地朝着目标前进，只有这样，成功才会有水到渠成的一天。

给予比接受更令人快乐

生命真实的意义在于给予，因为给予才是强者的表现。你的人生给予了多少，也就相应地获得了多少价值。

这一年的圣诞节，保罗的哥哥送给他一辆新车作为圣诞节礼物。圣诞节的前一天，保罗从他的办公室出来时，看到街上一名男孩在他闪亮的新车旁走来走去，触摸它，满脸羡慕的神情。保罗饶有兴趣地看着这个小男孩，从他的衣着来看，他的家庭显然不属于自己这个阶层。就在这时，小男孩抬起头，问道："先生，这是你的车吗？"

"是啊，"保罗说，"我哥哥给我的圣诞节礼物。"

小男孩睁大了眼睛："你是说，这是你哥哥给你的，而你不用花一毛钱？"

保罗点点头。小男孩说："哇！我希望……"

保罗认为他知道小男孩希望的是什么——有一个这样的哥哥。但小男孩说出的却是："我希望自己也能当这样的哥哥。"

保罗深受感动地看着这个男孩，然后他问："要不要坐我的新车去兜风？"

小男孩惊喜万分地答应了。逛了一会儿之后，小男孩转身向保罗说："先生，能不能麻烦你把车开到我家前面？"保罗微微一笑，他理解小男孩的想法，坐一辆大而漂亮的车子回家在小朋友的面前是很神气的事。但他又想错了。

"麻烦你停在两个台阶那里，等我一下好吗？"小男孩跳下车，三步两步跑上台阶，进入屋内，不一会儿，他出来了，并带着一个显然是他弟弟的小男孩。小男孩因患小儿麻痹症而跛着一只脚。他把弟弟安置在下边的台阶上，紧靠着坐下，然后指着保罗的车子说："看见了吗？就像我在楼上跟你说的一样，很漂亮对不对？这是他哥哥送给他的圣诞礼物，他不用花一毛钱！将来有一天我也要送给你一部一模一样的车子，这样你就可以看到我一直跟你讲的橱窗里那些好看的圣诞礼物了。"

保罗的眼睛湿润了，他走下车子，将小弟弟抱到车子前排的座位上，他的哥哥眼睛里闪着喜悦的光芒，也爬了上来。于是三人开始了一次令人难忘的假日之旅。

在这个圣诞节，保罗明白了一个道理：给予比接受更令人快乐。

著名的犹太作家茨威格指出：如果你帮助其他人获得他们需要的东西，你也因此而得到想要的东西，而且你帮助的人越多，你得到的也越多。

秘密

对于孩子的错误，要教育他们知错就改，而不是包庇隐瞒，这样才能帮助他们养成诚实正直的品性。

“对不起，您能听一下这孩子的话吗？”那是一位售货员在以色列最大的超市柜台工作时遇到的一件一生都难以忘记的事情。

售货员被一位30多岁的母亲叫住，有一位犹太男孩子紧张地站在她身旁。那男孩像贝壳一样闭着嘴，眼睛只是向下看。

他母亲以严厉的语气说：“快点，这位阿姨很忙！”售货员感到空气骤然紧张起来，到底是什么事呢？她一边猜想着，一边仔细看着这母子俩。这时她发现那男孩儿手中握着什么东西，他那双小手还有点颤抖——那是件当时很受孩子们欢迎的玩具，这种玩具每次进货都被抢购一空，而且被盗窃的数量不亚于销售量。

“怎么了，你说点什么呀！”他母亲很生气，眼眶里充满了泪水，这时男孩儿已经上气不接下气地哭了。

售货员的心脏仿佛被猛戳了一下，她又一次面向孩子，她想她必须要听他说句话，她甚至感到这个瞬间可能会左右孩子今后的人生。

这时，他的手不自然地伸开，被揉搓得破烂的包装中露出了玩具。

“我没想拿！”他费了很大力气才说出这句话。售货员现在还记得，孩子最后泣不成声地说了一句：“对不起。”母亲那时的表情难以形容，售货员感到她放心地深叹了一口气。

然后，他的母亲干脆地对售货员说："请叫你们负责人来，我来跟他说。"这时，售货员第一次懂得了母亲对孩子深深的爱和教育子女的不易，她被母亲的行为深深地感动了。

"不用了，我收下这玩具钱，这件事就作为我们三个人的秘密吧，孩子也明白自己做错了事，这就够了。"

售货员觉得自己只道出了心情的一半，眼泪已流到面颊。那位母亲几次向售货员鞠躬表示歉意的身影，她现在也忘不掉，永远也忘不掉。

一粒美好的种子埋进孩子心灵的沃土之后，它将随即开出许多美丽的花朵，结出无数美妙的果实。

海涅的课

一个人不论想要在哪一行有所作为，获得别人的尊敬，首先必须做一个有修养的人，一个守信并能同情和宽容他人的人。

莱德勒少尉服役的德国海军炮艇“塔图伊拉”号停泊在威尔士。这天，他兴致勃勃地参加当地举办的一种碰运气的“不看样品的拍卖会”。

那位拍卖商是以恶作剧而闻名遐迩的，所以当拍卖一个密封的大木箱时，在场的人都肯定箱里装满了石头。然而，莱德勒却开价30元，拍卖商随即喊道：“卖了！”

打开木箱，里面竟是两箱威士忌酒——战时威士忌是极珍贵的酒。

当时，在威尔士的著名的犹太作家海涅也犯了酒瘾，他来到“塔图伊拉”号炮艇对莱德勒说：“听说你有两箱醉人的美酒，我买6瓶，要什么价？”

莱德勒婉言拒绝了。

海涅掏出一卷钞票，说：“给我6瓶，你要多少钱都行！”

莱德勒想了一想说：“好吧，我用6瓶酒换你6堂课，教我成为一个作家，如何？”

作家做了个鬼脸，笑道：“老兄，我可是花了好几年功夫才学会干这行，这价可够高的。好吧，成交了！”

如愿以偿的莱德勒连忙递上6瓶威士忌。

接着的5天里，海涅不失信用地给莱德勒上了5堂课，莱德勒很为自己的成功得意，他以6瓶酒得到了德国最出名的作家的指点。海涅眨眨眼说：“你真是个精明的生意人。我只想知道，其余的酒你曾偷偷灌下多少瓶？”莱德勒说：“1瓶也没有，我要全留着开告别会用呢。”

海涅有事要提前离开威尔士，莱德勒陪他去码头，海涅微笑道：“我并没忘记，这就给你上第6课。”

在轮船的轰鸣声中，他说：“在描写别人前，首先自己要成为一个有修养的人……”

海涅接着说：“第一要有同情心，第二能以柔克刚，千万别讥笑不幸的人。”

莱德勒说：“这和写小说有什么相干？”

海涅一字一顿地说：“这对你的生活是至关重要的。”

正在向轮船走去的海涅突然转过身来，大声道：“朋友，你在为你的告别酒会发请柬前，最好把你的酒抽样检查一下！再见，我的朋友！”

回去后，莱德勒打开一瓶又一瓶酒，发现里面装的全是茶。他明白，海涅早就知道了实情，然而只字未提，也未讥笑他，依然遵诺践约。此时，莱德勒才懂得，海涅教导他要做一个有修养的人的含义。

文如其人，文由心生。一个作家首先应该是一个有修养的人，只有这样，他才能用一颗同情的心去体会别人的苦难，用一颗真挚的心去感受他人的艰辛，才能写出真正感人的文章，才能谱出真正美妙的人世乐章。

宽容的最高境界

世界上最有力量的人是化敌为友的人。宽容自己的亲人、朋友容易，宽容自己的敌人才是道德修养的最高境界。

很久以前，犹太国王罗波安决定不久后就将王位传给三个儿子中的一个。一天，国王把三个儿子叫到跟前说："我老了，决定把王位传给你们三兄弟中的一个，但你们三个都要到外面去游历一年。一年后回来告诉我，你们在这一年内所做过的最高尚的事情。只有那个真正做过高尚事情的人，才能继承我的王位。"

一年后，三个儿子回到了国王跟前，告诉国王自己这一年来在外面的收获。

大儿子先说："我在游历期间，曾经遇到一个陌生人，他十分信任我，托我把他的一袋金币交给他住在另一镇上的儿子。当我游历到那个镇上时，我把金币原封不动地交给了他的儿子。"

国王说："你做得很对，但诚实是你做人应有的品德，不能称得上是高尚的事情。"

二儿子接着说："我旅行到一个村庄刚好碰上一伙强盗打劫，我冲上去帮村民们赶走了强盗，保护了他们的财产。"

国王说："你做得很好，但救人是你的责任，还称不上是高尚的事情。"

三儿子迟疑地说："我有一个仇人，他千方百计地想陷害我，有好几次，我差点就死在他的手上。在我的旅行中，有一个夜晚，我独自骑马走在悬崖边，发现我的仇人正睡在一棵大树下，我只要轻轻地一推，他就掉下悬崖摔死了。但我没有这样做，而是叫醒了他，告诉他睡在这里很危险，并劝告他继续赶路。后来，当我下马准备过一条河时，一只老虎突然从旁边的树林里蹿出来，扑向我，正在我绝望时，我的仇人从后面赶过来，他一刀就结果了老虎的命。我问他为什么要救我的命，他说：‘是你救我在先，你的仁爱化解了我的仇恨。’这……这实在是不算做了什么大事。”

“不，孩子，能帮助自己的仇人，是一件高尚而神圣的事。”国王严肃地说，“来，孩子你做了一件高尚的事，从今天起，我就把王位传给你。”

在现实生活中，恩将仇报的人和事屡见不鲜；有机会报仇却放弃，反而帮助自己的仇人脱离危险的人和事却并不多见。只有如此宽容和豁达的人，才能享受人生的最高境界！

轻信与多疑

要让小孩子成长，就必须让他明白世间的“灰色”。

有个名叫杰克的犹太青年，十分容易轻信他人。在求职的路上，被一个骗子用假金像骗走了3000美元。

于是人们提醒他：“小心啊，现在大街上到处都是骗子、恶棍、小偷和无赖，千万不能轻信任何人啊！”

杰克全盘接受了人们的劝告，并且，从此，他变成了一个多疑的人。

杰克虽然身材健美、知识丰富且多才多艺，但是还没有找到理想的工作，他必须每天奔跑于大街小巷，为寻找一份自己满意的工作而忙碌不休。

这天，一位中年女画家看中了他的体形，欲以高薪聘请他做她的业余模特。要知道，这位女画家开出的价钱，足够他10年坐享其成！

杰克先是惊喜，而后便生疑："天下哪有这种凭空掉馅饼的事儿？哼！骗局！骗局！"

多疑的杰克朝女画家冷冷看了一眼，走了。他失去了一次净赚20万美元的机会。

杰克在轻信与多疑之间的摇摆，造成了他最后的一事无成。人与人之间的交往，要用心去感受！世上的事也并非总是非此即彼、非黑即白，更广大的是"灰色"，关键是要我们自己去寻找这个平衡。

施与的真谛

真心换得真心，爱换得爱。有时候，一份不经意的关怀便叩启了一扇紧闭的心门。

有一位犹太老妇人平时以慈善家闻名。她不时捐东西给遭到天灾人祸的人，或买很多衣料送给本市的贫民。但是，为了贫苦无依的孤儿们着想，要她捐出祖传的土地来建造孤儿院，她实在无法同意。她对世世代代传下来的那一片土地有无限的感情，何况，她年纪已老，此后的生活主要的收入来源，就靠那块土地。

一天，她来到了一家慈善机构。她推开大门，走进去。由于是个大雨天，走廊上到处湿湿的，她在门口寻找拖鞋来穿。

“请进！”这时候，随着明朗的声音，一位女办事员出现在她眼前。那位女办事员看到没有拖鞋了，立刻毫不考虑地脱下她自己的拖鞋给犹太老妇人穿。

“真抱歉，所有的拖鞋都给别人穿了。”那位小姐还向她恳切地赔不是。

犹太老妇人看到那位小姐的袜子，踏在地板上，一刹那之间就给濡湿了。

犹太老妇人为她这个行为，感动莫名。就在那一瞬间，她才感悟了“施与”的真正意义。

她想：“平时，我被大家称为慈善家，可是，我做的慈善行为，到底是些什么？我捐出来的，全是自己不再使用的旧东西，再不就是挪用多余的零用钱罢了。那与其说是‘施与’，不如说是‘施惠’更妥当。所谓的‘施与’，应该是拿出对自己来说最重要的东西，那才有莫大的价值呀！”

犹太老妇人的内心突然起了180度的大改变——她决心捐出那块祖传的土地给这个慈善机构，为可怜的孩子们建立设备完善的孤儿院。

真正的关心与施与，需要真情与真心。只有心里装着别人的人，才能从别人那里，使自己得到充实和提升。

送花

与其常年把花送给再也不能欣赏它的死者，不如把花送给喜欢它的活着的人。活着只有对别人有些用处才能快乐。

故事是一个犹太守墓人亲身经历的。在耶路撒冷的某个公墓，一连好几年，这位温和的犹太守墓人每星期都收到一个不相识的妇人的来信，信里附着钞票，要他每周给她儿子的墓地放一束鲜花。

后来有一天，他们照面了。那天，一辆小车开来停在公墓大门口，司机匆匆来到守墓人的小屋，说：“夫人在门口车上。她病得走不动，请你去一下。”

一位上了年纪的妇人坐在车上，表情有几分高贵，但眼神哀伤，毫无光彩。她怀抱着一大束鲜花。

“我就是亚当夫人。”她说，“这几年我每个礼拜都给你寄钱……”

“买花。”守墓人答道。

“对，给我儿子。”

“我一次也没忘了放花，夫人。”

“今天我亲自来，”亚当夫人温柔地说，“因为医生说我活不了几个礼拜。死了倒好，活着也没意思。我只是想再看一眼我儿子，亲手来放些花。”

守墓人苦笑了一下，决定再讲几句。

“我说夫人，这几年您常寄钱来买花，我总觉得可惜，鲜花搁在那儿，几天就干了。没人闻，没人看，太可惜了！”

“你真是这么想的？”

“是的，夫人，您别见怪。我是想起来自己常跑医院孤儿院，那儿的人可爱花了。他们爱看花，爱闻花。那儿都是活人，可这墓里哪个活着？”

老夫人没有作声。她只是小坐一会儿，默默地祷告了一阵，没留话便走了。

守墓人后悔自己一番话太率直、太欠考虑，这会让老妇人受不了。

可是几个月后，这位老妇人又忽然来访，把守墓人惊得目瞪口呆：她这回是自己开车来的。“我把花都给孤儿院的人们了。”她友好地向守墓人微笑着，“你说得对，他们看到花可高兴了，这真叫我快活！我的病好转了，医生不明白是怎么回事，可是我自己明白，我觉得活着还有些用处。”

抬起头来做人

要教育孩子树立正确的价值观，杜绝盲目的攀比心理。让孩子懂得穷人的一块钱或许比富人的一万块钱还要宝贵。

那一年，有个犹太小男孩，不过八九岁。一天，他拿着一张筹款卡回家，很认真地对妈妈说：“学校要筹款，每个学生都要捐钱。”

对小孩子来说，直接想到的人，就是自己的家长。

小男孩的妈妈取出5块钱，交给他，然后在筹款卡上签名。小男孩静静地看着妈妈签名，想说什么，却没开口。妈妈注意到了，问他："怎么啦？"

小男孩低着头说："昨天，同学们把筹款卡交给老师时，捐的都是100块、50块。"

小男孩就读的是当地非常著名的贵族学校，小男孩的班级是排在全年级最前面的。班上的同学，不是家里捐献较多，就是成绩较好。当然，小男孩不属于前者。

那一天，小男孩说，不是想和同学比多，也不是自卑。他一向都认真对待老师交代的功课，这一次也想把自己的"功课"做好。况且，学校还举行班级筹款比赛，他的班已经领先了，他不想拖累整班。

妈妈把小男孩的头托起来说："不要低头。要知道，你同学的家庭背景，非富则贵。我们必须量力而为，我们所捐的5块钱，其实比他们的500块钱还要多。你是学生，只要以自己的品学，尽力为校争光，就是对学校最好的贡献了。"

第二天，小男孩抬起头，从座位走出去，把筹款卡交给老师。当老师在班上宣读每位同学的筹款成绩时，小男孩还是抬着头。自此以后，小男孩在达官贵人、富贾豪绅的面前，一直抬起头来做人。

妈妈说的那一番话，深深地刻在小男孩心里。那是生平第一次，他面临由金钱来估量人的"成绩"的无言教育。非常幸运，就在这第一次，他学习到"捐"的意义，以及别人所不能"捐"到的、自己独一无二的价值。

抬头是片蓝蓝的天

人一生中难免遇到失败和挫折，这时候要勇敢地抬起头来，你看到的将是充满希望的蓝蓝的天空。

在一个美国犹他州贸易洽谈会上，捷弗斯作为会务组的工作人员，把一个犹太中年人和一个犹太小伙子送进了他们的住房——一家高级酒店的38楼。小伙子俯瞰下面，觉得头有点眩晕，站在他身边的中年人关切地问："你是不是有点恐高症？"

小伙子回答说："是有点，可并不害怕。"接着他聊起小时候的一桩事："我是山里来的孩子，那里很穷，每到雨季，山洪暴发，一泻而下的洪水淹没了我们放学回家必经的小石桥，拉比就一个个送我们回家。走到桥上时，水已没过脚踝，下面是咆哮着的湍流，看着心慌，不敢挪步。这时拉比说，你们手扶着栏杆，把头抬起来看着天往前走。这招真灵，心里没有了先前的恐怖，也从此记住了拉比的这个办法。在我遇上险

境时，只要昂起头，不肯屈服，就能越过去。”

中年人笑笑，问小伙子：“你看我像是寻过死的人吗？”中年人自个儿说了下去：“我原来是个白领，后来弃职做生意，几桩生意都砸了，欠了一屁股的债，我便想到了死，我选择了深山里的悬崖。我正要走出那一步的时候，耳边突然传来苍老的歌声，我转过身子，远远看见一个采药的老者，他注视着我，我想他是以这种善意的方式打断我轻生的念头。我在边上找了片草地坐着，直到老者离去后，我再走到悬崖边，只见下面是一片黝黑的林涛，这时我倒有点后怕，退后两步，抬头看着天空，希望的亮光在我大脑里一闪，我重新选择了生。回到城市后，我从推销员做起，一步步走到了现在。”

其实，在我们每个人的一生中，随时都会和他们两位一样碰上湍流与险境。如果我们低下头来，看到的只会是险恶与绝望；而我们若能抬起头，看到的则是一片辽远的天空，那是一个充满了希望并让我们飞翔的天地。

第三章

信念：生命的支柱

成功就是将简单的事情重复做

成功其实并没有想象中的那么复杂，有时候需要的只是持久的耐心，把人人都能做到的简单的事情持续做下去，日积月累，你就成功了。

一位著名的推销大师即将告别他的职业生涯，应行业协会和社会各界的邀请，他将在该城中最大的体育馆，做告别职业生涯的演说。

那天，会场座无虚席，人们在热切地、焦急地等待着那位当代最伟大的推销员做精彩的演讲。当大幕徐徐拉开，舞台的正中央吊着一个巨大的铁球。为了这个铁球，台上搭起了高大的铁架。

一位老者在人们热烈的掌声中，走了出来，站在铁架的一边。他穿着一件红色的运动服，脚下是一双白色胶鞋。

人们惊奇地望着他，不知道他要做出什么举动。

这时两位工作人员抬着一个大铁锤，放在老者的面前。主持人这时对观众讲：请两位身体强壮的人到台上来。好多年轻人站起来，转眼间已有两名动作快的男子跑到台上。

老人这时开口和他们讲规则，请他们用这个大铁锤去敲打那个吊着的铁球，直到把它荡起来。

一个年轻人抢着拿起铁锤，拉开架势，抡起大锤，全力向那吊着的铁球砸去，伴随着一声震耳的响声，那吊球动也没动。他就用大铁锤接二连三地砸向吊球，很快他就气喘吁吁。

另一个人也不示弱，接过大铁锤把吊球打得叮当响，可是铁球仍旧一动不动。

台下逐渐没了呐喊声，观众好像认定那是没用的，就等着老人做出什么解释。

会场恢复了平静，老人从上衣口袋里掏出一个小锤，然后认真地面对着那个巨大的铁球。他用小锤对着铁球“咚”敲了一下，然后停顿一下，再一次用小锤“咚”敲了一下。人们奇怪地看着，老人就那样“咚”地敲一下，然后停顿一下，就这样持续地做。10分钟过去了，20分钟过去了，会场早已开始骚动，有的人干脆叫骂起来，人们用各种声音和动作发泄着他们的不满。老人仍然一小锤一停顿地工作着，他好像根本没有听见人们在喊叫什么。人们开始愤然离去，会场上出现了大块大块的空缺。留下来的人们好像也喊累了，会场渐渐地安静下来。

大概在老人进行到40分钟的时候，坐在前面的一个妇女突然尖叫一声：“球动了！”霎时间会场立即鸦雀无声，人们聚精会神地看着那个铁球。那球以很小的幅度动了起来，不仔细看很难察觉。老人仍旧一小锤一小锤地敲着，人们好像都听到了那小锤敲打吊球的声响。吊球在老人一锤一锤的敲打中越荡越高，它拉动着那个铁架子“哐哐”作响，它的巨大威力强烈地震撼着在场的每一个人。终于场上爆发出一阵阵热烈的掌声，在掌声中，老人转过身来，慢慢地把那把小锤揣进兜里。

犹太人奥本海默曾经说过：“在成功的道路上，你没有耐心去等待成功的到来，那么，你只好用一生的耐心去面对失败。”耐心也是一种意志力，成功固然离不开创新，但许多创新的质的飞跃，就是将简单的事重复做。

别让任何人**偷走你的梦**

对孩子的梦想要支持，不可用冷嘲热讽将之摧毁。鼓励孩子坚持自己的梦想，不因他人而轻易改变。

美国某个小学的作文课上，老师给小朋友的作文题目是“我的志愿”。一位犹太小朋友非常喜欢这个题目，在他的本子上飞快地写下了他的梦想。他希望将来自己能拥有一座占地十余公顷的庄园，在广阔的土地上植满如茵的绿草。庄园中有无数的小木屋、烤肉区及一座休闲旅馆。除了自己住在那儿外，还可以和前来参观的游客分享自己的庄园，有住处供他们歇息。

写好的作文经老师过目，这位小朋友的本子上被画了一个大大的红“×”，发回到他手上，老师要求他重写。小朋友仔细看了看自己所写的内容，并无错误，便拿着作文本去请教老师。

老师告诉他：“我要你们写下自己的志愿，而不是这些如梦呓般的空想，我要实际的志愿，而不是虚无的幻想，你知道吗？”

小朋友据理力争：“可是老师，这真的是我的梦想！”

老师也坚持：“不，那不可能实现，那只是一堆空想，我要你重写。”

小朋友不肯妥协：“我很清楚，这才是我真正想要的，我不愿意改掉我梦想的内容。”

老师摇头：“如果你不重写，我就不让你及格了，你要想清楚。”

小朋友也跟着摇头，不愿重写，而那篇作文也就得到了大大的一个“E”。

事隔30年之后，这位老师带着一群小学生到一处风景优美的度假胜地旅行，他望见一名中年人向他走来，并自称曾是他的学生。这位中年人告诉他的老师，他正是当年那个作文不及格的犹太学生，如今他拥有这片广阔的度假庄园，真的实现了儿时的梦想。老师望着这位庄园的主人，想到自己30余年来不敢有梦想的教师生涯，不禁感叹：“30年来为了我自己，不知道用成绩改掉了多少学生的梦想。而你，是唯一保留自己的梦想没有被我改掉的。”

不要让任何人偷走你的梦想，因为只有你才对自己的梦想享有发言权。你认为它值得追随、值得实现，它便具有了那份意义。并且，不要让现实篡改了你的梦想，不要因为困难轻易放弃。经过努力却没有实现梦想的人并不失败，因为他心底的坚持使他更值得尊敬。

不害怕，人生才会精彩绝伦

怯懦者安于平凡，不敢跨越雷池一步，因此永远无法享受精彩的生活。克服生命中的恐惧，勇敢地活出自己吧。

《不带钱去旅行》的作者麦克·英泰尔是一个犹太人，他原本只是个平凡的上班族，就在37岁那一年，他做了一项疯狂的决定。他放弃了收入丰厚的记者工作，并将身上仅有的3美元捐给街角的流浪汉后，只带了干净的内衣裤，从阳光明媚的加州出发，以搭便车的方式走遍了整个美国。

然而，这个决定竟是他在精神快崩溃时所做的仓促决定，而这趟旅程的目的地，则是美国东岸北卡罗来纳州的恐怖角。

一切缘起于某个午后，他莫名地哭了起来，因为他问了自己一个问题："如果有人通知我，今天就要死了，我会不会后悔？"

停顿了一会儿，英泰尔肯定地说："会！"

面对一直以来平顺的日子，他发现，生活中从来没有激起过丁点火花，甚至连一场小赌注都玩不起。继续回想这30多年的时光，他又发现，因为个性懦弱，即使有机会做自己想做的事，却因为"害怕"两个字，而一再退缩。

不断地回想、反省，他懊恼地对自己说："什么都怕，活着能干什么？什么都听别人的，活着有什么意义？"

当他强烈质疑着自己的存在价值时，忽然鼓起勇气下定决心："我一定要突破这一切！"

凭着一个冲动的决心和一份坚定的毅力，从来没有独立完成过一件事的英泰尔，真的成功了——他仰赖了82位从小到大最害怕面对的陌生人，完成了4000多英里的路程，终于抵达了目的地。

一毛钱也没有花的英泰尔，在成功抵达目的地时，立即对着那些等待他的人们说："我不是要证明金钱无用，这项挑战最重要的意义是，我终于克服了心里的恐惧！"

德国犹太诗人海涅曾经写道："命运并非是一种选择，我们不应该期待命运的安排，必须凭自己的努力创造命运。"世上无难事，只怕有心人，只要有心，勇于突破，就没有难得倒自己的事。同时，也不要害怕未来的不可预测，生活中最大的乐趣不在于预知，而在于一再地挑战未知。

成功并不像你想象的那么难

并不是因为事情难我们不敢做，而是因为我们不敢做事情才难的。

1965年，一位犹太学生到剑桥大学主修心理学。在喝下午茶的时候，他常到学校的咖啡厅或茶座听一些成功人士聊天。这些成功人士包括诺贝尔奖获得者、某一些领域的学术权威和一些创造了经济神话的人，这些人幽默风趣，举重若轻，把自己的成功都看得非常自然和顺理成章。时间长了，他发现，在国内时，他被一些成功人士欺骗了。那些人为了让正在创业的人知难而退，普遍把自己的创业艰辛夸大了，也就是说，他们在用自己的成功经历吓唬那些还没有取得成功的人。

作为心理系的学生，他认为很有必要对犹太成功人士的心态加以研究。1970年，他把《成功并不像你想象的那么难》作为毕业论文，提交给现代经济心理学的创始人威尔·布雷登教授。布雷登教授读后，大为惊喜，他认为这是个新发现，这种现象虽然在东方甚至在世界各地普遍存在，但此前还没有一个人大胆地提出来并加以研究。惊喜之余，他在给以色列首脑的信中说："我不敢说这部著作对你有多大的帮助，但我敢肯定它比你的任何一个政令都能产生震动。"后来这本书果然伴随着以色列的经济起飞了。

人世中的许多事，只要想做就都能做到，该克服的困难也都能克服，用不着什么钢铁般的意志，更用不着什么技巧或

谋略。告诉你的孩子：只要一个人还在朴实而饶有兴趣地生活着，他终究会发现，造物主对世事的安排都是水到渠成的。

成功的捷径

成功其实没有所谓的捷径可循，唯一的办法是脚踏实地地努力奋斗，聚沙成塔，集腋成裘。

大卫统治时期，犹太王国有个叫奈哈松的人，一心想成为一个富翁。他认为成为富翁的捷径便是学会炼金之术。

此后他把全部的时间、金钱和精力都用在了炼金术的实验中。不久以后他花光了自己的全部积蓄，家中变得一贫如洗，连饭都没得吃了。妻子无奈，跑到父亲那里诉苦。她父亲决定帮女婿改掉恶习。

他让奈哈松前来相见，并对他说："我已经掌握了炼金之术，只是现在还缺少一样炼金的东西……"

"快告诉我还缺少什么。"奈哈松急切问道。

"那么好吧，我可以让你知道这个秘密。我需要3公斤香蕉叶的白色茸毛，这些茸毛必须是你自己种的香蕉树上的。等到收齐茸毛以后，我便告诉你炼金的方法。"

奈哈松回家后立刻将已荒废多年的田地种上了香蕉。为了尽快凑齐茸毛，他除了种以前就有的自家的田地外，还开垦了大量的荒地。当香蕉成熟后，他便小心地从每张香蕉叶刮下白茸毛，而他的妻子和儿女则抬着一串串香蕉到市场上去卖。就这样，10年过去了，奈哈松终于收集够了3公斤茸毛。这天，他一脸兴奋地拿着茸毛来到岳父的家里，向岳父讨要炼金之术。

岳父指着院中的一间房子说："现在你把那边的房门打开看看。"

奈哈松打开了那扇门，立即看到满屋金光，竟全是黄金，她的妻子儿女都站在屋中。妻子告诉他这些金子都是他这10年里所种的香蕉换来的。面对着满屋实实在在的黄金，奈哈松恍然大悟。

如果把捷径理解为一蹴而就的话，成功是没有捷径可以走的；如果把捷径理解为到达成功最短的距离的话，成功的捷径就是我们脚踏实地地奋斗、扎扎实实地努力！

向生活索取一个梦想

不要因为贫穷就抑制自己正常合理的欲望，大胆地向生活要求自己的所需，并为之努力地付出，你的境遇将不断得到改变。

有一个故事，传到中国，人们已经忘记了主角那冗长拗口的美国犹太人名字，都亲切地叫她阿济。阿济退休前，是美国的财政部长。

当阿济还是一个小姑娘的时候，脑海里就一直有一个问题萦绕不去：为什么别的孩子都跟爸爸妈妈生活在一起，而自己只能跟妈妈一起生活呢？她一遍又一遍地想，但总是不明白。她问她的妈妈，一次又一次地，但妈妈总是不回答她。她妈妈是个聋子，压根听不见她的话。

阿济入学了。她用最先学到的几个单词拼写了一句稚嫩的话，并把它写在纸上给妈妈看："我的爸爸在哪里？"

妈妈接过阿济手中的笔，写道："你没有爸爸。"

阿济接着问："为什么？"

妈妈略顿了一顿，写下这样一句话："因为你是个特别的孩子。"

阿济很高兴，她要为自己的"特别"格外努力。她认为自己了不起。

但当她真正地懂事后，她才知道，她要为这个"特别"付出多大的代价！

首先是周边同学的压力，大家都说她来自于一个不健全的家庭。这还不算什么，更难忍受的是贫困。别的孩子有的，她都没有。她于是盼着过圣诞节，因为她相信，那天会有圣诞老人送给她想要的礼品。可是真正到了圣诞节，她还是失望，她收到的礼品总是比别的孩子的少。她虽然委屈，但还是忍住了，她在一张纸上写给自己一句话：不流泪。她觉得，作为一个"特别"的孩子，能跟其他孩子一起读书已经应该知足了。

不断抑制自己的欲望并没有给她带来好运，相反，她失学了。失学让她明白：她除了有一个聋子妈妈外，什么也没有。

她暗暗告诫自己：这已经是底线了，她必须开始学会向生活"索取"。

最容易索取的是什么呢？阿济开始想这个问题。这时候，她的"特别"帮助了她。因为她得到的答案不是金钱，不是圣诞礼物，甚至不是一次重新回到学校的机会，而是梦想。在阿济眼里，向生活索取一个梦想是她首先要干的。

搞定了这个，她想她还需要赚点钱。她得到的第一份工作是在一家农场的棉花田做事。她坚持了下来。在最困顿的日子里，不幸甚至有些残酷的生活拿走了她几乎所有的东西，但她死死地拽住了梦想，直至当上美国财政部长也没有松手。

犹太人认为："如果情况不尽如人意，我们总可以想办法加以改变。改变情况的办法有多种，但最可靠的一种就是：你首先回答'我希望变成什么样'这个问题，然后努力，再努力。""我希望变成什么样"，其实就是向生活索取一个梦想。

登山人的选择

人生就是一次登山的旅程，从哪条路上山，完全在于你自己的选择。每一条路上都有自己独特的风景，既然走过了，就不必后悔。

在迦南，有一座山，高耸入云，飞鸟难越，没有人知道它有多高。山前山后有两条路可供攀登：前山大路石阶铺就，笔直坦荡；后山小路，荆棘丛生，蜿蜒曲折。

一天，希伯来人三父子来到山脚。父亲举手遮阳，眺望峰顶，声如洪钟："你俩比赛爬上这山，上山有两条路，大路平而近，小路险而远——选择哪条路，你们自己裁夺。"哥俩思忖再三，各自凭着自己的选择，踏上征程。

时间过去了两个月，一个身着靓装的身影出现在峰顶，哥

哥走来了。他面色潮红，略显发福，头发油光可鉴。他骄傲地掸了一下笔挺的襟袖，走向充满期待的父亲，说：“我赢了，我赢了！这一路真是春风得意。这里没有岔道让我伤神，没有突出的山石给我绊脚。我的心灵没有欺骗我，是英明的选择助我胜利。实践证明：在平坦和崎岖间，只有傻瓜才会放弃平坦，选择崎岖。”

父亲慈祥地看着他：“你选择得的确聪明，一路走得也十分风光，我的好儿子……”

这之后不知过了多久，又一个身影出现了：他步伐稳健，全身充满着生命的活力；尽管瘦削，衣衫褴褛，但双目炯炯有神，透着聪慧与睿智。弟弟微笑着走向父亲和哥哥，从从容容地讲起路上的故事：“哦，这是多么有意义的一次旅程！感谢您，父亲，感谢您给我选择的机会。一路上陡峭的山崖阻挡着我攀爬的脚步，丛生荆棘刺破了我裸露的臂膊，疲惫的身心增添着孤独的酸楚。但我坚持住了，我学会了灵活与选择，学会了机敏与自护，学会了独立与坚忍。一路上，我阅尽山间春色，也饱尝征途冷暖。为此，我感谢您，父亲，感谢您给我选择的权利，我从自己心灵的选择中懂得了很多很多……”

哥哥的眼中露出不解，但旋即消失，他不无轻蔑地说：“可是你输了！”“是的，”父亲遗憾地说，“孩子，你输掉了比赛……”

弟弟极目远方，脸上露出平和的微笑：“但，我赢得了人生！”

凡走过，必留下痕迹。人生，没有任何过程是白费的，包括所有的辛苦、泪水、心酸，每一笔都会增加你未来成功的光彩。顺境和逆境是书写人生的两张纸，相互承载了人生的酸甜苦辣。顺境和逆境共同承托起追求人生的更高境界。

换票

思路决定出路，想法决定命运。面对同样的环境，不同的人会有不同的想法，而正是这些想法决定了他们未来截然不同的命运。

有两个乡下人准备外出打工。一个爱尔兰人买了去纽约的票，一个犹太人买了去波士顿的票，到了车站，一打听才知道：纽约人很冷漠，指个路都想收钱；波士顿人特别质朴，见了露宿街头的人会特别同情。

去纽约的爱尔兰人想：还是波士顿好，挣不到钱也饿不死，幸亏车还没到，不然真掉进了火坑；去波士顿的犹太人想：还是纽约好，给人带路都能挣钱，幸亏还没上车，不然真失去了致富的机会。最后，两个人在换票地点相遇了，原来要去纽约的去了波士顿，打算去波士顿的去了纽约。

去波士顿的爱尔兰人发现，这里果然好。他初到那里的一个月，什么都没干，大商场里欢迎品尝的点心也可以白吃。

去纽约的犹太人发现，纽约到处都可以发财。只要想点办法，再花点力气就可以衣食无忧。凭着乡下人对泥土的感情和认识，第二天，他在建筑工地装了10包含有沙子和树叶的土，以“花盆土”的名义，向不见泥土而又爱花的纽约人兜售。当天他在城郊往返6次，净赚了50美元。一年后，他竟然凭着“花盆土”拥有了一间小小的门面。在常年的走街串巷中，他又有了一个新的发现——一些商店楼面亮丽而招牌较黑，一打听才知道，这是清洗公司只负责洗楼而不负责洗招牌的结果。他立即抓住这一机会，买了人字梯、水桶和抹布，办起一家清洗公司，专门负责擦洗招牌。如今他的公司有了150多个员工，业务还发展到了附近的几个城市。

不久，他坐火车去波士顿旅游。在路边，一个捡破烂的人伸手向他乞讨，两人都愣住了，因为5年前，他们曾换过一次票。

犹太家长常常鼓励孩子敢于挑战自己，挑战生活！正所谓“宝剑锋从磨砺出，梅花香自苦寒来”，安逸舒适的环境容易消磨人的意志，最后导致人的一事无成。而那些充满挑战的地方才是我们磨炼自己、施展抱负、实现梦想的好地方。

老钟表匠

人生在世，最重要的是要对他人、对社会有实际的用处，光有花哨浮华的外表终究会被社会所遗弃。

从前，德国有一位很有才华的犹太诗人，写了很多写景抒情的诗篇。可是他却很苦恼，因为人们都不喜欢读他的诗。这到底是怎么一回事呢？难道是自己的诗写得不好吗？不，这不可能！犹太诗人向来不怀疑自己在这方面的才能。于是，他去向父亲的朋友——一位老钟表匠请教。

老钟表匠听后一句话也没说，把他领到一间小屋里，里面陈列着各式各样的名贵钟表。这些钟表，诗人从来没有见过。有的外形像飞禽走兽，有的会发出鸟叫声，有的能奏出美妙的音乐……

老人从柜子里拿出一个小盒，把它打开，取出了一只式样特别精美的金壳怀表。这只怀表不仅式样精美，更奇异的是：它能清楚地显示小星象的运行、大海的潮汛，还能准确地标明月份和日期。这简直是一只“魔表”，世上到哪儿去找呀！诗人爱不释手。他很想买下这个宝贝，就开口问表的价钱。老人微笑了一下，只要求用这宝贝换青年手上那只普普通通的表。

诗人对这块表真是珍爱之极，吃饭、走路、睡觉都戴着

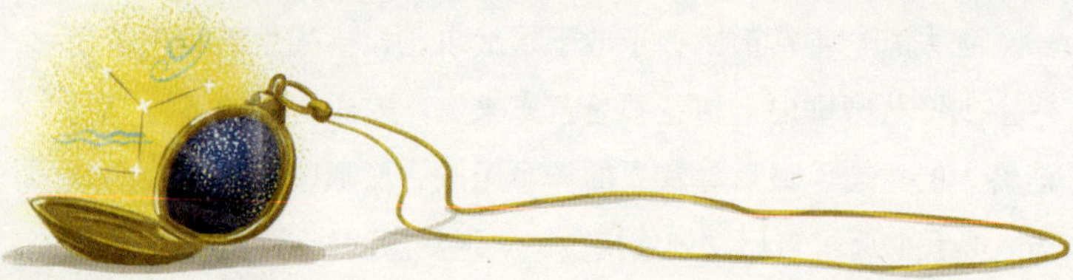

它。可是，过了一段时间之后，渐渐对这块表不满意起来。最后，竟跑到老钟表匠那儿要求换回自己原来的那块普通的手表。老钟表匠故作惊奇，问他对这样珍异的怀表还有什么感到不满意。

犹太诗人遗憾地说："它不会指示时间，可表本来就是用来指示时间的。我戴着它不知道时间，要它还有什么用处呢？有谁会来问我大海的潮汛和星象的运行呢？这表对我实在没有什么实际用处。"

老钟表匠还是微微一笑，把表往桌上一放，拿起了这位青年诗人的诗集，意味深长地说："年轻的朋友，让我们努力干好各自的事业吧。你应该记住：怎样给人们带来用处。"

诗人这时才恍然大悟，从心底里明白了这句话的深刻含义。

成功路上的相对论

把长远的目标分成一个个短期小目标，这样实行起来就不会感到过于艰难，可以轻松地从一个胜利走向另一个胜利。

美国专栏作家弗兰克·A.格拉顿年轻时深受英国作家威廉·科贝特的影响，辞掉了报社的工作，一头扎进创作中去。由于没有收入，连房租都交不起。白天，为了躲避房东催交房租，只好漫无目的地在马路上走来走去，何时才能写出自己的鸿篇巨制呀，他感到有些绝望。

一天，在42号街遇到了他当记者时曾采访过的俄国著名犹太歌星夏里宾先生，没想到这位名噪一时的人物还记得他。格拉顿忍不住向夏里宾倾诉了自己的苦恼，夏里宾听过之后，对他说："我的旅馆在103号街，跟我一同过去，好不好？"

"什么，103号街？我怎么可能一下子走这么远的路？"格拉顿惊叹道。

"是呀，从这里到103号街要过60个街口，少说也要走上两个多小时！"夏里宾换了一种口气说，"我们不到我的旅馆了，咱们向前走，过6条街，到贝里射击游艺场玩玩怎么样？"

夏里宾的这番话打消了格拉顿的顾虑，他们到了游艺场门口，看了一会儿两名屡次射击不中目标的水兵。然后继续前进，不一会儿就到了长纳奇大戏院，"现在离中央公园只有5条横马路了，我们去看看那只奇怪的猩猩吧！"夏里宾愉快的话语让格拉顿感到说不出的轻松……就这样走走停停，不知不觉间已到了103号街。原该精疲力竭的他，却并没感到一点累。格拉顿掏出怀表看了看，时间已过去了将近4个小时。

夏里宾先生满意地对他说："并不太远吧。现在我们到我旅馆附近的餐馆去吃饭吧。"在餐桌上，格拉顿听到了让他终生难忘的一席话："今天走的路你要记在心里，你无论与你的目标之间有多远，也要学会轻松地走路，只有那样，在走向目标的过程中，才不会感到烦闷，才不会被遥远的未来吓住。"

轻松地走路，轻松地享受生活。我们没有必要不断告诫自己马不停蹄、夜以继日地朝目标赶路，有时候我们树立目标本身就只是为了确定一条我们到达它的线，怎样去走，才是我们真正要思考的。生活并不是为了追求赶路的疲惫，那样无异于南辕北辙，赶得再累，也难以达到生活的真谛。让我们的生活变得轻松而自在，生活并不是沉重的负担。

你就是自己的上帝

每个人身体内都埋藏着无限的潜能，只要充满自信，充分发挥潜能，你就没有做不到的事情。

有个贫穷的犹太工人在帮农场主人工作，搬运东西时不小心打破了一个花瓶。农场主人看见后，要求他一定要赔偿，但是三餐都成问题的工人，哪里赔得起这么昂贵的花瓶？

苦恼的工人只好到教堂，向神父请教解决的办法。

神父听完工人的问题，他说：“听说有一种能将碎花瓶粘好的技术，不如你去学习这种技术，只要能将这个花瓶修补、复原，事情不就解决了？”

工人听完后却摇了摇头，说：“哪有这么神奇的技术？要把这个碎花瓶粘得完好如初，根本是不可能的事。”

神父指引他说：“这样吧！教堂后面有一个石壁，上帝就待在那里，只要你对着石壁大声说话，上帝便会答应你的要求，去吧！”

于是，工人来到石壁前，大声对着石壁说：“上帝，请您帮帮我，只要您愿意帮助我，我相信，我一定能将花瓶粘好！”

工人的话一说完，上帝便立即回应他：“一定能将花瓶粘好！”

工人真的听见了上帝的承诺，于是，他充满自信地向神父辞别，朝着“复原花瓶”的高超技术迈进。

一年以后，经过认真学习与不懈努力，他终于学会了粘碎花瓶的技术。结果他将农场主人的花瓶复原得天衣无缝，令人赞叹！

这天，他将花瓶送还给农场主人后，再次来到教堂，准备向上帝道谢，谢谢他给予的帮助与祝福。

神父再次将他带到教堂后面的石壁前，并笑着对诚恳的工人说：“其实，你不必感谢上帝。你真正要感谢的人，是你自己啊！因为，这里根本就没有上帝，这块石壁具有回音的功能，当时你听到的‘上帝的声音’，其实就是你自己的声音啊！而你，就是你自己的上帝。”

犹太小说家菲茨杰拉德曾经写过一段值得我们深思的感叹：“在我们18岁的时候，信念是我们站在上面眺望的山头，但是到了45岁，我们的信念就成了藏身的山洞。”你还在等待别人的帮助吗？或者期望上帝赋予的“神奇力量”？别再等待了，因为只有你，才能将身上的潜能发挥出来；也只有你，才能主宰自己的命运。

你是胡萝卜，是鸡蛋，还是咖啡豆

困难像弹簧，你弱它就强。面对人生挫折，要学会做一颗坚强不屈的咖啡豆，把逆境转化为机遇，让自己更加完美。

在今天的以色列，父母教育子女时，常常给他们讲下面这个真实的故事：

一个女儿对父亲抱怨她的生活，抱怨事事都那么艰难。她不知该如何应付生活，想要自暴自弃了。她已厌倦抗争和奋斗，好像一个问题刚解决，新的问题就又出现了。

她的父亲是位厨师，他把她带进厨房。他先往三只锅里倒入一些水，然后把它们放在旺火上烧。不久锅里的水烧开了。他往第一只锅里放些胡萝卜，第二只锅里放些鸡蛋，最后一只锅里放入碾成粉末状的咖啡豆。他将它们浸入开水中煮，一句话也没有说。

女儿咂咂嘴，不耐烦地等待着，纳闷父亲在做什么。大约20分钟后，他把火关了，把胡萝卜捞出来放入一个碗内，把鸡蛋捞出来放入另一个碗内，然后又把咖啡舀到一个杯子里。做完这些后，他才转过身问女儿：“亲爱的，你看见什么了？”“胡萝卜、鸡蛋、咖啡。”她回答。

他让她靠近些并让她用手摸摸胡萝卜。她摸了摸，注意到它们变软了。父亲又让女儿拿一只鸡蛋并打破它。将壳剥掉后，她看到了一只煮熟的鸡蛋。最

后，他让她喝了咖啡。品尝到香浓的咖啡，女儿笑了。她怯生生地问道："父亲，这意味着什么？"

他解释说，这三样东西面临同样的逆境——煮沸的开水，但其反应各不相同。胡萝卜入锅之前是强壮的、结实的，但进入开水之后，它变软了、变弱了；鸡蛋原来是易碎的，它薄薄的外壳保护着它呈液体的内脏，但是经开水一煮，它的内脏变硬了；而粉状咖啡豆则很独特，进入沸水之后，它们倒改变了水。"哪个是你呢？"他问女儿，"当逆境找上门来时，你该如何反应？你是胡萝卜，是鸡蛋，还是咖啡豆？"

你呢，我的朋友？你是看似强硬，但遭遇痛苦和逆境后变软弱了、失去了力量的胡萝卜吗？你是内心原本可塑的鸡蛋吗？或者你是咖啡豆？改变了给它带来痛苦的开水，并在它达到高温时让它散发出最佳的香味。当你似乎已经走到山穷水尽的绝境的时候，离成功也许仅一步之遥了。问题在于，你将以怎样的心态面对人生的逆境。问问自己是如何应对逆境的。你是胡萝卜，是鸡蛋，还是咖啡豆？

改说"下一次"

过去的已经过去，永远也无法挽回，但是我们可以吸取过去的经验教训，在"下一次"中不再犯相同的错误。

有一位犹太心理医生，成就卓著，在他即将退休时，写了一本医治各种心理疾病的专著。这本书有1000多页，书中有各种心理疾病的治疗办法。

书出版后引起了很大轰动，许多团体和大学邀请他去为学生们讲学。一天，他应邀到一所大学讲学，在课堂上，他拿出了这本厚厚的著作，对学生们说："这本书有1000多页，里面有治疗各种心理疾病的方法3000种、药物10000类，但所有的内容，概括起来却只有几个字。"

学生们都很吃惊，纷纷投之以惊愕的目光。于是他转身在黑板上写下了"如果，下一次"。他继续说道："事实上，许多人倍受精神折磨的原因都是'如果'这两个字，比如'如果我不做那件事''如果我当年不娶她''如果我当年及时换一份工作'……书中医治方法有几千种，但最终的方法只有一种，那就是把'如果'改为'下一次'，比如'下一次我有机会一定那样做''下一次我一定不会错过我爱的人'……总之，造成自己心理疾病的，影响自己幸福观念的，有时候并不是因为物质上的贫乏或丰裕，而是取决于一个人的心境的改变。如果心灵浸泡在后悔和遗憾的水中，痛苦就必然会牢牢占据你的整个心灵。

"懊悔在人的一生中，就像一剂慢性毒药，在无休无止地磨灭你的意志，在不知不觉中消耗你的快乐，降低你成功的概率。它又像一些蛰伏在我们生命长堤上看似渺小的蚁穴，但总有一天，我们会被它引来的巨浪所吞噬。

"去掉'如果'，改说'下一次'，你就找回了真实的自己，它就是你生命里的阳光、空气和水。"

学会向前看，如果硬要说这世界上有后悔药可以用来医治自己的懊悔，那就是对自己多说"下一次"。下一次机会来临时，记得全心全意去为自己的梦想而奋斗。不要用永不可能的“如果”将自己牢牢绑在过去，珍惜现在，珍惜将来，其实这才是对自己过去的悔恨最好的良药！

头上的那条绿色缎带

其实我们每个人本身都有一份独特的美丽，然而这份美丽往往被自卑的偏见所扼杀。勇敢地亮出自己，你将发现欣赏自己的人很多。

玛莉所在的一家以色列跨国集团中，大部分同事都有了自己的恋人，但是没有人会邀请害羞的姑娘玛莉。玛莉沿着走廊走着，耷拉着头，从她的样子来看，心情很沉重。一块标着“吸引异性物”的招牌挡住了她，牌后放着一些丝带，周围摆着各式各样的蝴蝶结，牌上写着：各种颜色应有尽有，挑选适合你个性的颜色。玛莉在那儿站了一会儿，尽管她有勇气戴，但还为她母亲是否允许她戴上那又大又显眼的蝴蝶结而犹豫不决。是的，这些缎带正是伙伴们经常戴的那种。

“亲爱的，这个对你再合适不过了。”女售货员说。

“噢，不，我不能戴那样的东西。”玛莉回答道，但同时她却渴望地靠近一条绿色缎带。

女售货员显得惊奇地说：“哟，你有这么一头可爱的金发，又有一双漂亮的眼睛，孩子，我看你戴什么都好！”

也许正是售货员这几句话，玛莉把那个蝴蝶结戴在了头上。

“不，向前一点。”女售货员提醒道，“亲爱的，你要记住一件事，如果你戴上任何特殊的东西，就应该像没有人比你更有权戴它一样。在这个世界上，你应抬起头来。”她用评价的眼光看了看那缎带的位置，赞同地点点头，“很好，哎呀，你看上去无比地令人兴奋。”

“这个我买了。”玛莉说。她为自己做出决定时的音调而感到惊奇。

“如果你想要其他在集会、舞会、正规场合穿着的……”售货员继续说着。玛莉摇摇头，付款后向店门口冲去。速度是那么快，以致与一位拿着许多包裹的妇女撞了个满怀，几乎把她撞倒。

过了一会儿，她吓得打了个寒战，因为她感到有人在后边追她，不会是为那缎带吧？真是吓死人了。她向四周看看，听到那个人在喊她，她吓得飞跑，一直跑到一条街区才停下来。

出人意料，玛莉眼前正是卡森咖啡馆，她意识到她开始就一直想到这儿来的。

这儿是镇上每个姑娘都知道的地方，因为伯特——大家都喜欢的一个好小伙每个星期六下午都在这儿。

他果然在这儿，坐在卖饮料的柜台旁，倒了一杯咖啡，并不喝掉。“莉妮把他甩了，”玛莉暗想，“她将与其他人去跳舞了。”

玛莉在另一端坐下来，要了一杯咖啡。很快她感觉到，伯特转过身来在望着她。玛莉笔挺地坐着，昂着头，头上的那绿色缎带给了她自信。

“嗨，玛莉！”

“哟，是伯特呀！”玛莉装出惊讶的样子说，“你在这儿多久了？”

“整个一生。”他说，“等待的正是你。”

“奉承！”玛莉说。她为头上的绿色缎带而感到骄傲。

不一会儿，伯特在她身边坐下，看起来似乎他刚刚注意到她的存在，问道：“你的发型改了还是怎么的？”

“你通常都是这样注意吗？”

“不，我想正是你昂着头的样子。似乎你认为我应该注意到什么似的。”

玛莉感到脸红起来：“这是有意挖苦吧？”

“也许。”他笑着说，“但是，也许我有点喜欢看到你那昂着头的样子。”

大约过了10分钟，真令人难以相信，伯特邀她去跳舞。当他们离开卡森咖啡馆时，伯特主动要陪她回家。

回到家里，玛莉想在镜子跟前欣赏一下自己戴着绿色缎带的样子，令她惊奇的是，头上什么都没有——后来她才知道，当时撞到那人时，绿色缎带被撞掉了……

亚伯拉罕说过："偏见常常扼杀很有希望的幼苗。"为了避免自己被"扼杀"，只要看准了，就要充满自信，敢于坚持走自己的路。把亚伯拉罕这句话作为格言，这样对你和孩子都有好处。

永远不说自己做不到

要从小用"你能行""你真棒"等正面词语激励孩子，永远不要对孩子说"你做不到""不可能"等打击孩子积极性的消极话语。

犹太男孩琼尼降生时，他的双脚向上弯着，脚底靠在肚子上。医生向他父母保证说，经过治疗，小琼尼可以像常人一样走路，但像常人一样跑步的可能性则微乎其微。琼尼3岁之前一直在接受治疗，和支架、石膏模子打交道。经过按摩、推拿和锻炼，他的腿果然渐渐康复。七八岁的时候，他走路的样子已让人看不出他的腿有过毛病。

要是走得远一些，比如去游乐园或去参观植物园，小琼尼会抱怨双腿疲累酸疼。这时候父母会停下来休息一会儿，来点苏打汁或蛋卷冰淇淋，聊聊看到的和要去看的。他们并没告诉他，他的腿为什么细弱酸痛；也不告诉他这是因为先天畸形。因为不对他说，所以他不知道。

邻居的小孩子们做游戏的时候总是跑过来跑过去，毫无疑问，小琼尼看到他们玩就会马上加进去跑啊、闹的。父母从不告诉他，不能像别的孩子那样跑，从不说他和别的孩子不一样。因为不对他说，所以他不知道。

七年级的时候，琼尼决定参加横穿全美的跑步比赛，每天他和大伙一块训练。也许是意识到自己先天不如别人，他训练得比任何人都刻苦。虽然他跑得很努力，可是总落在队伍后面，但父母并没有告诉他为什么，没有对他说不要期望成功。训练队的前7名选手可以参加最后比赛，为学校拿分。父母没有告诉琼尼也许会落空，所以他不知道。

他坚持每天跑4至5英里。两个星期后，在决赛前的3天，长跑队的名次被确定下来，琼尼是第六名，他成功了。

犹太人坚信：上帝拯救那些能够自我拯救的人。你的欲望有多么强烈，就能爆发出多大的力量；当你有足够强烈的欲望去改变自己命运的时候，所有的困难、挫折、阻挠都会为你让路，欲望有多大，就能克服多大的困难，就能战胜多大的阻挠。父母也不要只是一心想当保护伞，不要告诉孩子“不可能”，而是要说“你真棒”！孩子完全可以挖掘生命中巨大的能量，激发成功的欲望，因为欲望即力量。

勇敢做自己，因为你就是你

每个人都是第一个“前无古人，后无来者”的自己，没有必要去做第二个别人。做别人的复制品，你只能永远生活在别人的阴影中。

多年前，有位受人尊敬的犹太拉比名叫苏西亚，他是个闻名世界的学者、老师和医生。弥留之际，他的学生聚集在他的

床前，苏西亚掉下眼泪。

苏西亚的学生不禁问他：“老师，您为什么哭泣？”

苏西亚回答他说：“如果上了天堂以后，天使问我：‘为什么你不能像摩西一样？’我一定会肯定地回答他说：‘因为我本来就不是摩西。’

“如果天使再问我：‘可是你也没有像艾利西（希伯来的大预言家）一样的丰功伟绩。’

“那我也可以肯定地回答：‘因为我来到世上的任务和艾利西不同。’

“可是，有一个问题，恐怕我会答不出来。我怕他问：‘你为什么不能像拉比苏西亚？’”

芸芸众生都在追寻自我。有时候在愉悦的自我发现过程中，珍贵的自我即可显现，有时候却是经过煎熬和挣扎，才能求得自我。然而不论我们走的是哪一条路，我们都要和自我一起分享这段艰辛的旅程。家长一定要让孩子从小明白：每个人都带着独特的目的来到世上，希望每个人都能拿出勇气，发掘美丽的自我。

用忍耐构建生命的支点

千里之行，始于足下。一口吃不成一个胖子，要想实现远大的目标，就必须依靠持久的耐心，一步一个脚印地去达成。

普利策是一位犹太人，21岁时获得律师开业许可证，开始了他独自创业的生涯。作为一个有抱负的年轻人，普利策觉得当个律师创不了大业。经过深思熟虑，他确定进军报界。他找到圣路易斯的一家报馆，老板见他颇具热情、机敏聪慧，便答应留下他当记者，但有个条件，以半薪试用一年后再商定去留。

普利策明知老板对自己不那么信任，但仍乐意屈就。他在报馆期间，充分利用犹太人善于忍耐的优势，顶住老板的百般刁难和同事不屑的白眼，虚心研究报馆的各个环节的工作，最后老板高兴地提前吸收他为正式员工，第二年还把他提升为编辑。随着他署名的文章增多，影响力扩大，1869年他当选为密苏里州议会议员。1871年至1872年，他牵头筹组密苏里州自由共和党，声望大增，地位和声望常常与经济相关，普利策的收入也开始增多。1878年他用自己的积蓄买下一间濒临歇业的报馆，把该报改名为《圣路易斯邮报快讯报》，开始了独立办报的奋斗。该报经过5年的经营，成为当时美国最成功的报纸，每年为他赚取15万美元以上的纯利润。随着资本积累的增多，普利策又收购了《纽约世界报》，不久这家经营惨淡的报纸一举跃升为全美最有影响和利润最丰厚的大报。正是凭借忍耐和不断进取，普利策最终成为美国的报业巨头和大富豪，实现了他创业之初的目标。

忍耐是犹太民族的基本精神，逆境是成功的一种回响。根据一些心理学家分析，对于每一次失败的经验，他们都看成一种“响应”，这种“响应”告诉他们应该怎样尝试不同的方法。在他们的信念系统中，他们坚信通过这样的回馈机制，他们总有一天会成功。

只要你想就能做到

对自己的生命，你拥有比你想象的更多的主宰权。

犹太人赛蒙顿医生是一位专门治疗晚期癌症病人的专科医生，他提起有一次治疗一位61岁喉癌病人的经过。当时这名病人因为病情的影响，体重大幅下降，瘦到只有98磅（约合44千克），癌细胞的扩散使得他无法进食。

赛蒙顿医生告诉这位患者，自己将会全力为他诊治，帮助他对抗恶疾。同时，每天将治疗进度详细地告诉他，并清楚讲述医疗小组治疗的情形及他体内对治疗的反应，使病人充分了解病情，并缓解不安的情绪，努力与医护人员合作。

结果治疗情形好得出奇。赛蒙顿医生认为这名患者实在是个理想的病人，因为他对医生的嘱咐完全配合，使得治疗过程进行得十分顺利。赛蒙顿医生教这名病人运用想象力，想象他体内的白细胞大军如何与顽固的癌细胞对抗，并最后战胜癌细胞的情景。结果两个星期之后，医疗小组果然抑制了癌细胞的破坏性，成功地战胜了癌症。对于这个杰出的治疗成果，就连赛蒙顿医生也感到十分惊讶。

其实赛蒙顿医生是因为运用了心理疗法来治疗这名癌症病人，才获得了如此成功的疗效。他对患者说："你对自己的生命拥有比你想象的更多的主宰权，即使是像癌症这么难缠的恶疾，也能在你的掌握中。"他继续说："事实上，你可以运用这种心灵的力量，来决定你的生或死。甚至，如果你选择活下去，你还可以决定要什么样的生命品质。"

做自己命运的主人

上帝夺取了我们的一切，剩下的只有我们。

从前，一头驴子不小心掉到一口枯井里，它哀怜地叫喊呼救，期待主人把它救出去。驴子的主人召集了数位亲邻出谋划策，却想不出好办法。大家倒是认定反正驴子已经老了，"人道毁灭"也不为过，况且这口枯井迟早也会被填上。

于是，人们拿起铲子开始填井。当第一铲泥土落到枯井中时，驴子叫得更恐怖了，它显然明白了主人的意图。又一铲泥土落到枯井中，驴子出乎意料地安静了。人们发现，此后每一铲泥土打在它背上的时候，驴子都在做一件令人惊奇的事情：

它努力抖落背上的泥土，踩在脚下，把自己垫高一点。

人们不断把泥土往枯井里铲，驴子也就不停地抖落那些打在背上的泥土，使自己再升高一点。就这样，驴子慢慢地升到了枯井口，在人们惊奇的目光中，从从容容地走出枯井。

这则故事给我们三个启示：其一，假若你现在就身处枯井中，求救的哀鸣也许换来的只是埋葬你的泥土。那么，驴子教会我们走出绝境的秘诀是拼命抖落背上的泥土，将本来用来埋葬你的泥土变为拯救自己的泥土，即将不利因素转化为有利因素。其二，无论绝望与死亡如何惊天动地，有时候走出“枯井”原来就这么简单。其三，驴子走出枯井时，表现得从从容容，这应该说是从生活或从困境中走出来的人，充满活力地面向未来的一种值得探讨和推崇的理念。

《塔木德》教导人们：要救赎自己，这种救赎不能靠别人，必须由自己来完成。

人生的竞赛场

生命是短暂的，人的精力也是有限的，要想做出一番成就，必须选一个目标，矢志不移、心无旁骛地为之奋斗。

在人生的竞赛场上，没有确立目标，不能在逆境中完善自己，是不容易获得成功的。许多人并不乏信心、能力、智力，只是没有确立目标或没有选准目标，所以没有走上成功的途径。

伟大的爱因斯坦一生所取得的成功是世界公认的，他被誉为20世纪最伟大的科学家。他的一生是典型的树立目标、坚持奋斗的一生。他出生在德国一个贫穷的犹太家庭，家里经济条件不好，加上自己小学和中学的学习成绩并不是很好，虽然有志向科学领域进军，但他有自知之明，知道必须量力而行。他对自己的学业情况进行了深入的自我分析：虽然总成绩平平，但对数学和物理很感兴趣，成绩比较突出。其他方面赶不上别人，只有在数学和物理方面确立目标才能有出路，因而他在读大学时选择了瑞士苏黎世联邦理工学院攻读物理学专业。

由于选择了正确的奋斗目标，加上爱因斯坦勤奋好学，个人潜能得以充分发挥，短时间内积累了大量的专业知识，他在26岁时就发表了科研论文《分子尺度的新测定》。以后几年的时间里他又相继发表了4篇重要的科学领域的论文，发展了普朗克的量子概念，提出了光量子除了有波的性状外，还具有粒子的特性，提出波粒二重性，圆满地解释了光电效应；建立了狭义相对论，使人类对宇宙的认识有了重大变革，取得了前人所未有的显著成就。

假如他当年把自己的目标确立在音乐或文学上，恐怕就不能取得在物理学上那么辉煌的成就。爱因斯坦在物理学上奋斗目标的实现，与他能准确地选择学习目标和道路是分不开的。

他在16岁时就明白一个道理：知识海洋浩瀚无边，任何学者都不能在这个海洋漫无方向地漂荡。应该选定一个对自己最有利、最擅长的目标扬帆前进，避免耗费人生有限而宝贵的时光，不然就会一事无成。爱因斯坦善于根据目标的需要进行学习，使有限的学习时间得到充分的利用。他创造了高效率的定向选学法，即在学习中找出能把自己的知识引导到更深处的东西，抛弃使自己头脑负担过重和会使自己远离要点的一切东西，从而使他集中全部智慧和力量攻克选定的目标。他曾经说过："数学可以分成许多专门的领域，每一个领域都能花费去我们短暂的一生。物理学也一样，分成了许多领域，其中每个领域都能耗费一个人短暂的一生。在我研究的这个领域里，我不仅学会了识别出能导致深化知识的东西，而且把其他许多肤浅的东西撇开不管，把许多充塞脑袋并使我精力偏离主要目标的东西撇开不管。"他就是这样学习的。为了更好地阐明相对论，他专门选学了非欧几何知识。就是这样的定向选学法，使他的立论工作得以顺利地进行和正确地完成。如果他没有意向研究物理学，是不会在那个时候学习非欧几何的；如果他那时候漫无目的地涉猎各门数学知识，相对论也不一定能这么快就产生。爱因斯坦正是凭借自己在10多年时间内专心致志地攻读与奋斗目标相关的书，才终于在狭义相对论、光电效应理论和布朗运动三个不同领域取得了重大突破。

特别值得一提的是，爱因斯坦不仅有可贵的自知之明精神，而且对已确立的奋斗目标矢志不移。1952年，当以色列国第一任总统魏兹曼逝世后，政府官员们鉴于爱因斯坦是犹太人，而且科学成就卓越、声望众高，诚挚邀请他担任总统职务，但爱因斯坦却婉言谢绝了，并坦然承认自己不适合担任这一职务。确实，爱因斯坦是一位伟大的科学家，这是通过他终生努力奋斗才实现的目标。但这不代表他也拥有卓越的领导才能，如果他当上总统，那未必会有多大建树，因为他没有显露出管理方面的才华，也未曾树立这个目标，更没有为这个目标努力学习和奋斗。不仅犹太巨人爱因斯坦能够树立符合自身实际的远大目标，并为之进行艰苦卓绝的奋斗，其他犹太人因其民族的特性和所处的环境，也普遍都能从小怀志，确立自己人生的奋斗目标。正因为这样，犹太人都教育孩子要集中人生有限的时间和力量去攻克一个目标，而且从头到尾决不气馁，在逆境中做到自强自大，只有这样，成功率才能比别人高。

第四章

智慧：成功大门的钥匙

爱生智慧，智慧改变命运

当你的心中充满爱，就会主动热情地寻找各种办法帮助他人解决困难，而智慧由此产生，你在帮助他人的过程中也会获得丰厚的回报。

一天夜里，已经很晚了，一对年老的夫妻走进一家旅馆，他们想要一个房间。犹太侍者回答说："对不起，我们旅馆已经客满了，一间空房也没有剩下。"但是侍者不忍心深夜让这对老人出门另找住宿。而且在这样一个小城，恐怕其他的旅店也早已客满打烊了，这对疲惫不堪的老人岂不是要在深夜流落街头？于是好心的侍者将这对老人引领到一个房间，说："也许它不是最好的，但现在我只能做到这样了。"老人见眼前是一间整洁又干净的屋子，就愉快地住了下来。

第二天，当他们来到前台结账时，侍者却对他们说："不用了，因为我只不过是把自己的屋子借给你们住了一晚——祝你们旅途愉快！"原来如此。侍者自己一晚没睡，就在前台值了一个通宵的夜班。两位老人十分感动。老头儿说："孩子，你是我见到过的最好的旅店经营人。你会得到报答的。"侍者笑了笑，说这算不了什么。他送老人出了门，转身接着忙自己的事，把这件事情忘了个一干二净。没想到有一天，侍者接到了一封信函，打开看，里面有一张去纽约的单程机票并有简短附言，聘请他去做另一份工作。他乘飞机来到纽约，按信中所标明的路线来到一个地方，抬眼一看，一座金碧辉煌的大酒店耸立在他的眼前。原来，几个月前的那个深夜，他接待的是一个有着亿万资产的富翁和他的妻子。富翁为这个侍者买下了一座大酒店，深信他会经营管理好这个大酒店。

吃亏即是占便宜

有些事情，从常规的角度看，似乎是吃了大亏，但从另一个角度看，却是占了天大的便宜。

一个犹太人走进纽约的一家银行，来到贷款部，大模大样地坐了下来。

“请问先生，我可以为您做点什么？”贷款部经理一边问，一边打量着这个西装革履、满身名牌的来者。

“我想借些钱。”

“好啊，您要借多少？”

“1美元。”

“只需要1美元？”

“不错，只借1美元，不可以吗？”

“噢，当然，不过只要您有足够的保险，再多点也无妨。”经理耸了耸肩，漫不经心地说。

“好吧，这些做担保可以吗？”犹太人接着从豪华的皮包里取出一堆股票、国债等，放在经理的写字台上。

“总共50万美元，够了吧？”

“当然，当然！不过，您真的只要借1美元吗？”经理疑惑地看着眼前的怪人。

“是的。”说着，犹太人接过了1美元。

“年息为6%，只要您付出6%的利息，一年后归还，我们就可以把这些股票退还给您。”

“谢谢。”

犹太人说完准备离开银行。一直站在旁边冷眼观看的分行长，怎么也弄不明白，拥有50万美元的人，怎么会来银行借1美元，于是他慌慌张张地追上前去，对犹太人说：“啊，这位先生……”

“有什么事吗？”

“我实在弄不清楚，您拥有50万美元，为什么只借1美元呢？您不认为这样做你很吃亏吗？要是您想借三四十万美元的话，我们也会很乐意……”

“请不必为我操心。在我来贵行之前，问过了几家金库，他们保险箱的租金都很昂贵。所以嘛，我就准备在贵行寄存这些东西，一年只需要花6美分，租金简直是太便宜了。”

看到这个题目的时候你是不是很迷惑，吃亏与占便宜怎么可能是一回事？看了这个故事后你就豁然开朗了吧。打破自己的思维定式，换个角度去想问题，往往会有意想不到的收获。家长从小培养孩子时，最重要的莫过于让他多角度思考问题。

有财富而无智慧，财富是不能永久的；而有了智慧就不愁没有财富，因为智慧是财富的源泉。

犹太儿童中间流传着这样一则寓言：

在远古的耶路撒冷有一种精灵，他们干着仆役的事情，做家务，打扫房屋，有时还兼管花园。其中有一个精灵，给一个小康之家管理花园。他干活不声不响，相当熟练，热爱主人，还特别热爱那个花园。他工作非常卖力，主人对他也很满意。尽管他和他的同伴一样，生性非常自由，可以随时去各种地方，但为了更好地表明他是个忠实的仆役，他始终住在这家主人那里。但可怕的是，他的同行——其他精灵对他百般诽谤，以至于精灵的头目很快下令，把他调到北极去照料一所终年被雪覆盖的房屋。动身前，精灵对他的主人说："我不知道自己犯了什么错误，别人逼着我离开你们。在这里，我只能再待很短的一段时间，可能是一个月，也可能是一个星期。请你们抓紧时机说出三个愿望，我帮你们实现这三个愿望，但是只能三个，不能再多。"主人和夫人合计了一下，第一个愿望就是要求财富。果然，立即便有大堆大堆的金钱装满了他们的钱柜和大大小小的箱子。第二个是仓库里全是小麦，地窖里全是酒，一切都装得满满的。但究竟怎样来管理这些财物呢？该设立多少账本，耗费多少时间和心血？两人都感到十分为难，贼人要来算计他们，王公大人要来借贷，国王要来征税，这对可怜的夫妇因为太过富有而感到痛苦。"快来帮我们摆脱这些因钱财而引起的麻烦吧！”他们两人请求说，“穷人是多么幸福，他们无忧无虑！贫困远远胜过财富。财富，快走开！而贫穷女神，快回来吧！”说完这些话，所有的一切都消失了，他们又和原来一样了。他们重新获得了安宁和平静。精灵因他们的觉悟而和他们同时大笑。最后他们请求精灵赐给他们智慧。他们明白，这才是一种从不引起麻烦的财富。

犹太人蔑视一般的学习，他们告诉孩子一般的学习只是一味模仿，而没有任何的创新。实际上，学习只是思考的基础。“学识及能力，才是价值最昂贵的怀表”，这才会使人有智慧。

没有标准答案

任何问题都不止一种解决方案，也没有所谓必须如此的标准答案，要敢于打破权威，独辟蹊径，创造性地解决问题。

很久以前，以色列国立大学教授卡兰得拉接到他的同事的一个电话，他问卡兰得拉是否愿意为一个试题的评分做鉴定人。因为同事想给他的一个学生答的一道物理题打零分，而他的学生则声称应该得满分。这个学生认为这种测验制度不对，他一定要争取满分。因此老师和学生同意将这件事委托给一个公平无私的仲裁人，而卡兰得拉被选中了。

卡兰得拉到他同事的办公室，并阅读了这个试题。试题是：“试证明怎么能够用一个气压计测定一栋高楼的高度。”

学生的答案是：“把气压计拿到高楼顶部，用一根长绳子系住气压计，然后把气压计从楼顶向楼下坠，直到坠到地面为止；然后把气压计拉上楼顶，测量绳子放下的长度。这长度即为楼的高度。”

这是一个有趣的答案，但是这个学生应该获得称赞吗？卡兰得拉指出，这个学生应该得到高度评价，因为他的答案完全正确。另外，如果高度评价这个学生，就应该给他物理课程的考试打高分；而高分就证明这个学生知道一些物理学知识，但他的回答又不能证明这一点……

卡兰得拉让这个学生用6分钟回答同一个问题，但必须在回答中表现出他懂得一些物理学知识……在最后一分钟里，学生赶忙写出他的答案。答案是：“把气压计拿到楼顶，让它斜靠在屋顶的边缘处。让气压计从屋顶落下，用秒表记下它落下的时间，根据落下的距离等于重力加速度乘下落时间的平方的一半，算出建筑物的高度。”

看了这答案之后，卡兰得拉问他的同事是否让步。同事让步了，于是卡兰得拉给了这个学生几乎是最高的评价。正当卡兰得拉要离开

他同事的办公室时，突然记起那个同学说他还有另外一个答案，于是卡兰得拉问是什么样的答案。学生回答说："利用气压计测出一个建筑的高度有许多办法。例如，你可以在有太阳的日子在楼顶记下气压表的高度和它影子的长度，再测出建筑物影子的长度，就可以利用简单的比例关系，算出建筑物的高度。"

"很好，"卡兰得拉说，"还有什么答案？"

"有呀，"那个学生说，"还有一个你会喜欢的最基本的测量方法。你拿着气压表，从一楼登梯而上，当你登楼时，用符号标出气压表上的水银高度，这样你可以用气压表的单位得到这栋楼的高度。这个方法最直截了当。

"当然，如果你还想得到更精确的答案，你可以用一根弦的一端系住气压表，把它像一个摆那样摆动，然后测出街面和楼顶的g值（重力加速度）。利用两个g值之差在原则上就可以算出楼顶高度。"

最后他又说："如果不限制我用物理学方法回答这个问题，还有许多其他方法。例如，你拿上气压表走到楼房底层，敲管理人员的门。当管理人员应声时，你对他说下面一句话：'亲爱的管理员先生，我有一个很漂亮的气压表。如果你告诉我这栋楼的高度，我将把这个气压表送给您……'"

问题的解决方法往往不止有一种，没有必要把自己的思维固定在某一点上。开放性的思维远比一些所谓的标准答案更值得我们的赞赏！因为你会发现，你原来并不需要待在狭小的屋里，只要推开那扇门，你就会看到你的面前有一片广袤的天地。

动脑的结果

事在人为，积极的人只为成功想办法，不为失败找借口。

犹太青年佛瑞迪只有16岁。在暑假即将来临的时候，他对父亲说："爸爸，我不要整个夏天都向您伸手要钱，我要找个工作。"

父亲从震惊中恢复过来之后，对佛瑞迪说："好啊，佛瑞迪，我会想办法给你找工作，但是恐怕不容易。现在正是人浮于事的时候。"

"你没有弄清我的意思，我并不是要您给我找个工作，我要自己来找。还有，请不要那么消极。虽然现在人浮于事，我还是可以找到工作，毕竟有些人总是可以找到工作的。"

"哪些人？"父亲带着怀疑问。

"那些会动脑筋的人。"儿子回答说。

佛瑞迪在“事求人”广告栏上仔细寻找，找到了一个很适合他专长的工作，广告上说找工作的人要在第二天早上8点到达42街的一个地方。佛瑞迪并没有等到8点，而在7点45分时就到了那儿。可他看到已有20个男孩排在那里，他只是队伍中的第21名。

怎样才能引起特别注意而竞争成功呢？这是他的问题。他应该怎样处理这个问题呢？根据佛瑞迪所说，只有一件事可做——动脑筋思考。因此他进入了那最令人痛苦也是最令人快乐的程序——思考。在真正思考的时候，总是会想出办法的，佛瑞迪想出了一个办法。他拿出一张纸，在上面写了一些东西，然后折得整整齐齐，走向秘书小姐，恭敬地对她说：“小姐，请你马上把这张字条转交给你的老板，这非常重要。”

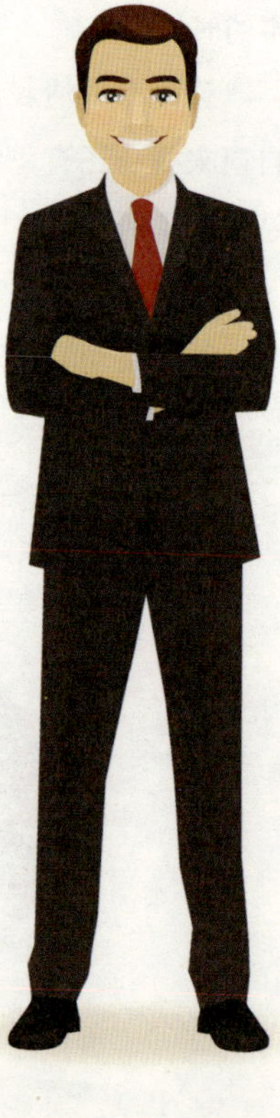

她是一名老手，如果他是个普通的男孩，她可能就会说：“算了吧，小伙子。你回到队伍的第21个位子上等吧。”但是他不是普通的男孩，她直觉感到，他散发出一种自信的气质。于是她把字条收下。

“好啊！”她说，“让我来看看这张字条。”她看了不禁微笑了起来。她立刻站起来，走进老板的办公室，把字条放在老板的桌上。老板看了也大声笑了起来，因为字条上写着：

“先生，我排在队伍中第21位，在你没有看到我之前，请不要做决定。”

他是不是得到了工作？他当然得到了工作，因为他很早就学会了动脑筋。一个会动脑筋思考的人总能掌握住问题，也能够解决它。

在激烈的竞争中，如何使自己脱颖而出，又如何体现自己与他人的不同？你不能只是傻傻地等着，等着别人来证明你或是等着时间来证明你。你需要的是自己积极主动的行动，而这个时候开动你的脑筋吧，它会告诉你最好的方法！

看不懂的故事

很多可能的事会成为不可能，不可能的事却会成为可能。

犹太哲学家胡塞尔教授每天都要给临睡前的孙子讲个故事，但《家教周刊》上的一篇叫作《三个猎人》的故事，却让胡塞尔教授讲不下去了。故事是这样的：

从前有三个猎人，两个没带枪，一个不会打枪。他们碰到三只兔子，两只兔子中弹逃走了，一只兔子没中弹，倒下了。

他们提起一只逃走的兔子朝前走，来到一幢没门没窗没屋顶也没有墙壁的屋子跟前，叫出房屋主人，问：“我们要煮一只逃走的兔子，能否借个锅？”

“我有三个锅，两个打碎了，另一个掉了底。”

“太好了！我们正要借掉了底的。”三个猎人听了特别高兴！他们用掉了底的锅子，煮熟了逃走的兔子，美美地吃了个饱。

胡塞尔教授琢磨了好几天，也没有琢磨出这个故事是什么意思。

一年以后，胡塞尔教授的家里来了位客人。客人与胡塞尔教授一见如故，相谈甚洽。谈到某重点大学毕业生因为害怕失去一份高收入的工作，考上研究生之后却放弃读研究生的机会，到储蓄所去做了储蓄员；劣迹斑斑、臭名昭著的黑社会分子却做了警察局局长等现象，两人唏嘘不已、再三叹惜。

突然，胡塞尔教授眼睛一亮，“哎哟”一声，端起酒杯顿了顿，说：“最简单的真理往往最难发现。《三个猎人》就是为了让孩子们从小就懂得，有很多可能的事会成为不可能，不可能的事却会成为可能……”

最简单的真理往往是最难发现的，最没逻辑的故事也许隐含最深刻的道理。真实往往是通过一种夸张表现出来的，最荒诞的论断正是以它的光芒让我们看到其中我们曾过分忽略的事物。正如文中《三个猎人》的故事，它以独特的角度告诉我们：生活的逻辑与思维的逻辑是不同的，生活才是真实的。

难忘的一课

无知并不可怕，最可怕的是不知道却要装作知道，欺骗自己，欺骗他人。

医学院三年级时，他们开始临床实习，给病人看病了。

他们的心情都有点紧张，口袋里装满了各种医疗手册和工具，显得鼓鼓囊囊的。但是他们没有带听诊器，他们的犹太老师让他们把自己的听诊器放在护士办公室。

他们站在第一位病人的床头边。老师把他们上下打量了一番。“这位病人是沃特金斯先生，”他说，“我已把我们的实习安排向他做了解释，他不会介意的，只要你们需要，尽可以听听他的心脏。他患的是心脏僧帽瓣硬化症。简直太典型了，我不知道你们今后是否还能碰到这样的病例。”

“关于心脏僧帽瓣硬化症的病理知识，我们以前早就学过。我们知道这种病的心跳规律是先有一声清晰的强音，接着是两下微弱的杂音。”

指导老师把他的听诊器递给他们：“你们要仔细听听，沃特金斯先生的心跳强音很明显。”

他们一个接一个地拿过听诊器，集中精力听诊。“噢，没错，听得很清楚。”大家都点点头说。他们互相注视着，只见人人都是一脸轻松的表情。他们很感谢指导老师能把实习课安排得如此顺利。

这节实习课结束后，他们6个学生来到护士办公室，坐了下来。“你们都听清楚了吗？”指导老师问。他们点点头。老师并不多说，慢慢拆开他们刚用过的那个听诊器。只见他从口袋里取出一个小镊子，用它夹出塞在听诊器里的一团棉球。

原来这是一个失效的听诊器，仅仅是一个摆设而已！根本不可能用它听清什么心脏杂音。

我们不断地学习，就是因为有很多东西我们不懂，所以不懂并不可耻，最重要的是不能不懂装懂，不懂装懂往往比不懂更无知，因为它不但在欺骗别人，更是在欺骗自己。“知之为知之，不知为不知”，只有这样，我们才能不断学到新的知识，不断进步。而这种品质一定要从小培养。

扛着驴的父子

凡事要自己有主见，别人的意见只能作为参考，不能听凭别人的摆布。

犹太民族流传着一个故事。有个父亲带儿子去市场卖驴子，驴子走在前头，父子俩随行在后，村里的人看了都觉得很可笑。“真傻啊！骑着驴子去多好，却在这沙尘滚滚的路上漫步。”“对啊！说得对啊！”父亲突然觉得很有道理。

于是，父亲与孩子一起骑到驴背上，朝着市场的方向前进。驴子同时要载两个人，渐渐地举步非常吃力，呼吸急促，

腿摇摇晃晃地发抖。可是父亲并没有发觉，还一边轻轻松松地哼着歌曲，一边在驴背上摇晃呢！驴子好不容易走到教堂前，喘了一大口气，休息休息。

教堂前面正好站了一位牧师，叫住了他们。“喂！喂！请等一下，让那么弱小的动物载两个人，驴子太可怜了。你们要去哪里呢？”“我们正要带这匹驴子去市场卖呀！”“哦！这更有问题。我看你们还没走进市场，驴子就先累死了，恐怕还卖不出去呢！信不信由你。”“那么，该怎么办呢？”“把驴子扛着去吧！”

“好！有道理。”父子俩立刻从驴背上跳下来，然后把驴子的脚绑起来，再用棍子扛着驴子。这样扛着，当然非常重，所以父子俩涨红了脸，摇摇晃晃地喊着：“怎么这么重呢？”看见这情景的人都呆住了。“真是奇怪的人啊！”扛着驴子的父子不久走到一座桥上。“孩子，市场快到了，再忍耐一会儿吧！”父亲虽然这么说，可是自己和孩子都已经累得精疲力尽了。

驴子毕竟是驴子，被倒吊着反而痛苦得不得了，不但口吐白沫，还粗暴地扭动起来。“嘿！乖一点啊！”父亲严厉地斥骂着。可是驴子不听，扭动得更厉害，结果，棍子“啪”的一声折断了，绳子也弄断了，驴子倒栽葱似的掉进河里。很不凑巧，雨后河水暴涨，驴子就在那瞬间被急流吞没，看不见踪影了。“啊！怎么会这样呢？这都是一味听别人的意见，而产生的严重后果啊！”父子俩只好垂头丧气地走回家。

父子俩由于自己不思考，盲目听从别人的意见，结果吃了大亏。凡事要动脑筋，不能随意采纳别人的意见。思维力是智力活动的核心，也是智力结构的核心，因而思维能力是成才最重要的智力因素。思维能力也是要从小就开始发展的，它会使人更聪明、更胜人一筹。犹太人从孩子小时候就开始培养孩子的思维能力。

学无止境

“生也有涯，而知也无涯”，知识的海洋无边无际，学习的道路永远没有止境。

耶鲁大学毕业考试的最后一天。在一座教学楼前的阶梯上，有一群大四的学生挤在一起，正在讨论几分钟后就要开始的考试。他们的脸上显示出很有信心的神情，这是最后一场考试，接着就是毕业典礼和找工作了。有几个说他们已经找到工作了，其他的人则在讨论他们想得到的工作。

怀着对4年大学教育的肯定，他们心理上早有准备，觉得能征服外面的世界。

即将进行的考试他们知道这是很容易的事情——教授说他们可以带需要的教科书、参考书和笔记，只要求考试时不能彼此交头接耳。

他们喜气洋洋地鱼贯走进教室。

教授把考卷发下去，学生都眉开眼笑，因为看到试卷上只有5个论述题。

3个小时过去了，教授开始收考卷。学生们似乎不再有信心，他们的脸上出现忧虑的表情，没有一个人说话。教授手里拿着考卷，面对着全班同学，端详着他们担忧的脸，问道："有几个人把5个问题全答完了？"

没有人举手。

"有几个答完了4个题？"仍旧没有人举手。

"3个？2个？"

学生们在座位上不安起来。

"那么1个呢，一定有人做完了吧？"全班学生仍然保持沉默。

教授放下手中的考卷说："这正是我预期的。我只是要加深你们的印象：即使你们已完成4年工程教育，但仍旧有许多有关工程的问题你们不知道。这些你们不能回答的问题，在今后的日常操作中是非常普遍的。"

教授微笑着说下去：“这个科目你们都会及格，但要记住：虽然你们是大学毕业生，但你们的教育才刚刚开始。”

时间消逝，这位教授的训诫清晰依旧。这位教授便是犹太著名学者列维·斯特劳斯。

学习知识就像在画圈。随着知识的日积月累，你的圈也就越画越大。当你扬扬自得时，不妨看看圈外的世界，你会发现这个圈所接触的空白也相应地在增加。真实的生活正在向我们展示它的博大精深。学无止境！

人是由猴子变的吗

孩子对这个世界充满了好奇，会提出许多稀奇古怪的问题，作为父母，对孩子的问题应耐心地认真回答。

一天，犹太人塞德尔兹先生正在与哈塞先生就孩子爱提问题这个话题进行讨论时，哈塞先生说：“小孩子有时真的很烦，他那张嘴整天都没有停过，叽叽喳喳不停地问这问那，我的头都快要被他吵炸了。”

就在此时，塞德尔兹的儿子小塞德尔兹走了过来。他手里拿了一本达尔文的《进化论》的少儿读本，书中用生动的笔调描述了生物进化的过程，并且配有极为有趣的插图。

“爸爸，《进化论》中说人是由猴子变来的，这是对的吗？”儿子问道。

“我不知道是否完全对，但达尔文的理论是有道理的。”

“可是既然人是由猴子变的，那么为什么现在人还是人，猴子仍然是猴子？”儿子问。

“你没有看见书是这样写的吗？猴子之中的一群进化成了人类，而另一群却没有得到进化，所以它们仍然是猴子。”

“这恐怕有问题。”儿子怀疑地说。

“什么问题？”

“既然是进化论，那么猴子们都应该进化，而不光是只有一群进化。”

“为什么这样说？”

“我觉得另一群猴子也应该得到进化，变成一群能够上树的人。”

这时，哈塞先生的脸上流露出极不以为然的神色，他的眼光似乎是在说：“看你有多大的耐心。”

“那是不可能的，因为事实上是猴子当中的一部分没有得到进化……”塞德尔兹说。

“为什么？”儿子仍然不放过这个问题。

于是，塞德尔兹只能尽自己所知给他讲明其中的原因：“据我了解，一群猴子由于某种原因不得不在地面上生存，它们的攀缘能力逐渐退化，而又学会了直立行走，经过漫长的进化变成了人类；另一群猴子仍然生活在树上，所以没有得到进化。”

就这样，儿子的问题一个又一个地如潮水般涌来，他的很多问题在成年人看来非常可笑而毫无根据，但即使这样，塞德尔兹也尽力不让他失望。

“塞德尔兹博士，我真佩服你的耐心。”哈塞先生说道。

塞德尔兹说：“其实也并非我的耐心比其他人好，只不过我认识到认真回答孩子问题的重要性，因为只有这样才能够培养起他的探索精神，而不是将这宝贵的品质抹杀掉。”

智慧重于门第

智慧是内在的，谁也夺不走，而门第出身是外在之物，不过是贴在自己身上的标签。所以，一个人值得自豪的是自己的智慧，而不是出身。

有一则小故事：有两个犹太人，一个是处处以自己家世为荣的青年，另一个则是一贫如洗的牧羊人。

当家世显赫的那个青年人夸耀完自己的祖先之后，牧羊人说：“原来你是那样伟大祖先的后裔啊！不过，你要知道，我极有可能就是我们家族的祖先，而我的家族一定会像你的祖上一样的。”

还有一则这样的犹太故事：以色列某贵人有两个儿子，一个追求财富，一个研究学问。后来，一个成了大富翁，一个成为当代的博士。这富贵腾达的儿子很瞧不起他那有学问的兄弟，他说：“我富可敌国，你却依然一无所有。”那博士回答说：“兄弟！我当感谢至尊至贵的上帝，给了我这样大的恩惠。因为，我得到的是先知的遗产——智慧。”

犹太人经常对孩子说，我们不能选择家庭出身，也没有必要重新选择，因为那不重要，不能代表我们的实力。我们应该做的事情是努力学习，掌握知识，并最终变为自己的智慧。

在人与人交往中，犹太人很少有趋炎附势之举，出身高贵的人也难以依靠出身攫取社会地位，或者取得其他什么优势，人们都是依靠智慧和勤劳获得个人地位。个人智慧重于门第出身是犹太人处世的重要理念，它激励了许多出身低贱的人去积极进取，也体现了社会公平竞争的原则。犹太人没有家园，四处流浪，没有生存和发展的权利保障。他们所到之处，唯一的支撑就是自己头脑中的知识，用知识创造财富，从而由财富来为自己争得一条求生的道路、一方生存发展的空间。

在老师面前要谦虚

老师对我们有教育之恩，我们应该像尊重自己的父母那样尊重老师，在老师面前要永远保持谦虚礼让。

约瑟夫擅长摔跤。他的技术高明，浑身的解数足有290种，并且每次出手都各不相同。徒弟里头，他最喜欢长得英俊的萨缪尔。他力大无比，本事高明，是所有弟子中最有建树的一个。萨缪尔名气很大，有一天，所罗门国王点名要看他的摔跤。赢得比赛后，萨缪尔跑到国王面前夸口，说他不愿摔赢师傅的原因，不是自己技术差，而是因为师傅的年龄已大，其实，自己的本领和力气绝不比师父差。

他这样不尊重师长、狂妄自大，所罗门很不高兴，叫人选了一处宽大的场地，把满朝文武百官都请了来，让师徒二人比赛。

萨缪尔耀武扬威地走进场地，像一只被激怒的狮子，仿佛他的敌人就算是一座铁山，也会被他推倒。

约瑟夫看他力气比自己大，所用技术又和自己如出一辙，于是就用一个谁也没见过的招数一把将他扭住。萨缪尔还不知怎样招架，已经被师父举过头顶，摔在地上了。满场的人都欢呼起来。所罗门奖给师父一件华丽的袍子，并斥责萨缪尔说：“你太狂妄了，竟然妄想和你师父较量，可是你失败了。”

萨缪尔说道：“国王！他胜过我并不是凭力气，而是有一招没有传授给我。就凭这小小的一点本事，今天把我打败了。”

约瑟夫说道：“我留下这一手就是为着今天。记得圣人说过：‘不要把本事全部教给你的朋友，万一他将来变成敌人，你怎样抵挡得住？’从前有个吃过徒弟亏的人曾经说过，不知道是这世上本来就没有情义，还是如今人心变得太快，我向他们传授射箭技艺，最后他们却把我当作天上的鸽子。这些都让我不得不引以为戒啊！本来我看你基础不错，打算把我全部的技艺传授给你，但你目无尊长，实在是太令我失望了。”

如果萨缪尔谦虚谨慎，尊敬传授给自己超人技艺的师父，可以想象，不久的将来，约瑟夫一定会将这最后一招也传授给他，使他成为世界上最强大的摔跤手。

犹太人常常对孩子说：“要像尊重你的父母一样，尊重你的老师。”尊敬老师，尊重老师的劳动，不仅仅是师生和谐相处的基本前提，更是每一个有良知的人应该拥有的最起码的品德。老师把所有知识毫无保留地传授给学生，如果他们希望得到什么回报的话，就是希望看到学生长大成才，在知识的高峰上越攀越远。

智慧的力量

智慧是世界上最强大的力量，学习的知识必须转化为智慧才有意义。

世界著名的酒店大王——希尔顿，觉得自己人生得到的一次最大启示，来自他12岁时的一段经历。当时在美国西部人人带枪，但他爸爸从来不带，他说：“带枪的人必须依靠拔枪的速度，不带枪的人需要的则是智慧，我相信智慧的力量会远远大过武器的力量。”

希尔顿很快领教了父亲这句话的含义：一天，他发现爸爸在一个酒馆里面，被一个醉汉用枪逼着，若没有回答出醉汉的每一个问题，就会立即被枪打死。面对这生死存亡的一瞬间，他却吃惊地发现爸爸很平静，用一种非常感人的语调，慢慢地对那个拿枪的人说话，那人的态度逐渐软化，枪掉在了地上，最后，那人竟然抱着他的爸爸哭了起来！

“智慧的力量大于任何力量。”这一启示指导了他后来的经商之道，最终他成为闻名世界的酒店大王。

犹太民族非常重视学问，但是与智慧相比，学问也略低一筹，他们把仅有知识而没有智慧的人，比喻成“背着很多书本的驴子”。在犹太人看来，这种人即使有一肚子知识，也丝毫派不上用场。而且，知识必须为善，如果用知识做坏事，那知识反而有害了。为此，犹太人认为，知识是为磨炼智慧而存在的，假如只是单纯地收集很多知识而不消化，就同徒然堆积许多书本而不用一样，都是一种浪费。

钥匙

你的兴趣就是一把开启你人生成功大门的钥匙。

美国一所中学在入学考试时出了这么一道题：比尔·盖茨的办公桌上有5只带锁的抽屉，分别贴着财富、兴趣、幸福、荣誉、成功5个标签。盖茨总是只带一把钥匙，而把其他的4把锁在抽屉里。请问盖茨带的是哪一把钥匙？其他的4把锁在哪一只或哪几只抽屉里？

一位刚移民美国的犹太学生恰巧赶上这场考试，看到这个题目后，一下慌了手脚，因为他不知道它到底是一道英文题还是一道数学题。考试结束，他去问他的担保人——该校的一名理事。理事告诉他，那是一道智能测试题，内容不在书本上，也没有标准答案，每个人都可根据自己的理解自由地回答，但是老师有权根据他的观点给一个分数。

犹太学生在这道9分的题上得了5分。老师认为，他没答一个字，至少说明他是诚实的，凭这一点应该给一半以上的分数。让他不能理解的是，他的同桌回答了这个题目，却仅得了1分。同桌的答案是，盖茨带的是财富抽屉上的钥匙，其他的钥匙都锁在这只抽屉里。

后来，这道题通过E-mail被发回了这位犹太学生原来所在的国家。这位学生在邮件中对同学说，现在我已知道盖茨带的是哪一把钥匙，凡是回答这把钥匙的，都得到了这位大富豪的肯定和赞赏，你们是否愿意测试一下，说不定从中还会得到一些启发。

同学们到底给出了多少种答案，我们不得而知。但是，据说有一位聪明的同学登上了美国那所中学的网页，他在该网页上发出了比尔·盖茨给该校的回函。函件上写着这么一句话：在你最感兴趣的事物上，隐藏着你人生的秘密。

只有自己感兴趣的事情，我们才会不惜倾洒我们的汗水；只有不惜倾洒汗水，我们才能在收获成功的果实的基础上，获得我们的荣誉；在获得心灵满足的基础上，发现我们的幸福所在！作为家长，一定要记住比尔·盖茨的这一句话：在孩子最感兴趣的事物上，隐藏着他人生的秘密。

杂草也有用处

生活中难免会遇到一些负面的事物，能化无用为有用，从失败中汲取前进的动力，才是真正的大智慧。

犹太人善于从别人轻视的东西中，寻找到它存在的价值和用途。所以有句犹太名言说："杂草亦有用处。"

据说，这句格言来自一则寓言故事：

有一天，一位农夫弯着腰在院子里锄草。天气很热，他满头大汗，汗珠不停地顺着脸颊流下来。

"可恶的杂草！假如没有这些杂草，我的院子一定很漂亮。神为什么要造这些讨厌的杂草来破坏我的院子呢？"农夫这样嘀咕着。

有一棵被拔起的小草正躺在院子里，它回答农夫说："你说我们可恶，也许你从来就没有想到过，我们也是很有用的。

现在，请你听我说一句吧。我们把根伸进土中，等于是在耕耘泥土，当你把我们拔掉时，泥土就已经是耕过的了；此外，下雨时，我们防止泥土被雨水冲掉；在干涸的时候，我们能阻止强风吹起沙尘；我们是替你守卫院子的卫兵，如果没有我们，你根本就不可能有种花、赏花的乐趣，因为雨水会冲走泥土，狂风会吹散泥土……所以希望你在看到花儿盛开之余，能够想起一些我们的好处。”

农夫听了这些话，不禁肃然起敬，站得直直的。从那天以后，他就再也不会瞧不起任何东西了。

犹太人这种观念同中国的“天生我材必有用”的古训有些类似。它强调每一件东西都有用处，每一个人也是这样。事物的好坏在相互转换、变化，好东西并不绝对的好，它也必定会有缺陷；坏东西也并不绝对的坏，它也有自身的特殊用途。凡事就在于人的发掘。

人也是这样，每一个人都有坚强的一面，同时也有脆弱的一面。可是，在人们视之为脆弱的一面当中，也往往包含着许多有用的因素。逆境和顺境、失败和胜利也都如此。每一个人都能有作为，关键在于自身的努力与否。

智慧是财富之源

犹太人唯一的财富是智慧。

犹太人有则笑话，谈的是智慧与财富的关系。

两位拉比在交谈：

“智慧与金钱，哪一样更重要？”

“当然是智慧更重要。”

“既然如此，有智慧的人为何要为富人做事，而富人却不为有智慧的人做事呢？大家都看到，学者、哲学家老是在讨好富人，而富人却对有智慧的人摆出狂态。”

“这很简单。有智慧的人知道金钱的价值，而富人却不知道智慧的重要。”

拉比既是犹太教教士，也是犹太人生活等方面的“教师”，经常被作为“智者”看待。所以，这则笑话实际上也就是“智者说智”。

拉比的说法不能说没有道理。知道金钱的价值，才会去为富人做事；而不知道智慧的价值，才会在智者面前露出狂态。笑话明显的调侃意味就体现在这个内在悖谬之上。

有智慧的人既然知道金钱的价值，为何不能运用自己的智慧去获得金钱呢？知道金钱的价值，但却只会靠为富人效力而获得一点带“嗟来之食”味道的酬劳，这样的智慧又有什么用，又称得上什么智慧呢？

所以，学者、哲学家的智慧或许也可以称作智慧，但不是真正的智慧。在金钱的狂态面前俯首帖耳的智慧，是不可能比金钱重要的。

相反，富人没有学者之类的智慧，但他却能驾驭金钱，却有聚敛金钱的智慧，却有通过金钱去役使学者智慧的智慧。这才是真正的智慧。

不过，这样一来，金钱又成了智慧的尺度，金钱又变得比智慧更为重要了。其实，两者并不矛盾，活的钱（即能不断生利的钱）比死的智慧（即不能生钱的智慧）重要；但活的智慧（即能够生钱的智慧）则比死的钱（即单纯的财富、不能生钱的钱）重要。那么，活的智慧与活的钱相比，哪一样重要呢？我们只能得出一个答案：智慧只有化入金钱之中，才是活的智慧；钱只有化入智慧之后，才是活的钱。活的智慧和活的钱难分伯仲，因为它们本来就是一回事。它们同样都是智慧与钱的圆满结合。

智慧与金钱的同在与统一，使犹太商人成了最有智慧的商人，使犹太生意经成了智慧的生意经！

真正有智慧的人懂得金钱的价值，懂得如何用自己的知识来获取金钱，用自己的知识来创造现实社会的财富。

扬长避短

每个人都有自己的优点和长处，没有必要强求一致，重要的是要扬长避短。

犹太少年琼尼·马汶的爸爸是木匠，妈妈是家庭主妇。这对夫妇准备送儿子上大学，所以节衣缩食，一点一点地存钱。马汶读高中二年级时，一天，学校聘请的一位心理学家把这个16岁的少年叫到办公室，对他说："琼尼，我看过了你各学科的成绩和各项体格检查，仔细研究了你各方面的情况。"

马汶插嘴道："我一直很用功的。"

"问题就在这里，"心理学家说，"你一直很用功，但进步不大，你的各科成绩都远远落后于其他同学，你对高中的课程有点力不从心，再这样学下去，恐怕你就是在浪费时间了。”

孩子用双手捂住了脸：“啊！那样我爸爸妈妈会难过的。他们一直巴望我上大学。”

心理学家抚摸着孩子的肩膀。“人的才能各种各样，琼尼，”心理学家说，“工程师不认识简谱，画家背不全九九乘法表，这都是可能的。但每个人都有自己的特长——你也不例外。终有一天，你会发现并发挥自己的特长。到那时，你的爸爸妈妈就会为你骄傲了。”马汶从此再没去上学。

那时城里的工作很难找，马汶替人修建园圃修剪花坪。因为勤勉，所以很忙碌。不久，他的手艺开始受到雇主们的注意，他们称他为“绿拇指”——因为凡经他修剪的花草无不出奇地美丽繁茂。

一天，他又进城来，凑巧来到市政厅后面，一位市政参议员就在他眼前不远处，马汶看到这是一块满是垃圾、污泥浊水的场地，便向参议员鲁莽地问道：“先生，你是否能答应我把这个垃圾场改为一个美丽的花园？”

“市政厅没有这笔钱。”参议员说。

“我不要钱，”马汶说，“只要允许我去做就行。”

参议员大为惊异，他还不曾碰见过哪个人办事不要钱呢！于是他把这孩子带进了办公室。

马汶走出市政厅大门时，满面春风，因为他有权清理这块被长期搁置的垃圾场地了。

当天下午，他拿了几样工具，带上种子和肥料来到目的地。一位热心的朋友给他送来一些树苗；一些相熟的雇主请他到自己的花圃剪玫瑰枝条；有的则提供做篱笆用的木料。消息传到了本城一家最大的家具厂，厂长立刻表示要免费承做公园里的条椅。

不久，这块泥泞的垃圾地就变成了一个美丽的公园：曲幽幽的小径，绿茵茵的草坪，因为马汶也没有忘记给小鸟安家，所以人们在条椅上坐下来还能听到鸟儿在唱歌。全城的民众都在谈论，说有一个人办了一件了不起的事。人们通过它看到了琼尼·马汶的才能，公认他是一个天生的风景园艺家。

这已经是好几十年前的事了，如今的琼尼·马汶已经是全国闻名的风景园艺家。

不错，马汶至今没学会说拉丁文，也不懂法语，微积分对他更是个未知数，但园艺和色彩是他的特长。他使已年迈的双亲感到了骄傲，这不仅是因为他在事业上取得的成就，而且还因为他能把人们的住处弄得无比舒适和漂亮——他工作到哪里，就把他们带到哪里！

对于年幼的孩子来说，最重要的是教育而不是天赋。孩子的天赋是有差异的，然而这差异是有限的。就是那些只有一般禀赋的孩子，只要教育得法，也都能成为非凡的人。犹太人认为，孩子的不同爱好，或有益于身体的健康，或有益于智力的开发，或有益于个性的形成，或有益于情操的陶冶。只有尊重和发展孩子的正当爱好，方有遂愿的可能。因材施教，才是犹太人育儿的智慧。

第五章

心态：一面生活的魔镜

不要试图和自己过不去

人，就是一条河，河里的水流到哪里都还是水，这是毫无异议的。但是，河有窄、有宽、有清澈、有混浊、有冰冷、有温暖等，而人也一样。

有两个都有着亚洲血统的犹太孤儿，后来都被来自欧洲的外交官家庭所收养。两个人都上过世界各地有名的学校，但他们两个人之间存在着不小的差别：其中一位是40岁出头的成功商人，他实际上已经可以退休享受人生了；而另一个是学校教师，收入低，并且一直觉得自己很失败。

有一天，他们在一起吃晚饭。晚餐在烛光映照中开场了，不久话题进入了在国外的生活。因为在座的几个人都有过周游列国的经历，所以他们开始谈论在异国他乡的逸闻趣事。随着话题的一步步展开，那位学校教师开始越来越多地讲述自己的不幸：他是一个如何可怜的亚细亚孤儿，又如何被欧洲来的父母领养到遥远的瑞士，他觉得自己是如何的孤独。

开始的时候，大家都表现出同情。但随着他的怨气越来越重，那位商人变得越来越不耐烦，终于忍不住在他面前把手一挥，制止了他的叙述：“够了！你说完了没有？！你一直在讲自己有多么不幸。你有没有想过如果你的养父母当初在成百上千个孤儿中挑了别人又会怎样？”

学校教师直视着商人说：“你不知道，我不开心的根源在于……”然后接着描述他所遭遇的不公正待遇。

最终，商人朋友说：“我不敢相信你还在这么想！我记得自己25岁的时候无法忍受周围的世界，我恨周围的每一件事，我恨周围的每一个人，好像所有的人都在和我作对似的。我很伤心无奈，也很沮丧。我那时的想法和你现在的想法一样，我们都有足够的理由抱怨。”他越说越激动。“我劝你不要再这样对待自己了！想一想你有多幸运，你不必像真正的孤儿那样度过悲惨的一生，实际上你接受了非常好的教育。你负有帮助别人脱离贫困旋涡的责任，而不是找一堆自怨自艾的借口把自己围起来。在我摆脱了顾影自怜，同时意识到自己究竟有多幸运之后，我才获得了现在的成功！”

那位教师深受震动。这是第一次有人否定他的想法，打断他的凄苦回忆，而这一切回忆曾是多么容易引起他人的同情。

商人朋友很清楚地说明他二人在同样的环境下历经挣扎，而不同的是他通过清醒的自我选择，让自己看到了有利的方面，而

不是不利的阴影。“凡墙都是门”，即使面前的墙将你封堵得密不透风，你也依然可以把它视作你的一种出路。

至少我还有腿

总有一些人觉得自己很不幸，这个不如意，那个不顺心，每天都在怨天尤人。而或许，在你面前的风景其实并没有想象中那么差，只是眼前的障碍物挡住了你的视线。

希望是苦难的唯一药方。

犹太人卡特曾经是一个对一切都不满意的人，所以整天都不快乐。但是在1934年春天，当他在威培城道菲街散步的时候，目睹了一件事，使他的一切烦恼从此消解。这件事发生在10秒钟内，而他自称在这10秒钟里所学到的东西，比从前10年还要多。

当时卡特在威培城开了一家杂货店，经营了两年，不但把所有的积蓄都赔掉了，而且还负债累累。就在上一个星期六，他这家杂货店终于关门了。当时，他正在向银行贷款，准备回老家找工作。连他走路的样子看起来都像是一个毫无生气的人，因为他已经失去了信念和斗志。

这时，卡特突然看见一个没有

腿的人迎面而来，他坐在一个轮椅上，他两只手各撑着一根木棒，沿街推进。卡特恰好在他过街之后碰见他，他正朝人行道滑去，他俩的视线刚好相碰了。他微笑着，向卡特打了个招呼："早安，先生！天气很好，不是吗？"他的声音是那样富有感染力、那样有精神，好像根本就不是一个身体有缺陷的人。

面对那个坐在轮椅上的先生自信的目光，卡特觉得自己才是一个残疾者！他对自己说："既然他没有腿也能快乐高兴，我当然也可以。至少我还有腿！"

顿时，卡特感到豁然开朗，他想："我本来只想向银行借100元钱，但是，我现在有勇气向银行借200元了。我本来想到的只是回老家求人帮忙，随便找一件事做，但是，现在我自信地宣布，我要到堪萨斯城找一份好工作。"最后他钱也借到了，工作也找到了。

后来，卡特把这次经历中的感想写了下来，贴在自己浴室的镜子上，每天早晨刮脸的时候，他都要大声地朗读一遍：

"我苦恼，因为我没有鞋。

直到在街上遇见一个人，

——他没有脚！"

以微笑面对不幸

一颗高尚的心应当承受灾祸而不是躲避灾祸，因为承受灾祸显示了意志的崇高，而躲避灾祸显示了内心的怯懦。

在美国艾奥瓦州的一座山丘上，有一座不含任何合成材料、完全用自然物质搭建而成的房子。住在里面的人需要依靠人工灌注的氧气生存，并只能以传真的形式与外界联络。

这个房子的主人是犹太人辛蒂。1985年，辛蒂还在医科大学念书。有一次，她到山上散步，带回了一些蚜虫。回来后，她拿起杀虫剂为蚜虫去除化学污染，就在这时，她突然感觉到一阵痉挛。她原以为那只是暂时性的症状，却没有料到自己的后半生从此变得悲惨至极。

原来，这种杀虫剂内所含的一种化学物质使辛蒂的免疫系统遭到破坏，使她对香水、洗发水以及日常生活中可接触的所有化学物质一律过敏，甚至连空气也可能使她的支气管发炎。这种“多重化学物质过敏症”是一种奇怪的慢性病，到目前为止仍无药可医。

患病的前几年，辛蒂一直流口水，尿液变成绿色，有毒的汗水刺激背部并形成了一块块疤痕：她甚至不能睡在经过防火处理的床垫上，否则就会引发心悸和四肢抽搐——辛蒂所承受的痛苦是令人难以想象的。1989年，她的丈夫吉姆用钢和玻璃为她盖了一所无毒房子，一个足以逃避所有威胁的“世外桃源”。辛蒂所有吃的、喝的都得经过选择与处理，她平时只能喝蒸馏水，食物中不能含有任何化学成分。

多年来，辛蒂没有见到过一棵花草，听不见一声悠扬的歌声，阳光、流水和风等正常人毫不费力就可以拥有的美好东西，她都无法享有。她躲在没有任何饰物的小屋里，饱尝孤独之苦。更可悲的是，无论怎样难受，她都不能哭泣，因为她的眼泪跟汗液一样也是有毒的物质。

坚强的辛蒂并没有在痛苦中自暴自弃，她一直在为自己，同时更为所有化学污染物的牺牲者争取权益。辛蒂在生病后的第二年，就创立了环境接触研究网，以便为那些致力于此类病症研究的人士提供一个窗口。1994年辛蒂又与另一组织合作，创建了化学物质伤害资讯网，保证人们免受化学物质威胁。目前这一资讯网已有5000多名来自32个国家的会员，不仅发行了刊物，还得到美国参议院、欧盟及联合国的大力支持。

在最初的一段时间里，辛蒂每天都沉浸在痛苦之中，想哭却不能哭。随着时间的推移，她渐渐改变了生活的态度，她说：“在这寂静的世界里，我感到很充实。因为我不能流泪，所以我选择了微笑。”因为她知道每一种生命都有自身的价值，所以在绝境中她仍然能看到自己的价值所在。

医生与喜剧演员

面对一成不变的生活，我们有时会失去耐性，认为自己所从事的事情既无聊又无趣，甚至会因此而产生厌世的心理。这时候，如果能让自己尝试另外一个角色，站在别人的立场上来审视自己的生活，你就会重新发现生活的意义和乐趣。

弗洛姆是一位著名的犹太心理医生，他每天要看许多病人，并且要很有耐心地倾听病人述说心中的忧郁和焦虑。他每天所接触的都是一张张的愁眉苦脸，所以被那些不快乐的情绪感染得也很不快乐，日子一久，他觉得心理压力非常大。为了稳定自己的情绪、缓解压力，他时常去看喜剧，让自己开怀大笑一番。

有一天，弗洛姆的病人又是一个接一个，他正低头在一位病人的病历卡上记录诊断结果，却听到一个很熟悉的声音说："医生，我很不快乐，生活中没有能够让我开心的事情，活着实在是没有什么意义，我真想死。"

弗洛姆抬头一看，却看到一张熟悉的面孔，他居然是让自己捧腹大笑的喜剧演员。

这样的巧遇让弗洛姆不禁哑然失笑。他低头想了一下说：“这样吧！你我交换，我当一天喜剧演员，你当一天心理医生，怎么样？”

喜剧演员原本以为弗洛姆在开玩笑，但是看他一脸认真的表情，又不像是开玩笑，于是考虑片刻，接受了这个建议。

喜剧演员扮演了一天“代理医师”，除了药方由在幕后的弗洛姆开列之外，他有模有样地询问病人的病情，并且努力开导病人要寻找一个正确的人生方向。

弗洛姆在喜剧演员的教导之下，也在剧院表演了一幕喜剧。他忘却了自己的医师身份，在舞台上装疯卖傻，惹得观众捧腹大笑。弗洛姆站在舞台之上，看到台下有这么多的笑脸，他的心情也好极了。

之后两人又恢复了各自的身份。有一天，喜剧演员又来看心理医师。

“医生，我找到了平衡点。现在我知道了，其实我的工作非常有意义，我的每一个喜剧动作所引起的每个笑容都是我的成就。我不想死了，因为我的存在可以帮助那么多不快乐的人，让他们获得生活上的平衡。”喜剧演员容光焕发地说。

弗洛姆微笑着点了点头说：“是啊！我也要谢谢你让我有机会知道，我也有能力制造许多的笑脸。”

从此以后，当病人坐在候诊室等候看病时，都能听到从弗洛姆的诊疗室中所传出来的幽默话语和病人的哈哈大笑声。

人生光明面

心态是我们命运的控制塔，悲观是失败、疾病与痛苦的源流，而乐观是成功、健康、快乐的保证。

无论情况好坏都要抱着积极的心态，莫让沮丧取代热心，生命可以价值很高，也可以一无是处，随你怎么选择。

一位忧愁的犹太人找到犹太拉比，向他不断地诉苦。

拉比对他说："拿张纸来，把你剩余的资产一一记下来。"他叹息："我已经一无所有了。"

"没有关系，让我们试试看，你太太还在你身边吗？"……"你的孩子呢？"……"你的朋友呢？"……"你的诚信情况？"……"你的健康？"……"对于我们的政府？"

"现在，把你拥有的资产列举出来吧！"

了不起的妻子，结婚30年；

愿意帮助我的3个乖顺的孩子；

乐于帮助我，并尊敬我的好友；

诚实……没有做过可耻的事；

良好的健康状况；

居住在世界上优秀的国家里。

终于，忧愁者露出了笑容，对拉比说："我好像从没有想过这些事，甚至从来没有思考过。不过，现在我认为事态并不如我想象的那般严重。如果我能获得某些自信，或许我真的能够重新再来。"

请以合理、正确的态度对你所拥有的进行再一次评估，将有助于你认清事实，进而了解情况并没有你所想象的那般糟糕。

永远乐观的詹姆斯

生活乐趣的大小是随我们对生活的关心程度而定的，总是乐呵呵的人最能说明他聪明。如果把人生比喻成一条时而宁静时而波涛汹涌的大河，那么彼岸的灿烂烟火注定只有乐观的摆渡者才能看到。

犹太人詹姆斯是美国一家餐厅的经理，他总是有好心情。当别人问他最近过得如何，他总是有好消息可以说。他总是回答说：“如果我再过得好一些，我就比双胞胎还幸运。”

当他换工作的时候，许多服务生都跟着他从这家餐厅换到另一家。为什么呢？因为詹姆斯是个天生的激励者，如果有某位员工今天运气不好，詹姆斯总是适时地引导那位员工往好的方面想。

这样的情景真的让约翰很好奇，所以有一天约翰到詹姆斯那儿问他：“没有人能够老是那样地积极乐观，你是怎么办到的？”

詹姆斯回答：“每天早上我起来告诉自己，我今天有两种选择，我可以选择好心情，或者我可以选择坏心情，我总是选择有好心情。即使有不好的事发生，我可以选择做个受害者，或是选择从中学习，我总是选择从中学习。每当有人跑来跟我抱怨，我可以选择接受抱怨或者指出生命的光明面，我总是选择生命的光明面。”

“但并不是每件事都那么容易啊！”约翰抗议地说。

“的确如此，”詹姆斯说，“生命就是一连串的选择，每个状况都是一个选择——你要选择如何回应，你要选择人们如何影响你的心情，你要选择处于好心情或是坏心情，你要选择如何过你的生活。”

数年后，约翰听到詹姆斯意外地做了一件令人想不到的事：有一天他忘记关上餐厅的后门，结果早上3个武装歹徒闯入抢劫，他们要挟詹姆斯打开保险箱。由于过度紧张，詹姆斯弄错了一个号码，造成劫匪的惊慌，开枪射击詹姆斯。幸运的是，詹姆斯很快被邻居发现了，送到医院紧急抢救，经过18小时的外科手术以及长时间的悉心照顾，詹姆斯终于出院了，但还有块子弹留在他身上。

事件发生半年之后约翰遇到詹姆斯，问他最近怎么样。他回答：“如果我再过得好一些，我就比双胞胎还幸运了。要看看我的伤痕吗？”约翰婉拒了，但约翰问他当劫匪闯入的时候他的心路历程。

詹姆斯答道：“我想到的第一件事情是我应该锁后门的。当他们击中我之后，我躺在地板上，还记得我有两个选择：我可以选择生，或选择死。我选择活下去。”

“你不害怕吗？”约翰问他。

詹姆斯继续说：“医护人员真了不起，他们一直告诉我没事，放心。但是在他们将我推入紧急手术间的路上，我看到医生跟护士脸上忧虑的神情，我真的被吓到了，他们的脸上好像写着——他已经是个死人了！我知道我需要采取行动。”

“当时你做了什么？”我问。

詹姆斯说：“当时有个护士用吼叫的音量问我一个问题，她问我是否会对什么东西过敏。

“我回答：‘有。’

“这时，医生跟护士都停下来等待我的回答。我深深地吸了一口气喊着：‘子弹！’

“等他们笑完之后，我告诉他们：‘我现在选择活下去，请把我当作一个活生生的人来开刀，不是一个活死人。’”

詹姆斯能活下来当然要归功于医生的精湛医术，但同时也因为他令人惊异的态度。我们从他身上可以学到，每天你都能选择享受你的生命，或是憎恨它。这是唯一一件真正属于你的权利。没有人能够控制或夺去的东西，就是你的态度。如果你能时时注意这个事实，你生命中的其他事情都会变得容易许多。

不完满才是人生，不必追求完美

人生当有不足，因为不完美才让人们有盼头、有希望。古人常说，人生不如意之事十之八九，聪明的人常想一二。

一位名叫奥里森的犹太人希望寻找到一个完美的人生，他某天有幸遇到了一位女士，她告诉奥里森她能帮他实现愿望，并把他带到了一所房子前让他选择他的命运。

奥里森谢过了她，向隔壁的房间走去。

里面的房间有两个门，第一个门上写着“终生的伴侣”，另一个门上写的是“至死不变心”。奥里森忌讳那个“死”字，于是便迈进了第一个门。接着，又看见两个门，左边写着“美丽、年轻的姑娘”，右边则是“富有经验、成熟的妇女和寡妇们”。

当然可想而知，左边的那扇门更能吸引奥里森的心。可是，进去以后又有两个门，上面分别写的是“苗条、标准的身材”和“略微肥胖、体型稍有缺陷者”。用不着多想，苗条的姑娘更中奥里森的意。

奥里森感到自己好像进了一个庞大的分拣器，在被不断地筛选着。下面分别看到的是他未来的伴侣操持家务的能力，一扇门上是“爱织毛衣、会做衣服、擅长烹调”，另一扇门上则是“爱打扑克、喜欢旅游、需要保姆”。当然爱织毛衣的姑娘又赢得了奥里森的心。

他推开了门，岂料又遇到两个门。这一次，令人高兴的是，介绍所把各位候选人的内在品质也都分了类，两个门分别介绍了她们的精神修养和道德状态：“忠诚、多情、缺乏经验”和“天才、具有高度的智力”。

奥里森确信，他自己的才能已能够应付全家的生活，于是便迈进了第一个房间。里面，右侧的门上写着“疼爱自己的丈夫”，左侧写的是“需要丈夫随时陪伴她”。当然奥里森需要一个疼爱他的妻子。下面的两个门对奥里森来说是一个极为重要的抉择：上面分别写的是“有遗产，生活富裕，有一幢漂亮的住宅”和“凭工资吃饭”。

理所当然地，奥里森选择了前者。

奥里森推开了那扇门，天啊……已经上了马路啦！那位身穿浅蓝色制服的门卫向奥里森走来。他什么话也没有说，彬彬有礼地递给奥里森一个玫瑰色的信封。奥里森打开一看，里面有一张字条，上面写着：“您已经‘挑花了眼’。人不总是十全十美的，在提出自己的要求之前，应当客观地认识自己。”

态度决定人生的高度

人的一生中，要紧处只有几步，如何使自己的生命更有意义，态度至关重要。

一天，有位犹太拉比带弟子们出行。途中，他问弟子们："有一种东西，跑得比光速还快，瞬间能穿越银河系，到达遥远的地方……这是什么？"弟子们争着回答："我知道、我知道，是思想！"

拉比微笑着点了点头："那么，有另外一种东西，跑得比乌龟慢，当春花怒放时，它还停留在冬天；当头发雪白时，它仍然是个小孩子的模样，那又是什么？"

弟子们不知如何回答。

"还有，不前进也不后退，没出生也不死亡，始终漂浮在一个定点。谁能告诉我，这又是什么？"

弟子们更加茫然，面面相觑。

"答案都是思想！它们是思想的三种表现，换个角度来看，也可比喻成三种人生。"

望着聚精会神的弟子们，拉比解释说："第一种是积极奋斗的人生：当一个人不断力争上游，对明天永远充满希望和信心，这种人的心灵不受时空限制，他就好比一支射出的箭，总有一天会超越光速，驾驭万物之上。

"第二种是懒惰的人生：他永远落在别人的屁股后面，捡拾他人丢弃的东西，这种人注定被遗忘。

"第三种是醉生梦死的人生：当一个人放弃努力、苟且偷安时，他的命运是冰封的，没有任何机会来敲门，不快乐也无所谓痛苦。这是一个注定悲哀的人，像水母的空壳漂浮于海中，不存在于现实世界，也不在梦境里……”

弟子们大悟。播种怎样的人生态度，将收获怎样的生命高度和深度。

活着就是幸福

苦痛、伤害、低迷等，一切的一切仅仅是生活中小小的注脚而已。活着，即意味着有追求幸福的资本和契机。

有位犹太青年，厌倦了生活的平淡，感到一切只是无聊和痛苦。

为寻求刺激，青年参加了挑战极限的活动。

活动规则是：一个人待在山洞里，无光无火亦无粮，每天只供应5千克的水，时间为整整5个昼夜。

第一天，青年颇觉刺激。

第二天，饥饿、孤独、恐惧一齐袭来，四周漆黑一片，听不到任何声响。于是他有点向往起平日里的无忧无虑来。

他想起了乡下的老母亲不远千里地赶来，只为送一坛韭菜花酱以及小孙子的一双虎头鞋。

他想起了终日相伴的妻子在寒夜里为自己掖好被子。

他想起了宝贝儿子为自己端的第一杯水。

他甚至想起了前天与他发生争执的同事曾经给自己买过的一份工作餐……

渐渐地，他后悔起平日里对生活的态度来：懒懒散散，敷衍了事，冷漠虚伪，无所作为。

到了第三天，他几乎要饿昏过去，可是一想到人世间的种种美好，便坚持了下来。第四天、第五天，他仍然在饥饿、孤独、极大的恐惧中反思过去，向往未来。

他责骂自己竟然忘记了母亲的生日；他遗憾妻子分娩之时未尽照料的义务；他后悔听信谣言与好友分道扬镳……他这才觉出需要他努力弥补的事情竟是那么多。可是，连他自己也不知道，他能不能挺过最后一关。此时，泪流满面的他发现：洞门开了。

阳光照射进来，白云就在眼前，淡淡的花香，悦耳的鸟鸣——他又迎来了一个美好的人间。

青年扶着石壁蹒跚着走出山洞，脸上浮现出了一丝难得

的笑容。5天来，他一直用心在说一句话，那就是：活着，就是幸福。

放下死亡的包袱，敲开自己的心扉，积极地对待生活中的每一天，你才能好好地活着。

还有这样一个故事：

一位犹太名人去世了，朋友们都来参加他的追悼会。昔日前呼后拥、香车宝马的名人躺在骨灰盒里，百万家财不再属于他，宽敞的楼房也不再属于他，他所拥有的只有一个骨灰盒大小的空间，山珍海味浇灌的肚子也化成了一把灰烬。

从名人的追悼会上回来，几乎每一个人都会产生看破红尘的念头，那么聪明的一个人、那么会算计的一个人，每一个曾经与他斗的人最终都败下阵来，可是他斗来斗去也斗不过命。撒手人寰以后，一切都是空。

人们想：趁现在好好活着吧，活着就是幸福，什么利、权、势，轰轰烈烈了一世，最后还不是一个人孤零零地上路？以前踩着那么多人的肩膀向上爬，得罪了那么多人，值得么？

追悼会是一次洗礼。从死亡的身边经过以后，才知道活着是怎么回事。

明天还是要忙忙碌碌地奔波，钩心斗角地生活。一边是死亡的震撼，一边是活着的琐碎，我们很容易被死亡所震撼，然而我们更容易被活着的琐碎所淹没。不要去在意那些繁杂的纠葛，活着就是幸福，让我们好好珍惜现在鲜活的生命。

快乐在于心灵的富有

快乐只在于心灵的富有，如果它可以用钱买到，大多数人都会因价格贵得离谱而不快乐。

快乐是一种心境，跟财富、环境和年龄无关。

50多年前，美国犹太裔小提琴家梅纽因到日本演出，听说有一个擦鞋童为了听他的音乐会，想方设法凑钱买了一张最便宜的票。谢幕后，梅纽因穿过了贵宾席上的社会名流的盛情簇拥，径直来到低档席，找到了那位擦鞋童，轻轻地问他需要什么帮助。孩子羞怯地说："我什么都不需要，只想听听你的琴声。"

热泪盈眶的梅纽因，一把搂住衣衫褴褛的孩子，把心爱的小提琴送给了他。

转眼间，30年过去了。当梅纽因再度访日演出时，回忆起了当年的情景，他想方设法找到了在一家贫民救济院工作的小知音。梅纽因得知，30年来尽管小知音的生活清贫、坎坷，却多次断然拒绝了想以高价购琴的人。

这次会面，他仍和第一次一样回答梅纽因："我什么也不需要，只想听听你的琴声。"梅纽因默默地接过那把阔别30年的旧琴，奏起当年的那支旧曲，所有在场的人无不落泪。

远隔时空，我们无法听到梅纽因的琴声，却能够用心感受那支曲子，在人们共享的美好时光里，依然那么动人。

这个动人的故事验证了这样一句话：幸福快乐的程度与金钱无关，心灵的富有才是最富有的。

没有卖不出去的豆子

罗曼·罗兰说：“所谓内心的快乐，是一个人过着健全的、正常的、和谐的生活所感到的快乐。”对于一个乐观者而言，“倒霉”与他绝缘。

以智慧著称的犹太人说：“这个世界上卖豆子的人应该是最快乐的！因为他们永远不必担心豆子卖不出去。”假如他们的豆子卖不出去，可以拿回家磨成豆浆，然后拿出来卖给行人；如果豆浆卖不完，可以制成豆腐；如果豆腐卖不成，变硬了，就当作豆腐干来卖；如果豆腐干还卖不出去的话，就把这些豆腐干腌制起来变成腐乳。

另外一种选择是：卖豆子的人把卖不出去的豆子拿回家，加上水，让豆子发芽，几天后就可以改卖豆芽了；豆芽如果卖不动，就让它长大些，变成豆苗；如果豆苗还是卖不动，就让它再长大些，移植到花盆，当作盆景来卖；如果盆景卖不出去的话，那么再把它移植到泥土里，让它生长，几个月后，它结出许多新豆子，一颗豆子变成上百颗豆子。想想是多划算的事。

原来，小小的豆子，也可以让人如此快乐。

生活中，我们经常看到许多人成天乐呵呵的，自己十分羡慕，却又学不来。总觉得现实中烦人的事经常出现，哪能乐得起来呢？其实，诚如古语所说："仁者乐山，智者乐水。"欧阳修说："山水之乐，得之心而寓之酒也。"即是说，如果自己心中无乐，再好的山水也不会使你快乐。

快乐怕懒汉

幸福拒绝消极、懒惰。唯有一双辛勤的手、一颗乐观积极的心，才能找到快乐所在。

在一个富庶的乡村，来了一个乞丐，这个乞丐看上去只有30来岁，长得很结实。乞丐每天端着一个破碗到村民家中讨饭，他的要求不高，无论是稀饭还是馒头他从不嫌弃。

不久，便有人看中他的身体和力气，想让他去帮着打打零工，并许之以若干工钱，不料此等好事该乞丐竟一口回绝，说："给人打工挣点钱多苦，还不如讨饭来得省力省心。"

而在邻村，每天傍晚，都会有一个犹太老妇人到垃圾箱里捡垃圾。老人是个驼背，这使得她原本就矮小的身体愈发显得矮小，老人每次从垃圾箱里拾垃圾都仿佛是在进行一场战斗。为了捡到垃圾，她必须将脸紧紧地靠在垃圾箱的开口上，否则她的手就不足以够到里面的"宝贝"。而那个开口正是整个垃圾箱最脏的地方。

每次捡完垃圾，老妇人都像打了一场胜仗，她完全不顾及别人脸上的那种鄙夷的目光，看着那些可以换钱的"战利品”，走在乡村的路上，她总是显得格外的高兴。

对于懒汉而言，命运会吝啬于给他幸福和运气。

生活中，穷困并不可怕，可怕的是在贫穷与苦难面前丧失积极进取的心态。其实，快乐与幸福的衡量标准不是财富的多少，而是我们在生活中有无美好、乐观的心态。

保持自己本色，就会靠近幸福的天堂

不必为了世人的目光而活着，生活是你自己的。你有权利把它打造得像你自己，而非其他的一切人。

伊笛丝是犹太人，她从小就特别敏感和腼腆，她的身体一直太胖，而她的脸使她看起来比实际还胖得多。伊笛丝有一个很古板的母亲，她认为把衣服弄得漂亮是一件很愚蠢的事情。她总是对伊笛丝说：“宽衣好穿，窄衣易破。”而母亲总照这句话来帮伊笛丝穿衣服。所以，伊笛丝从来不和其他的孩子一起做室外活动，甚至不上体育课。她非常害羞，觉得自己和其他的人都不一样，完全不讨人喜欢。

长大之后，伊笛丝嫁给一个比她大好几岁的男人，可是她并没有改变。丈夫一家人都很好，也充满了自信。伊笛丝尽最大的努力要像他们一样，可是她做不到。他们为了使伊笛丝开朗而做的每一件事情，都只是令她更退缩到她的壳里去。伊笛丝变得紧张不安，躲开了所有的朋友，情形坏到她甚至怕听到门铃响。伊笛丝知道自己是一个失败者，又怕她的丈夫会发现这一点，所以每次他们出现在公共场合的时候，她假装很开心，结果常常做得太过分。事后，伊笛丝会为这个难过好几天，最后不开心到使她觉得再活下去也没有什么意思了，伊笛丝开始想自杀。

后来，是什么改变了这个不快乐的女人的生活呢？只是一句随口说出的话。随口说的一句话，改变了伊笛丝的整个生活，使她完全变成了另外一个人。

有一天，她的婆婆正在谈自己怎么教养几个孩子，她说：“不管事情怎么样，我总会要求他们保持本色。”

“保持本色！”就是这句话！一刹那，伊笛丝发现自己之所以那么苦恼，就是因为她一直在试着让自己适应一个并不适合自己的模式。

伊笛丝后来回忆道：“在一夜之间我整个人都改变了。我开始保持本色。我试着研究我自己的个性、自己的优点，尽我所能去学色彩和服饰知识，尽量以适合我的方式去穿衣服。我主动地去交朋友，我参加了一个社团组织——起先是一个很小的社团，他们让我参加活动，把我吓坏了。可是我每发言一次，就增加了一点勇气。今天我所拥有的快乐，是我从来没有想到的。”

与他人讲和

俗话说，多一个朋友多一条路。反过来说，多得罪一个人就少一条路！

犹太人库克是一家公司的职员，在业务上是公认的尖子，可是在处理人际关系时往往意气用事，得罪了不少人。所以，他在公司干了好几年却总是得不到升迁。

有一段时间，库克新搬来的一位女邻居进出时总是把门碰得很响，而且常常在房间里大声哼唱，吵得库克睡不好觉。直到有一天，他们碰面了，愤愤不平的库克瞪着女邻居大声喊道：“你能不能安静一点，让我好好休息！”

女邻居也瞪圆双眼回敬库克：“和谁说话哪！你以为你是谁，是总统吗？”说完不屑一顾地扭转身子走了。

库克咬咬牙心想：“我会让你尝尝我的厉害。”

第二天，库克回家时，女邻居也正好回了家。库克故意把门碰得很响，并在房间大声吼叫，也想让她尝尝吵闹的滋味。

可是接下来的几天，邻居的吵闹更厉害，令库克连连叫苦。

“老这样下去能行吗？该怎么办呢？”不久库克有了一个好主意。

几天后的一个早晨，女邻居一开门就发现地上放着一个信封，她打开一看，只见上面写着：

尊敬的女邻居：

很抱歉我那天向您大喊大叫，这也不是我惯有的作风，只是那天我从信箱里拿到了带来坏消息的信件……我希望您能够原谅我。

您的男邻居

紧接着一个早晨，当库克走出房门时，一眼就发现了地上的信封，他迫不及待地抽出信纸。

尊敬的男邻居：

这些日子我也一直心烦意乱，因为我工作上遇到了麻烦，我很高兴看到您写的便条，我想我会成为您的好朋友的。

您的女邻居

从那以后，每当他们再相见时，都会愉快地微笑着打招呼。

接下来的故事更耐人寻味：女邻居后来当上了一家大公司的董事长，经过一段时间的交往考察以后，她聘请库克担任了公司一个部门的经理。

库克改掉了得罪人的脾气，抱着与人为善的心态面对生活，最终使自己强大起来，由普通职员升迁为公司高层管理人员。

生活中，有很多人总是与别人斤斤计较，结果周围的人都成了他的敌人，把自己陷入了尴尬痛苦的境地。

你最喜欢的就是世上最好的

快乐的标准不一。无论是你拥有的，还是未曾拥有的；复杂的，还是简单的；便宜的，还是昂贵的；实在的，还是虚无的……只要你喜欢，它就是最好的。

一天，一个终日愁苦的青年去拜见一位犹太拉比，以求得到快乐的良方。拉比说："只有世界上你认为最好的东西才能使你快乐。"

于是，他辞别妻儿，踏上了寻找世界上最好的东西的漫漫旅途。

第一天，他遇见了一位重病患者，他问："你知道世界上最好的东西是什么吗？"病人恹恹地说："那还用问吗？是健康的体魄。"青年想，健康？我每天都拥有，算不上世界上最好的东西。

第二天，他遇见了一个正玩耍的孩童，他问："你知道世界上最好的东西是什么吗？"

孩童想了想，说："是一大堆玩具啊。"这个人摇了摇头，继续去寻找世界上最好的东西。

接着，他又先后遇到了一个老者、一个商人、一个画家、一个囚犯、一个母亲和一个女孩。

老者说：“年轻是世界上最好的东西。”

商人说：“利润是世界上最好的东西。”

画家说：“色彩是世界上最好的东西。”

囚犯说：“自由是世界上最好的东西。”

母亲说：“我的宝贝孩子是世界上最好的东西。”

女孩说：“我爱过一个青年，他脸上那灿烂的笑容是世界上最好的东西。”

唉！没有一个回答令他满意。

失望的他继续走啊走啊，最后，他穿过熙熙攘攘的人群，带着五花八门的答案又回到了拉比那里。

拉比见他回来了，似乎知道了他的遭遇和失望，微笑着说：“先不要去追究你的问题，它永远不会有一个确切而唯一的答案。你现在考虑这样一个问题——把你最喜欢的东西和情景找出来，告诉我。”

此时，青年饥寒交迫、蓬头垢面。他想了一会儿，对拉比说：“我出门很多天了，我想念我亲爱的妻子和可爱的孩子，想念一家人冬夜里围着火炉谈笑聊天的情景……”说到这里，他长叹一声：“那是我现在最喜欢的东西啊！”

拉比拍了拍他的肩，说：“回去吧！你最好的东西在你的家里，它们可以使你快乐起来。”

青年疑惑地问：“可我就是从那里走出来的啊！”

拉比笑了，说：“你出来之前，不知道自己喜欢什么东西；你出来之后——比如现在，你已经知道自己喜欢什么样的东西了。”

青年醒悟。

每个人的心目中，关于最好的、最快乐的答案各不相同，但有一点是相似的：最喜欢的，即是世上最好的。

世间的一切名誉、地位最终都会随风而逝，而个人的终极命运则是“荒冢一堆草没了”。生让所有人平等，而死亡则会使卓越的人凸显出来。

在生命的黎明时分，走来一位带着篮子的仁慈仙女，她对一个犹太少年说：

“篮子里都是礼物，你挑一样吧，而且只能带走一样。小心些，做出明智的选择。哦，之所以要你做出明智的选择，是因为这些礼物当中只有一样是宝贵的。”

礼物有5种：名望、爱情、财富、欢乐、死亡。少年人迫不及待地说：“这根本没有必要考虑，我选择欢乐。”

他踏进社会，寻欢作乐，沉湎其中。可是，到头来每一次欢乐都是短暂、沮丧、虚妄的，它们在行将消逝时都嘲笑他。最后，他颇为后悔地说：“这些年我都白过了。假如我能重新挑选，我一定会做出明智的选择。”

话音未落，仙女出现了，说：“还剩4样礼物，再挑一次吧。哦，记住，光阴似箭，要做出明智的选择。这些礼物当中只有一样是宝贵的。”

这个男人这次很慎重，沉思良久，然后挑选了爱情。仙女见此，眼里涌出了泪花。但是，这个男人并没有觉察到。

很多年过去了，这个男人坐在一间空屋里，守着一口棺材。他神情沮丧，喃喃自语道：“她们一个个抛下我走了。如今，最后一个最亲密的人也躺在这儿了。一阵阵孤寂朝我袭来。爱情这个滑头的商人，每卖给我一小时的欢娱，我就需要付出一个小时的悲伤。我从心底里诅咒它呀。”

“重新挑吧，”仙女又出现了，说，“岁月无疑把你教聪明了。还剩3样礼物。记住，它们当中只有一样是有价值的，注意选择。”

这个男人沉吟良久，然后小心翼翼地挑了名望。仙女叹了口气，扬长而去。

很多很多年以后，仙女又回来了。此时，那个男人正独坐在暮色中冥想。她站在他的身后，她明白他的心思。

男人说“我名扬全球，有口皆碑。我虽有一时之喜，但毕竟转瞬即逝！嫉妒、诽谤、中伤、嫉恨、迫害却接踵而来，然后便是嘲笑，这是收场的开端；一切的末了，则是怜悯，它是名望的葬礼。哦，出名的辛酸和悲伤啊！声名卓著时，遭人唾骂；声名狼藉时，受人轻蔑和怜悯。”

“再挑吧。”仙女开口说，“别绝望，还剩两样礼物，记住我的礼物中只有一样是宝贵的，而且你很幸运，它还在这儿呢。”

“财富，它就是权力！我真瞎了眼呀！”那个男人疯狂地叫喊着，“现在，我终于挑选到生命中最有价值的礼物了。我要挥金如土，大肆炫耀。那些惯于嘲笑和蔑视的人将匍匐在我脚前的污泥中，我要用他们的嫉妒来喂饱我饥饿的心魂。我要享受一切奢华、一切快乐，以及精神上的一切陶醉、肉体上的一切满足。我要买名望、买遵从、买崇敬——庸碌的人间商场所能提供的人生的种种虚荣享受。在这之前，那些糊涂的选择让我失去了许多时间。那时我懵然无知，尽挑那些貌似最好的东西。”

短暂的3年过去了。一天，那个男人坐在一间简陋的顶楼里瑟瑟发抖。他衣衫褴褛，身体憔悴，脸色苍白，双眼凹陷。他一边咀嚼一块干面包皮，一边愤愤地嘀咕道：“为了那种种卑劣的事端和镀金的谎言，我要诅咒人间的一切礼物以及一切徒有虚名的东西！它们根本不是礼物，只是些暂借的东西罢了。欢乐、爱情、名望、财富，都只是些暂时的伪装，它们永恒的真相是痛苦、悲伤、羞辱、贫穷。仙女说得一点不错，她的礼物之中只有一样是宝贵的，只有一样是有价值的。现在我知道，与那无价之宝相比，这些东西是多么可怜卑贱啊！那珍贵、甜蜜、仁厚的礼物呀！沉浸在无梦的永久酣睡之中，折磨肉体的痛苦和咬啮心灵的羞辱、悲伤便一了百了。给我吧！我疲倦了，我要安息。”

仙女又出现了，而且又带来了4样礼物，唯独没有死亡。她说：“我把它给了一个母亲的爱儿——一个小孩子。他虽懵然无知，却信任我，求我代他挑选。你没要求我替你选择啊！”

“哦，我真惨啊！那么留给我的是什么呢？”男人问。

仙女说：“侮辱，你只配遭受垂垂暮年的反复无常的侮辱。”

拥有一颗爱的心

世界上最大的悲剧是一个人大言不惭地说：“没人给过我任何东西！”这种人不论生活贫穷还是富有，他的灵魂一定是贫乏的。

以前，有一个犹太女孩名叫埃尔莎。她有一位年纪很大的老奶奶，头发都白了，脸上也布满了皱纹。

埃尔莎的父亲在山上有一栋大房子。

每天，太阳都从南边的窗户里射进来。房子里的每件东西都亮亮的，漂亮极了。

奶奶住在北边的屋子里。太阳从来照不进她的屋子。

一天，埃尔莎对她的父亲说："为什么太阳照不进奶奶的屋子呢？我想，她也是喜欢阳光的。"

"太阳公公的头探不进北边的窗户。"她父亲说。

“那么，我们把房子转个方向吧，爸爸。”

“房子太大了，不好转。”她爸爸说。

“那奶奶就照不到一点阳光了吗？”埃尔莎问。

“当然了，我的孩子，除非你给她带一点进去。”

从那以后，埃尔莎就想啊想啊，想着如何能带一点阳光给奶奶。

当她在田野里玩耍的时候，她看到小草和花儿都向她点头。鸟儿一边从这棵树跳到那棵树，一边唱着甜美的歌儿。

世间万物好像都在说：“我们热爱阳光，我们热爱明亮、温暖的阳光。”

“奶奶肯定也是喜欢阳光的，”孩子想，“我一定要带一点给她。”

一天早晨，她在花园里玩时，看到了太阳温暖的光线照到了她金色的头发上。然后，她低下头，看到衣摆上也有阳光。

“我要用衣服把阳光包住，”她想，“然后把它们带进奶奶的房子。”于是，她跳了起来，跑进了奶奶的屋子。

“看，奶奶，看！我给你带来了一些阳光！”她叫着。然后，她打开了她的衣服，可是看不到一丝阳光。

“孩子，阳光从你的双眼里照出来了，”奶奶说，“它们在你金色的头发里闪耀。有你在我身边，我就拥有阳光了。”

埃尔莎不懂为什么她的眼睛里可以照出阳光，但她很愿意让奶奶高兴。

每天早上，她都在花园里玩耍。然后，她跑进奶奶的房子里，用她的眼睛，给奶奶带去阳光。

小埃尔莎为了能给奶奶带去阳光而每天早上用眼睛把阳光带进奶奶的房里。行为虽然幼稚，却足以显露出她的心灵之高尚。这是小埃尔莎在心灵深处为了表达对奶奶的关爱而做出的可爱举动。

我们也拥有阳光，但我们是否也有这样的爱心，乐意把爱的阳光带进黑暗的屋子，温暖那冰冷、孤寂的心灵？

当我们在享受着生命生活中的美好时，让我们也乐意关爱、帮助那些有需要的人，与他们分享生活中的美好事物，当我们这样做时，我们就是别人的阳光了。

不要惧怕苦难

幸福可以转化为苦难，苦难也能演变成幸福，一切只看你的态度与行动。

上天常常如此捉弄世人，给了你这样礼物，再拿走那样。善待苦难、厄运，你才能在另一面寻觅到奇迹。

有这样一个不幸者，4岁时，一场麻疹和强直性昏厥症差点使他进入棺材。7岁时患上了严重的肺炎，不得不进行大量的放血治疗。46岁牙床突然长满脓疮，拔掉了几乎所有的牙齿。牙病才刚刚痊愈，又染上可怕的眼疾，视线不再清晰，只能靠人搀扶着走路，于是幼小的儿子成了他手中的拐杖。50岁后，关节炎、肠道炎、喉结核等多种疾病吞噬着他的机体。后来声带也坏了，靠儿子按口型翻译他的思想。他仅活到57岁，就口吐鲜血而亡。死后尸体也备受磨难，先后搬迁了8次。

上帝带给他的苦难实在太残酷无情了。

而这个人似乎觉得这还不够深重，又给生活设置了各种障碍和旋涡。他长期把自己囚禁起来，每天练琴10－12小时，忘记饥饿和死亡。13岁起，他就周游各地，过着流浪生活。

但他另一面的人生足以让人瞠目结舌：12岁他就举办首场音乐会，并一举成名，轰动舆论界。之后他的琴声遍及法、意、奥、德、英、捷等国。他的演奏使帕尔玛首席提琴家罗拉惊异得从病榻上跳下来，木然而立，无颜收他为徒。

听了他的琴声，卢卡观众欣喜若狂，宣布他为共和国首席小提琴家。在意大利巡回演出时，人们到处传说他一定有魔鬼暗授他妖术，要不怎么他的琴声会魔力无穷。维也纳一位盲人听他的琴声，以为是乐队演奏，当得知台上只有他一人时，大叫一声“他是个魔鬼”，然后竟然逃走了。巴黎人为他的琴声陶醉，早忘记了当时正在流行的严重霍乱，演奏会依然场场爆满……

凭借独特的指法、弓法和充满魔力的旋律，他征服了整个欧洲和世界，几乎欧洲所有文学艺术大师，如大仲马、巴尔扎克、司汤达等，都听过他的演奏并为之震动。音乐评论家勃拉

兹称他为“操琴弓的魔术师”；歌德评价他“在琴弦上展现了火一样的灵魂”；李斯特大喊：“天啊，在这四根琴弦中包含着多少苦难、痛苦和受到残害的生灵啊！”

他就是文艺史上的三大怪杰之一、伟大的犹太裔小提琴家帕格尼尼。

将苦难当作情人，予以悲壮、热烈的拥抱，命运之神终会向你微笑。

不要以貌取人

对于境况不如自己的人，不要以貌取人，不要歧视他们，不要瞧不起他们。

有只小老鼠没见过什么世面，有一天它回家对它的母亲说：“妈妈，我简直吓坏了！我发现了一只庞然大物，我不知道它是什么动物。它的头上有顶红冠，眼睛特别凶，盯着我看。它还有个尖嘴巴，用两条腿走路。忽然，它伸出长脖子，把嘴巴张得非常大，叫出的声音尖得吓人。我认为它要来吃我了，就拼了命跑回家来。遇到它真是倒霉。因为我刚才先看到另一只动物可爱得多，个子很高大，要不是头上有顶红冠子的那只讨厌的动物，我就会和那只漂亮的动物交上好朋友的。它有着很温和的眼睛，有点像没睡醒的样子。它的毛和我们的一样柔软，只不过是灰白的颜色。它很温和地看着我，摇动着它的长尾巴。我想它是要和我谈话，我本想靠近它，可是那只可怕的大动物开始喔喔叫了，我就只好急忙跑回来。”

母鼠听完它的话说：“我的傻孩子，你跑回来就对了。你说的那只凶恶的动物倒不会害了你，那是只对我们无害的公鸡。反倒是那只毛很柔软的漂亮东西很危险，它是猫，一口就会把你吃掉，在这个世界上它是我们最大的敌人。”

还有一个寓言是关于孔雀的。百鸟聚会，选举鸟中之王。孔雀翘起它的尾巴，展示绚丽的彩屏，并且自命为鸟中魁首。于是所有的鸟儿都推举孔雀为王，因为它实在是太漂亮了，任何鸟儿都不能和它相提并论。但是喜鹊却在这时候说话了：“孔雀，请你告诉我们，假如你当了鸟中之王，万一碰到敌人来迫害我们，你能采取什么措施保护我们呢？”孔雀不知道怎么回答才好。一看到这种局面，所有的鸟儿都开始重新思考，它们选孔雀为王是对还是错。最后，它们放弃了孔雀，推举能够保护它们的鹰为百鸟之王。

很多时候，靓丽的外表在社会生活中具有一定的优势，但这并不能决定一个人的能力、品格或行为。我们更不能以貌取人，如果仅仅因为外表而过分轻视或重视别人，那就离失败不远了。

讨巧的哈巴狗

不要盲目模仿别人，必须头脑清醒；没头没脑的模仿，定会铸成大错！

从前有个人养了一头驴和一只哈巴狗。驴子关在栅栏里，虽然不愁温饱，却每天都要到磨坊里拉磨，到树林里去驮木材，工作很繁重；而哈巴狗会演许多小把戏，很得主人欢心，每次都能得到好吃的奖励。驴子在工作之余，难免有怨言，总抱怨命运对自己不公平。这一天机会终于来了。驴子扭断缰绳，跑进主人的房间，学哈巴狗那样围着主人跳舞，又踢又蹬，撞翻了桌子，碗碟也摔得粉碎。驴子还觉得这样不够，它居然还趴到主人身上去舔他的脸，把主人吓坏了，直喊救命。大家听到喊叫急忙赶到，驴子正等着奖赏，没想到反挨了一顿痛打，被重新关进了栅栏里。

孩子是最容易和善于模仿他人的行为的。因此，在孩子的成长过程中，犹太家长在孩子们很小的时候就给他们讲这些故事，告诫他们：万万不可投机取巧，一味盲目地模仿他人。这可能铸成大错不说，甚至会给自己带来灭顶之灾。只有认识自我，找到优点，才能决定我们行进的方向。

做好身边的小事

机遇在人人面前都是平等的，就如同玩具中柔软的胶泥一般，可以任由你做主将它捏成任何形状。因此，在平常的社会生活中，只要认真做好每件事情，哪怕只是一件小事情，那么机遇肯定会把成功主动送到你面前。

阿尔莱特是美国标准石油公司的普通职员，他在任何场合中签名时，都不忘附加上一句公司的宣传词——一桶4美元的标准石油。后来，客户、朋友们干脆就给他取了个绰号叫“一桶4美元”。这样时间一长，大家都不习惯叫他的本名了。

公司董事长洛克菲勒听说这件事后，便叫来了阿尔莱特，并问道：“大家都用‘一桶4美元’的绰号叫你，你怎么不生气呢？”

阿尔莱特笑了笑后回答道：“我们公司的宣传词不正是‘一桶4美元’吗？大家叫我一次，就是为公司免费宣传了一次，我又为何要生他们的气呢？其实应该感谢他们才对呀！”

洛克菲勒听后深有感触地说道：“像你这样能时时记得为公司做宣传的人还真不多，我们公司就是需要像你这样的职员。”

几年后，当洛克菲勒退下董事长一职后，阿尔莱特接替了洛克菲勒的职位，他得到升迁最重要的原因就是他始终处处为公司着想，哪怕仅是一件极小的事情。洛克菲勒曾说：“我之所以能够成功，就是由于我注意到了别人常常容易忽略的小事情。因此，不要总为自己没能完成一件惊天动地的事情而感到沮丧，其实只要努力地做好你身边的每一件小事，你的成功都会因它而起。”

退化的名花

心灵无私，这是我们保持自身高贵的唯一秘密。其实，生活的真谛并不神秘，幸福的源泉大家也知道，只是常常忘了，所以我们要告诉孩子：美丽需要共同培植，快乐要与人分享。

一个精明的犹太花草商人，千里迢迢从非洲引进了一种名贵的花卉，培育在自己的花圃里，准备到时候卖上个好价钱。对这种名贵花卉，商人爱护备至，许多亲朋好友向他索要，一向慷慨大方的他却连一粒种子也不给。他计划培植3年，等拥有上万株后再开始出售和馈赠。

第一年的春天，他的花开了，花圃里万紫千红，那种名贵的花开得尤其漂亮，就像一缕缕明媚的阳光。第二年的春天，他的这种名贵的花已经有五六千株，但他和朋友们发现，今年的花没有去年开得好，花朵变小不说，还有一点点的杂色。到了第三年的春天，他的名贵的花已经培植出了上万株，令这位商人沮丧的是，那些名贵的花的花朵已经变得更小，花色也差得多了，完全没有了它在非洲时的那种雍容和高贵。当然，他也没能靠这些花赚上一大笔。

难道这些花退化了吗？可非洲人年年种养这种花，大面积、年复一年地种植，并没有见过这种花会退化呀。他百思不得其解，便去请教一位植物学家。植物学家拄着拐杖来到他的花圃看了看，问他：“你这花圃隔壁是什么？”

他说：“隔壁是别人的花圃。”

植物学家又问他：“他们种植的也是这种花吗？”

他摇摇头说：“这种花在全荷兰，甚至整个欧洲也只有我一个人有，他们的花圃里都是些郁金香、玫瑰、金盏菊之类的普通花卉。”

植物学家沉吟了半天说：“我知道你这名贵之花不再名贵的致命秘密了。尽管你的花圃里种满了这种名贵之花，但和你的花圃毗邻的花圃却种植着其他花卉，你的这种名贵之花被风传授了花粉后，又染上了毗邻花圃里的其他品种的花粉，所以你的名贵之花一年不如一年，越来越不雍容华贵了。”

商人问植物学家该怎么办，植物学家说：“谁能阻挡住风传授花粉呢？要想使你的名贵之花不失本色，只有一种办法，那就是让你邻居的花圃里也都种上你的这种花。”于是商人把自己的花种分给了自己的邻居。次年春天花开的时候，商人和邻居的花圃几乎成了这种名贵之花的海洋——花朵又肥又大，花色典雅，朵朵流光溢彩，雍容华贵。这些花一上市，便被抢购一空，商人和他的邻居都发了大财。

犹太父母会让孩子知道：近朱者赤，近墨者黑。高贵也是这样，没有一种高贵可以遗世独立。要想保持自己的高贵，就必须拥有高贵的“邻居”；要想拥有一片高贵的花的海洋，就必须与人分享美丽，同大家共同培植美丽。只有这样，我们才能保持自身的纯洁和华贵。

第六章

习惯：决定未来的力量

独木桥的走法

一个人的习惯性心态对其性格的形成有着决定性的作用，可以说习惯形成性格，性格决定命运。

曾有几个学生向弗洛伊德请教：心态对一个人会产生什么样的影响？

他微微一笑，什么也不说，就把他们带到一间黑暗的房子里。在他的引导下，学生们很快就穿过了这间伸手不见五指的神秘房间。接着，弗洛伊德打开房间里的一盏灯，在这昏黄如烛的灯光下，学生们才看清楚房间的布置，不禁吓出了一身冷汗。原来，这间房子的地面就是一个很深很大的水池，池子里蠕动着各种毒蛇，包括一条大蟒蛇和三条眼镜蛇，有好几条毒蛇正高高地昂着头，朝他们“滋滋”地吐着信子。就在这蛇池的上方，搭着一座很窄的木桥，他们刚才就是从这座木桥上走过来的。

弗洛伊德看着他们，问：“现在，你们还愿意再次走过这座桥吗？”大家你看看我，我看看你，都不作声。

过了片刻，终于有3个学生犹犹豫豫地站了出来。其中一个学生一上去，就异常小心地挪动着双脚，速度比第一次慢了很多；另一个学生战战兢兢地踩在小木桥上，身子不由自主地颤抖着，才走到一半，就挺不住了；第三个学生干脆弯下身来，慢慢地趴在小桥上爬了过去。

“啪”，弗洛伊德又打开了房内另外几盏灯，强烈的灯光一下子把整个房间照耀得如同白昼。学生们揉揉眼睛再仔细看，才发现在小木桥的下方装着一道安全网，只是因为网线的颜色极暗淡，他们刚才都没有看出来。弗洛伊德大声地问：“你们当中还有谁愿意现在就通过这座小桥？”

学生们没有作声。“你们为什么不愿意呢？”弗洛伊德问道。“这张安全网的质量可靠吗？”学生心有余悸地反问。

弗洛伊德笑了：“我可以解答你们的疑问了，这座桥本来不难走，可是桥下的毒蛇对你们造成了心理威慑，于是你们就失去了平静的心态，乱了方寸，慌了手脚，表现出各种程度的胆怯——心态对行为当然是有影响的啊。”

其实人生又何尝不是如此呢？在面对各种挑战时，也许失败的原因不是因为势单力薄，不是因为智能低下，也不是没有把整个局势分析透彻，反而是把困难看得太清楚、分析得太透彻、考虑得太详尽，才会被困难吓倒，举步维艰。倒是那些没把困难完全看清楚的人，更能够勇往直前。如果我们在过人生的独木桥时，能够忘记背景，忽略险恶，专心走好自己脚下的路，我们也许能更快地到达目的地。

勇于尝试

当孩子认为自己“不行”“办不到”时，要鼓励孩子勇于尝试，或许你会由此发现孩子真正的天赋所在。

犹太人经常强调这一点：父母是孩子最早的老师，父母的言传身教对孩子的影响非常大。父母应当鼓励孩子勇于尝试，让孩子不断提升自我。

拉比还经常给孩子们讲这个故事：

18世纪下半叶，本杰明·韦斯特在英国画坛被称为艺术奇才。这位英国皇家学院的院长，一生的作品除少数宗教、神话题材以外，绝大多数是描绘英国在殖民北美洲时期的一些历史题材。他被英王乔治三世奉为上宾，雷诺兹爵士称他为“最值得尊敬的怪物”。他1738年10月出生于美国，不到20岁就已经是纽约市颇有名气的肖像画家了。关于自己的成功，他宣称是母亲的一个吻才使他有了今天的成就。

本杰明·韦斯特的母亲叫萨拉·皮尔森，是一个贵格会信徒的女儿，她嫁给了贵格会信徒韦斯特之后就一直定居在宾夕法尼亚州的印第安人居住地。他们共有10个孩子，本杰明·韦斯特是10个孩子中的老幺。韦斯特的家庭很清贫，10个孩子的大家庭的重担几乎都压在了萨拉一个人的身上。

1745年，本杰明·韦斯特7岁。这年夏天的一天，母亲让本杰明去照看亲戚家的一个婴儿，让他用扇子赶走婴儿脸上的苍蝇。那天中午，在本杰明的细心呵护下，婴儿慢慢地进入了梦乡。小本杰明·韦斯特被熟睡着的婴儿的异常美丽吸引住了。他用手在扇子上画着，好像要画下婴儿美丽的脸庞。这一切被母亲萨拉捕捉到了。“你想画下宝宝的脸吗？”萨拉微笑着问本杰明。“我不会画画，我画不出。”本杰明说。“可是你不画怎么知道你画不出呢？”萨拉指着桌子上的一红一蓝两瓶墨水说，“你试试。”母亲说完便走了。本杰明拿出一张纸，打开墨水瓶，画了起来。过了好一会儿，画是画好了，可是在他的脸上、衣服上都沾了很多的墨水，桌子上也是一片狼藉。

他担心母亲看到这个脏乱的局面会骂他。哪知母亲走来后，用她特有的慈爱目光看了一眼那张画，声音颤抖着惊叫起来："哦，天哪，这简直就是小萨莉的照片啊！"然后她搂着本杰明的脖子，亲吻了他一下，并且说："总有一天你会成为一个伟大的艺术家。"

孩子的成长过程也是认知的过程，大人的经验固然对孩子的成长有很大的帮助，但孩子的亲身体会要比大人的教诲深刻得多。即使孩子在亲身体会的过程中犯错误，我们也要允许他们犯错误，因为他们有能力去犯错误，也同样有能力改正自己的错误，在犯错误中得到正确的答案，那是最珍贵的。

一封感谢信

生活中要学会感谢那些批评你、打击你的人，因为正是他们指正你的错误，让你变得更加坚强。

乔治·罗纳是犹太人后裔，他曾在维也纳当过多年律师，第二次世界大战期间，他逃到瑞典，变得一文不名，急切地需要一份工作。他能说能写几国的语言，希望能在一些进出口公司找到一份秘书的工作。但是，绝大多数公司都回信告诉他，因为正在打仗，他们不需要这类人才。不过他们会把他的名字存在档案里……

在这些回复中，有一封信这样写道："你完全没有了解我们的生意。你又蠢又笨，我根本不需要什么替我写信的秘书。即使需要，也不会请你这样一个连瑞典文也写不好，信里全是错字的人。"

乔治·罗纳看到这封信时，气得发疯。乔治·罗纳也写了一封信，想气气那个人。但他冷静下来对自己说："等等！我怎么知道这个人说得不对呢？瑞典文毕竟不是自己的母语。如果真是如此，想要得到一份工作，就必须不断努力学习。他用难听的话来表达他的意见，并不意味着我没有错误。因此，我应该写封信谢谢他才对。"

于是，他重新写了一封感谢信："你写信给我，我实在是感激不尽，尤其是在你并不需要秘书的情况下。我对自己将贵公司的业务弄错一事表示抱歉。之所以给你回信，是因为听他人介绍，说你是这个行业的领导人物。我的信上有很多文法上的错误，而自己却无法自知，我倍感惭愧，而且十分难过。现在，我计划加倍努力去学瑞典文，改正自己的错误，谢谢你帮助我不断地进步。"

不久，乔治·罗纳就收到那个人的回信，并且给了他一份工作。通过这件事，乔治·罗纳发现了宽容的妙处。

犹太人教给孩子重要的美德之一，就是宽容，因为他们明白宽容别人也就是善待自己！让我们学着用一颗包容的心去对待身边的人和事，不知不觉中，我们会发现，自己的生活已经变得越来越美好了。

剪除规矩的网

生活中，养成将东西整齐摆放的习惯固然值得称赞，但如果过于整齐、事事苛求，容不得一点乱，也会作茧自缚，自寻烦恼。

在成长过程中，有很多烦恼伴随着我们左右，可往往这些烦恼源于我们自己心灵条条框框的束缚，是自己囚禁了自己。

一天，女儿走到著名哲学家雅斯贝尔斯面前，问了一个问题：“爸爸，为什么东西总是很容易就弄乱了呢？”

雅斯贝尔斯便反问道：“乖女儿，你这个‘乱’字是什么意思？”

女儿说道：“你知道吗，那是指东西没有摆放整齐。看看我的书桌，东西都不在一定的位置，这不叫乱叫什么？昨天晚上我花了不少时间才把它重新摆放整齐，可是没法保持很久。所以，我说东西很容易便弄乱了。”

雅斯贝尔斯听完后告诉女儿说：“什么叫作整齐，你摆给我看看。”于是女儿便开始动手整理，把书桌上的东西都重新归位，然后说道：“请看，现在它不是整齐了吗？可是它没法保持长久。”

雅斯贝尔斯又再问她：“如果我把你的水彩盒往这里移动一两英寸，你觉得怎么样呢？”

女儿回答说：“不好，这么做书桌又弄乱了，你最好让桌面规规矩矩的，不要出现那些‘脱线’情形。”

随后，雅斯贝尔斯又问道：“如果我把铅笔从这儿移到那儿呢？”

“你又把桌面弄乱了。”女儿回答道。

“如果我把这本书打开呢？”他继续问道。

“那也叫作乱。”女儿再回答道。

雅斯贝尔斯这时微笑着对女儿说道：“乖女儿，不是东西很容易弄乱，而是你心里对于乱的定义太多了，但对于整齐的定义却只有一个。”

无规矩不成方圆，可规矩太多，也是对心灵的束缚。生活中，我们的不少烦恼都是自找的，用自己的规矩捆住了自己，无怪乎一些人会被痛苦给缠得动弹不得。那就好像那些人给自己罩上了一张大网，越是想挣脱却越挣不脱，越是想逃避越逃

避不了。犹太人不用过多的规矩束缚孩子的心灵，而是让他们的心灵自由飞翔。哲人雅斯贝尔斯的话定能让我们思考良久。

经验的障碍

每个人都有自己特殊的人生经验，由此形成自己对生活的看法。世界究竟是什么样的，需要自己亲身去体验，不可轻信所谓“过来人”的劝告。

犹太人麦立克要坐火车从佛勒斯诺去纽约旅行。临行前，他的舅舅嘉乐来看他，告诉他一些旅行的经验。

“你上了火车后，先选一个位置坐下，不要东张西望，”嘉乐告诉他的外甥，“火车开动以后，会有两个穿制服的人顺着通道走来问你要车票，你不要理他们，他们是骗子。”

“是的，舅舅。”麦立克点了点头说。

“走不到20里，会有一个和颜悦色的青年来到你跟前，敬你一支烟。你就说不会。那烟卷是上了麻药的。”

“是的，舅舅。”麦立克微微一怔，但照例点了点头。

“你到餐车去，半路上会有一个漂亮的年轻女子故意和你撞个满怀，差点儿一把抱住你。但是，你要理智地走远些，那女子是个妓女。要是她逗你说话，你就装个聋子。这是唯一的摆脱之道。”

“是的，舅舅。”麦立克不禁有点惊讶，还是点了点头。

“我在外边行走多年，以上并非我无中生有的胡说，就告诉你这些吧！”

“还有一件，”嘉乐好像又想起了什么，叮咛道，“晚上睡觉时，把钱从口袋里取出来放在鞋筒里，再把鞋放在枕头底下，头枕在上面，别睡着了。”

“是的，舅舅，多谢您的指教！”麦立克向他的舅舅深深地鞠了一躬。

第二天，麦立克坐上了火车，横穿美洲向纽约而去。

那两个穿制服的人不是骗子，那个带麻药烟卷的青年没有来，那个漂亮女子没碰上。第一晚麦立克把钱放在鞋筒里，把鞋放在枕头下，一夜未合眼。可是，到了第二晚他就不理会那一套了。

第二天，他自己请一个年轻人吸烟，那人竟高兴地接受了。在餐车里，他故意坐在一位年轻女子的对面。吸烟间里，他发起了一桌扑克。火车离纽约还很远，麦立克已认识车上的许多旅客了，而其他旅客也都认识他了。

火车经过俄亥俄州时，麦立克与那个接受烟卷的青年、两个瓦沙尔女子大学的学生组成一个四人合唱队，大唱了一阵，获得了旅客们的好评。

那次旅行对麦立克来说是够快乐的了。麦立克从纽约回来了，他的舅舅又来看他了。

“我看得出，你一路没有出什么岔子，你依我的话做了没有？”一见面嘉乐就高兴地问麦立克。

“是的，舅舅！”麦立克还是那样做了回答。

嘉乐很高兴地自言自语道：“我很高兴有人因我的经验而得益！”

很多人总是积极地为别人提供意见，虽然出自好心，但他们从没想到意见仅仅是从他们自己的经历中获得的，然而别人有别人的经历，在这一点上谁也代替不了谁的。人们总是过于武断地在别人的事情上加上自己的判断，其实大可不必。如果你曾经被别人这样断言过，也不必过于在意。要紧的是让自己去经历一切，并且从这份经历中获得快乐、感受痛苦，这样人生才有意义。

莫忘致谢

教育孩子从小学会感恩，对别人的帮助、礼物要及时表示谢意。

依琳娜、莎拉和德鲁还小的时候，每当他们要向别人致谢，就口述感谢词句，由他们的母亲——犹太教信徒贝德福德做笔记。但是到孩子长大一些，有能力自己写谢柬了，却必须三催四请才肯动笔。

贝德福德会问："你写了信给爷爷，谢谢他送你那本书没有？"或问："陶乐思阿姨送了你一件毛线衫，你可向她道谢了？"他们的回应总是含糊其词，或耸耸肩膀。

有一年，贝德福德在圣诞节过后催促了几天，儿女们竟一直毫无反应，她大为气恼，便宣布："谢柬写妥投寄之前，谁也不准玩新玩具或穿新衣。"

但他们依旧拖延，还出言抱怨。

贝德福德忽然灵机一动，说："大家上车。"

“要去哪里？”莎拉问，觉得好奇怪。

“去买圣诞礼物。”

“圣诞节已经过去了。”她反驳。

“不要啰唆。”贝德福德斩钉截铁地说。

待孩子都上了车，贝德福德说：“我要让你们知道，人家为了送你们礼物，要花多少时间。”

贝德福德对德鲁说：“麻烦你记下我们离家的时间。”

来到镇里，德鲁记下抵达的时间。3个孩子随贝德福德走进一家商店，帮她选购礼物送给她的姊妹。然后贝德福德他们回家。

3个孩子一下车便向雪橇走过去。贝德福德说：“不许玩，还要包礼物。”孩子们垂头丧气回到屋里。

“德鲁，记下到家的时间没有？”

德鲁点点头。

“好，请你记录包礼物的时间。”

孩子包礼物时，贝德福德替他们冲泡可可，终于最后一个蝶形结也系好了。

“一共花了多少时间？”贝德福德问德鲁。

他说：“到镇上去，用了28分钟，买礼物花了15分钟，回家用了38分钟。”

“包这几个盒子用了多少时间？”依琳娜问。

“你们俩都是两分钟包一个。”德鲁说。

“把礼物拿去邮寄，要花多少时间？”贝德福德问。德鲁计算了一下，答道：“一来一去56分钟，加上在邮局排队的时

间，要71分钟。”

“那么，送别人一件礼物总共花多少时间？”德鲁又计算了一阵，“2小时34分钟。”

贝德福德在每个孩子的可可杯旁放一页信纸、一个信封和一支笔。

“现在请写谢柬。写明礼物是什么，说已经拿来用了，用得很开心。”

他们沉默构思，接着响起了笔尖在纸面上的声音。

“花了我们3分钟。”德鲁一面说一面把信封封好。

“人家选购一件情意浓厚的礼物，然后邮寄给你，所花时间也许超过两个半小时，我要你们花3分钟时间道谢，这难道是过分要求吗？”贝德福德问。

3人低头望着桌面，摇摇头。

“你们最好现在就养成这习惯。早晚你们要为很多事情写谢柬的。”

故事里的孩子一定是因为偷懒而不想写谢柬的，母亲非要督促他们写是想教会他们感恩。感恩是我们对待周遭事物应该保持的一种心态。人们习惯索取，所以无法体会付出、给予的分量，心中还总是盘算没有得到的东西，却从没想过自己已经获得了多少。写谢柬其实只是个形式，母亲真正想说的是对于很多事情我们应该学会感恩。

勤勉是生存的关键

勤勉和懒惰都源自习惯，养成什么样的习惯，就会拥有什么样的人生。

有这样一个故事：埃及法老尼科看见一个犹太老人正在努力工作，种植无花果树。他问老人道：“你是否期望自己能够享受果实？”老人回答说：“如果我不能活到吃无花果的时候，我的孩子们将会吃到，或许上帝会特赦我。”“如果你能够得到上帝特赦而吃到这树的果实，”法老对他说，“那就请你告诉我。”时光流逝，果树果然在老人的有生之年结出了果实，老人装了满满一篮子无花果来见法老。见到法老时，他解释说：“我就是你看见过的那个种无花果树的老人，这些无花果是我劳动的成果。”法老命他坐在金椅子上，给他的篮子装满了黄金。

可法老的仆人反对道：“您想给一个老犹太人那么多荣誉

吗？”法老回答说：“造物主给勤劳的他以荣誉，难道我就不能做同样的事吗？”老人有一个懒惰的邻居，他妻子听了老人的故事，就对丈夫说：“法老爱吃无花果，给他点无花果，他就会给你金子。”丈夫听从了妻子的话，也拿了满满一篮子无花果到皇宫，要求换取金子。

仆人报告法老，法老大怒：“让这个人站在皇宫门口，每个进出的人都可以向他脸上扔一个无花果。”黄昏时，这个可怜的人被送回了家，浑身又青又肿。“我要把我得的全给你！”他冲妻子喊道。

在犹太人看来，懒惰使人一事无成，上帝和人们都是奖赏勤勉的人的。因此，犹太人的生存之法是培养勤勉的习惯，因为这才是成功的关键。永远不要让一个傻瓜看到一件做了一半的事。犹太人认为，勤勉和成功是互为表里的，常常有很多人因为勤勉而成功，但却很少因懒惰而成功的人。虽然勤劳并不一定能获得成功，但是无论如何，人们都要辛勤工作，因为这是取得成功的最基本条件。

伟大的称赞

养成随时随地对他人进行恰如其分地赞美的习惯，你将获得良好的人缘，处处受欢迎。

霍里斯和他的犹太人朋友在纽约搭计程车。下车时，朋友对司机说：“谢谢，搭你的车十分舒适。”这司机听完愣了一愣，然后说：“你是在嘲笑我吗？”

“不，司机先生，我不是在寻你开心，我很佩服你在交通混乱时还能沉住气。”

司机没再说什么，便驾车离开了。

“你为什么会这么说？”霍里斯不解地问。

“我想让纽约多点人情味。”他答道。

“靠你一个人的力量怎么办得到？”

“我只是起带头作用。我相信一句小小的赞美能让那位司机整日心情愉快。如果他今天载了20位乘客，他们受了司机的感染，也会对周围的人和颜悦色。这样算来，我的好意可间接传达给1000多人，不错吧？”

“但你怎能寄望计程车司机会照你的想法做呢？”

“我并没有寄望于他，”朋友回答，“我知道这种效果是可遇不可求的，所以我习惯多对人和气，多赞美他人，即使一天的成功率只有30%，但仍可连带影响到300人之多。”

“我承认这套理论很中听，但能有几分实际效果呢？”

“就算没效果我也毫无损失呀！开口称赞那司机花不了我几秒钟。如果那人无动于衷，那也无妨，明天我还可以再称赞

另一个计程车司机呀！”

“我看你脑袋有点毛病了。”

“从这就可以看出你越来越冷漠。我曾调查过邮局的员工，他们最感沮丧的除了薪水微薄外，还有就是欠缺别人对他们工作的肯定。”

“但他们的服务真的很差劲呀！”

“那是因为他们觉得没人在意他们的服务品质。我们为何不多给他们一些鼓励呢？”

他们边走边聊，途经一个建筑工地，有5个工人正在一旁吃午餐。朋友停下了脚步：“这栋大楼盖得真好，你们的工作一定很危险、很辛苦吧？”那群工人带着狐疑的眼光望着霍里斯的朋友。

“工程何时完工？”犹太人朋友继续问道。

“6月份。”一个工人回应了一声。

“这么出色的成绩，你们一定很引以为荣。”

离开工地后，朋友对霍里斯说：“这些人也许会因我这一句话而更起劲地工作，这对所有的人何尝不是一件好事呢？”

“但光靠你一个人有什么用呢？”

“我常告诉自己千万不能泄气，让这个社会更有人情味原本就不是一件简单的事，我能影响一个就一个，能影响两个就两个……”

“刚才走过的女子姿色平庸，你还对她微笑？”霍里斯插嘴问道。

“是呀！我知道。”他答道，“如果她是个老师，我想今天上她课的人一定如沐春风。”

犹太拉比认为，学会赞美他人的人，才会真正被他人称赞，世界上任何收获都需要付出。人类本质中最殷切的需求是渴望被肯定。被人赞美是令人喜悦的事情，恰如其分的赞美能使人感受到人世间的理解和温馨，并有效地增进赞美者与被赞美者之间的良性的心理交流，成功地缔结合作者之间的友谊。学会了赞美，能使人受益无穷。一句由衷的称赞虽然简单，却在不知不觉中改变了我们身边的人们，改变了我们的世界。

听与说

上帝给了我们一张嘴、两只耳朵，就是让我们多听少说。

当所有人都不在背后道人长短时，一切纠纷的火焰就会熄灭。因此要如同对待珍宝一样，慎重地使用自己的舌头。犹太人非常强调说话时自我控制的重要性。他们认为话一旦说出口，就像射出的箭，再也不能收回了。他们也是这样教育孩子的。他们认为，话不可以随便乱说，应该一字一句地斟酌才对。为此犹太人常常用药来比喻言语，即适量的言语可以一针见血，但是用量过多就会愈描愈黑，反而有害。

有一个犹太女人很喜欢东家长、西家短地道别人是非。她的多嘴连平常饶舌的三姑六婆们也都无法忍受，终于有一天大家一起到拉比那里去控诉她的行为。拉比仔细倾听每一个女人的控诉之后，便要这些女人先回去。然后拉比叫人去找那个多嘴的女人来。“你为什么对邻居太太们品头论足，无中生有？”多嘴的女人笑着回答说：“也许我有一点夸大事实的习惯，但是我并没有杜撰什么故事啊！不过我说的不是很接近事实吗？我只是把事实稍微修饰一下，使它更有声有色而已。但是或许我真的太多嘴了，连我丈夫都这么说呢！”“你已经承认你的话太多了，好吧！让我们来想一想，有没有什么好的治疗方法？”拉比想了一会儿之后，走出房间，然后拿回一个大袋子，他对女人说，“你把这个袋子拿去，到了广场之后，你就打开袋子，一面把袋子里的东西摆在路边，一面走回家。但是，回到家之后，你便要掉过头来，把东西收齐以后，再回到广场上去。”女人接过这个袋子，觉得很轻，她很纳闷，非常想知道里面装的是什么东西，于是加快脚步走到广场去。到了广场之后，她迫不及待地打开一看，里面装的竟然是一大堆羽毛。那是一个万里无云的晴朗秋天，微风轻吹，令人觉得非常舒服。女人照着拉比的吩咐，一面走，一面把羽毛摆在路边，当她走进家门时，袋子刚好空了。然后她又提着袋子，一边捡，一边回广场。可是，凉爽的秋风却吹散了羽毛，以致所剩寥寥无几。女人只好回到拉比那里，她向拉比说，一切都照拉比的吩咐去做了，但是却只能收回几根羽毛。“我想也是的。”拉比说，“所有的马路新闻，都像是大袋子里的羽毛一样，一旦从嘴里溜出去，就永远没有收回的希望。”于是，拉比的机智矫正了这个女人的坏习惯。

不要说得太多——听的分量要有说的两倍。犹太人认为，长舌远比三只手更令人头痛，假话传久就会变成恶言，谣言足以隔离亲近的朋友。因此，不要用嘴巴去发现看不见的东西。

同时，拉比们还告诫人们说："遇到鬼的时候，你一定会拔腿就跑；同样地，遇到马路消息时，你也要快速地逃。"因此，犹太人总是尊敬那些懂得听话艺术的人，而讨厌那些只是喋喋不休地说个不停的人。

依赖是一种束缚

依赖就像一根绳索，将你悬挂在半空。只有勇敢地剪断这根绳索，才能跌落到坚实的大地上，依靠自己行走。

有这样一个故事：

有一个登山者，一心一意想要登上世界第一高峰。在经过多年的准备之后，他开始了他的旅程。但是，由于他希望完全由自己独得全部的荣耀，所以他决定独自出发。他开始向上攀爬，但是时间已经开始变得有些晚了，然而，他非但没有停下来准备露营的帐篷，反而继续向上攀登，直到四周变得非常黑暗。山上的夜晚显得格外的黑暗，这位登山者什么都看不见。到处都是黑漆漆的一片，能见度为零，因为月亮和星星又刚好被云层给遮住了。即使如此，这位登山者仍然继续不断地向上攀爬着。就在离山顶只剩下几步的地方，他滑倒了，并且迅速地跌了下去。跌落的过程中，他仅仅能看见一些黑色的阴影，以及感受到一种因为被地心引力吸住而快速向下坠落的恐怖感觉。他不断下坠着，而在这极其恐怖的时刻里，他的一生，不论好与坏，也一幕幕地显现在他的脑海中。当他一心一意地想着此刻死亡是正在如何快速地接近他的时候，突然间，他感到系在腰间的绳子重重地拉住了他。他整个人被吊在半空中，而那根绳子是唯一拉住他的东西。

在这种上不着天、下不着地，且求助无门的境况中，他一点办法也没有，只好大声呼叫：“上帝啊！救救我吧！”

突然，天上有个低沉的声音回答说：“你要我做什么？”

“上帝！救救我！”

“你真的相信我可以救你吗？”

“我当然相信！”

“那就把系在你腰间的绳子割断。”

在短暂的寂静之后，登山者决定继续全力抓住那根救命的绳子。

第二天，搜救队找到了他的遗体，已经冻得僵硬，他的尸体挂在一根绳子上。他的手也紧紧地抓着那根绳子，在距离地面仅仅1米的地方。

当你在不断编织各种关系网的时候，你是否想过，这些网会把你围在中央，密不透风，使你变成了茧中的幼虫，这就叫作作茧自缚。只有你鼓

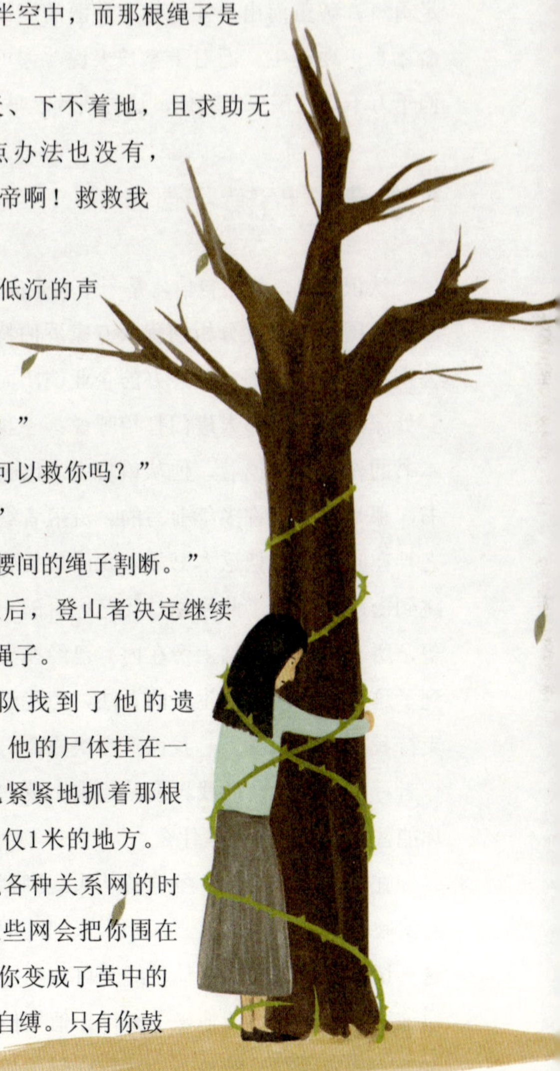

足勇气，破茧而出，才能化成美丽的蝴蝶。脐带被剪断，新生命才真正地诞生。而对于家长来说，你可以成为孩子的助手，但千万不要让孩子依赖你，这种依赖迟早会成为一种束缚。

学会“照镜子”

认识自己，找回自信，是一个人走向成功的前提。

美国从事个性分析的犹太专家罗伯特·菲力浦有一次在办公室接待了一个因自己开办的企业倒闭而负债累累、离开妻女到处流浪的人。那人进门打招呼说：“我来这儿，是想见见这本书的作者。”说着，他从口袋中拿出一本名为《自信心》的书，那是罗伯特许多年前写的。流浪者继续说：“一定是命运之神在昨天下午把这本书放入我的口袋中的，因为我当时决定跳到密歇根湖，了此残生。我已经看破一切，认为一切已经绝望，所有的人（包括上帝在内）已经抛弃了我，但还好，我看到了这本书，使我产生新的看法，为我带来了勇气及希望，并支持我度过昨天晚上。我已下定决心，只要我能见到这本书的作者，他一定能帮助我再度站起来。现在，我来了，我想知道你能替我这样的人做些什么。”

在他说话的时候，罗伯特从头到脚打量流浪者，发现他茫然的眼神、沮丧的皱纹、10来天未刮的胡须以及紧张的神态，这一切向罗伯特显示，他已经无可救药了。但罗伯特不忍心对他这样说。因此，请他坐下来，让他把他的故事完完整整地说出来。听完流浪汉的故事，罗伯特想了想，说：“虽然我没有办法帮助你，但如果你愿意的话，我可以介绍你去见本大楼的一个人，他可以帮助你赚回你所损失的钱，并且帮助你东山再起。”罗伯特刚说完，他立刻跳了起来，抓住罗伯特的手，说道：“看在上帝的分上，请带我去见这个人。”

他会为了“上帝的分上”而做此要求，显示他心中仍然存在着一丝希望。所以，罗伯特拉着他的手，引导他来到从事个性分析的心理试验室里，和他一起站在一块看来像是挂在门口的窗帘布之前。罗伯特把窗帘布拉开，露出一面高大的镜子，他从镜子里看到了自己的全身。罗伯特指着镜子说：“就是这个人。在这世界上，只有一个人能够使你东山再起，除非你坐下来，彻底认识这个人，否则，你只能跳密歇根湖，因为在你对这个人做充分的认识之前，对于你自己或这个世界来说，你都将是一个没有任何价值的废物。”

他朝着镜子走了几步，用手摸摸他长满胡须的脸孔，对着镜子里的人从头到脚打量了几分钟，然后后退几步，低下头，开始哭泣起来。一会儿后，罗伯特

领他走出电梯间，送他离去。几天后，罗伯特在街上碰到了这个人，而他不再是一个流浪汉形象，他西装革履，步伐轻快有力，头抬得高高的，原来那种衰老、不安、紧张的姿态已经消失不见。他说，他感谢罗伯特先生，让他找回了自己，并很快找到了工作。后来，那个人真的东山再起，成为芝加哥的富翁。

如今，在每一场成功训练里，都有这样一个“照镜子”的课程。失败的朋友和追求成功的朋友，进去照一照，定会与你以往出门前照的效果大不一样。

鱼骨刻的老鼠

任何规则都有漏洞，有时候为了取胜，可以避开实力的对抗，直接钻规则的空子，以智巧取胜。

在犹太王国，有两个非常杰出的木匠，他们的手艺都很好，难以分出高下。在犹太新年来临之际，国王突发奇想：到底哪一个才是最好的木匠呢？不如我来办一次比赛，然后封胜者为“全国第一的木匠”。于是，国王把两位木匠找来，为他们举办了一次比赛，限时三天，看谁刻的老鼠最逼真，谁就是全国第一的木匠，不但可以得到许多奖品，还可以获得册封。在那三天里，两个木匠都不眠不休地工作，到第三天，他们把已雕好的老鼠献给国王，国王把大臣全部找来，一起做本次比赛的评审。

第一位木匠刻的老鼠栩栩如生、纤毫毕现，甚至连鼠须也会抽动。

第二位木匠刻的老鼠则只有老鼠的神态，却没有老鼠的形貌，远看勉强是一只老鼠，近看则只有三分像。胜负即分，国王和大臣一致认为第一个木匠获胜。

但第二个木匠当庭抗议，他说："大王的评审不公平。"工匠说："要决定一只老鼠是不是像老鼠，应该由猫来决定，猫看老鼠的眼光比人还锐利呀！"国王想想也有道理，就叫人到后宫带几只猫来，让猫来决定哪一只老鼠比较逼真。没有想到，猫一放下来，都不约而同扑向那只看起来并不像老鼠的"老鼠"，啃咬、抢夺；而那只栩栩如生的老鼠却完全被冷落了。事实摆在面前，国王只好把"全国第一"的称号给了第二个木匠。事后，国王把第二个木匠找来，问他："你是用什么方法让猫也以为你刻的是老鼠呢？"

木匠说："大王，其实很简单，我只不过是用鱼骨刻了只老鼠罢了！猫在乎的根本不是像与不像，而是腥味呀！"

人生的竞赛往往是这样，获胜者往往不是技巧最好的，而是最接近人性的，因此只有靠智慧做事才能更符合自然规律，才能更容易成功。所以我们在教育孩子的时候，在注重外表的形式时，一定要使之接近自己孩子的品性，不要被纷繁复杂的教育法弄混了头脑，也不要因此而打乱孩子的心境。

犹太人和骆驼

帮助他人也必须把握好度，面对别人得寸进尺的不合理要求，要斩钉截铁地给予拒绝。

一个寒冬的夜晚，在穿越戈兰高地的旅途中，有位犹太人正坐在自己的帐篷中，梦见弥赛亚的来临，外面是呼啸的寒风，里面则比较暖和。一会儿，门帘轻轻地撩起来了，原来是他的那头骆驼，它在外面朝帐篷里看了看。

犹太人很和蔼地问它："你有什么事吗？"

骆驼说："主人啊，外面太冷，我冻得受不了了。我想把头伸到帐篷里暖和暖和，可以吗？

仁慈的犹太人说："没问题。"

骆驼就把它的头伸到帐篷里来了。过了不久，骆驼又恳求道："能让我把脖子也伸进来吗？"犹太人想想反正也占不了多少地方，又答应了它的请求。骆驼于是把脖子也伸进了帐篷。它的身体在外面，头很不舒服地摇来摇去，很快它又说："这样站着很不舒服，其实我把前腿伸到帐篷里来也只是占用一点地方，我也可以舒服一些。"

犹太人说："说得也对，那你就把前腿也伸进来吧。"犹太人挪动一下身子为骆驼腾出一点空间来，因为帐篷实在是很小。

一会儿，骆驼又摇晃着身体，接着说话了："其实我这样

站在帐篷门口，外面的寒风引进来，你也和我一起受冻，我看倒不如我整个儿站到里面来，我们都可以暖和了！”可是帐篷实在是小得可怜，要容纳一人一驼是不可能的。但是，主人非常善良，保护骆驼就好像保护自己一样，说：“虽然地方小了点，不过你可以整个站到里面来试试。”骆驼进来的时候说：“看样子这帐篷是住不下我们两个的，你身材比较小，你最好站到外面去。那样这个帐篷我就住得下了，而且空间能被充分利用。”

骆驼说着，进来的时候挤到了主人，这位犹太人打了一个趔趄就退到了帐篷外面，主人就这样被骆驼挤了出去。

助人为乐本是一种美好的品质，但没有原则地答应别人的要求，是非常不明智的，有时候甚至会把自己搭进去。我们也要适时学会拒绝。

每次都是初交

有一天，一位日本商人请一位犹太画家上银座的饭馆吃饭。宾主坐定之后，画家趁等菜之际，取出纸笔，给坐在边上谈笑风生的饭馆女主人画起速写来。不一会儿，速写画好了。画家递给日本商人看，果然不错，画得形神皆备。日本商人连声赞叹道：“太棒了，太棒了。”

听到朋友的奉承，犹太画家便转过身来，面对着他，又在纸上勾画起来，还不时向他伸出左手，竖起大拇指。通常，画家在估量人的各部位比例时，都用这种简易方法。日本商人一见画家的这副架势，知道这回是在给他画速写了。虽然因为面对面坐着，看不见他画得如何，但还是一本正经摆好了姿势，让他画。日本人一动不动地坐着，眼看着画家一会儿在纸上勾画，一会儿又向他竖起拇指，足足坐了10分钟。“好了，画完了。”画家停下笔来说道。

听到这话，日本人松了一口气，迫不及待地欠身，一看，不禁大吃一惊。原来画家画的根本不是那位日本商人，而是他自己左手大拇指的速写。日本商人连羞带恼地说：“我特意摆好姿势，你……你却作弄人。”犹太画家却笑着对他说：“我听说你做生意很精明，所以才故意考察你一下。你不问别人画什么，就以为是在画自己，还摆好了姿势。单从这一点来看，你同犹太商人相比，还差得远呢。”

这时候，那位日本商人才如梦方醒，明白过来自己错在什么地方：看见画家第一次画了女主人，第二次又面对着自己，就以为一定是在画自己了。

正是基于对类似于这位日本商人所犯的错误，犹太人的育儿学中，赫然写着一条：“每次都是初交。”哪怕是再熟的人，犹太人也绝不会因为上次的成功合作，而放松对这次合作的各项条件、要求的审视。他们习惯于把每次相遇都看作一次独立的合作，把每次接触的合作伙伴都看作第一次合作的伙伴。这样做，起码有两大好处：其一是不会像日本商人那样，因为自己对对方的先入之见而掉以轻心，相反，可以有足够的戒备防止对方可能的一切手脚；其二是可以保证自己第一次辛辛苦苦争取得到的赢利，不至于在第二次生意中被顾念前情而做出的让步所断送。

在合作中，人与人之间都以利益维系，一旦不当心，就可能受骗上当。把每一次合作都看作与对方第一次打交道，不要因为对方先前与你有来往就放松警惕，更不能被对方表现的真诚所迷惑，一定要有自己的立场。所以，“每次都是初交”实在是犹太人在漫长的历史中经过无数次的商业活动而得出的结论，而其适用范围竟然已经到达潜意识层次。只有一个创立了精神分析学派的民族，才会在这种极其细微、极不容易觉察的地方，有如此清晰的认识，并且驾轻就熟、游刃有余。

舌头是善恶之源

语言的价值是一个塞拉，沉默的价值是两个塞拉。

沉默对聪明的人有好处，对愚蠢的人则更有好处。

犹太人强调，尽管舌头没有骨头，但也应该特别小心。因为话一旦说出口，就像射出的箭，再也不能收回了。

犹太人常常对他们的孩子讲这样一个故事，拉比西蒙·本·噶玛利尔对他的仆人塔拜说：“到市场去给我买些好东西。”

塔拜去了，带回来一个舌头。

西蒙又对塔拜说："到市场上给我买些不好的东西。"

塔拜去了，又带回来一个舌头。

拉比对他说："为什么我说'好东西'你带回来一个舌头，我说'不好的东西'，你还是带回来一个舌头？"

塔拜回答说："舌头是善恶之源。当它好的时候，没有比它再好的了；当它坏的时候，没有比它更坏的了。"

从这则犹太故事中可以看出舌头的重要性。人之所以有两个耳朵、一张嘴巴，是为了让人多听少说。于是，那些懂得听话艺术的人总是让人尊敬，而那些只知喋喋不休地说个不停的人只能让人更厌恶。

犹太人认为，愚者常常暴露出自己的愚昧，贤者却总是隐藏自己的知性。基于这样，犹太人坚信："假如你想活得更幸福、更快乐的话，就应该从鼻子里充分吸进新鲜空气，而始终关闭你的嘴巴。"

创新的作用

要从小教育孩子养成创新思维，一个人只有不断创新，才可能超越前人，有所成就。

1926年，有着犹太血统的兰德才17岁，他还是哈佛大学一年级的学生。一天晚上，他走在繁华的百老汇大街，从他面前驶过的汽车车灯刺得他眼睛都睁不开。他突然灵机一动：有没有办法既让车灯照亮前面的路，又不刺激行人的眼睛呢？他觉得这是很有实用价值的课题。兰德说干就干，第二天便去学校办了休学手续，专心研究偏光车灯。

1928年，兰德的第一块偏光片终于制成了。他匆匆赶去申请专利，不料已有4个人申请此项专利。他辛辛苦苦做出的第一项成果就这样白费了。3年后，经过改进的偏光片研制成功，专利局终于在1934年把偏光片的专利权给了兰德，这是他获得的第一项专利。

1937年，兰德成立了拍立得公司。有人把他介绍给华尔街的一些大老板，他们对兰德的才能和工作效率十分赏识，向他提供了37.5万美元的信贷资金，希望他把偏光片应用到美国所有汽车的前灯上，以减少车祸，保证乘车人的安全。

1939年，拍立得公司在纽约的世界博览会上推出的立体电影更是轰动一时。观众必须戴上该公司生产的眼镜才能入场，这又为拍立得赚了一大笔钱。

有一次，兰德给他的女儿照相。小姑娘不耐烦地问：“爸爸，我什么时候才能看到照片？”这句话触动了兰德，经过多年高效率的研究，他终于发明了瞬时显像照相机，取名为“拍立得”相机。这种相机能在60秒钟洗出照片，所以又称“60秒相机”。

拍立得公司1937年刚成立时，销售额为14.2万美元，1941年就达到100万美元，1947年则达到150万美元，为10年前的10倍。“拍立得”相机投入市场后，使公司销售额从1948年的150万美元猛增至1958年的6750万美元，10年里增长了40倍。

然而兰德并不就此停步，后来他又制造出一种价格便宜，能立即拍出彩色照片的新相机。兰德说：“一个企业，不仅要不断地推出新产品，改善人们的生活，给人们带来方便，而且要考虑下一步该怎么办。这样，企业就不会停滞不前，而是永远充满活力。”

当人们问兰德有什么成功奥秘时，他只是笑笑说：“我相信人的创造力，它的潜力是无穷的，我们只要把它挖掘出来，就无事不成。”

创造力是上天赐予我们的最珍贵的礼物，它能给我们带来许多意想不到的惊喜。但是怎样发掘你的创造力呢？兰德的经验告诉我们：创造并非遥不可及；只要你处处留心，你会发现在我们日常生活中处处充满创造的灵感，创造就在我们身边。

第七章

情谊：与人为善，广交朋友

把最后一碗粥留给自己

信任一种有效的制度比信任个体的人更可靠。

有这样7个犹太人，命运安排他们必须住在一起。他们每天都会得到一桶粥，这桶粥勉强可以维持他们7个人的生命。

开始他们一看见装粥的桶，就争先恐后地去抢，唯恐少了自己那份。后来大家觉得这样会伤和气，就聚拢起来商量，最后他们想出一个办法：轮流分粥，每人负责一天。这样做，当然比争来抢去好多了，但是每个礼拜，只有自己负责分粥的那天才能吃饱，其余6天还是饿肚子——毕竟，给自己尽量多分一点粥的权力，每个人每周也就那么一次。时间久了，他们觉得这个办法不妥，于是决定选一个德高望重的人出来，由他负责每天的分粥事务。

开始还好，可没过多久，大家就跟当初抢粥那样，抢着巴结讨好那个德高望重的人——这期间当然会产生腐败，分粥仍然没有公正可言。最后，他们决定：选出3个人组成分粥执行委员会，另4个人组成分粥评议委员会。这样大家互相监督，权力制衡，谁也不能轻易给自己多分一点粥。这个精妙的办法导致的直接结果是：每到粥桶送到的时间，大家都围着粥桶喋喋不休，互相争辩，等最终分到大家都满意的程度时，粥显然已经凉了。虽然这样谁也不能轻易占到别人的便宜，但每次都喝凉粥显然还是令人很不愉快。

最终，他们还是放弃了这个看来不失民主的办法，而重新选择了那种古老的分法：轮流分粥，每人负责一天。但他们给这条规则后加了一条限制语：负责分粥的那个人，只有等别人挑完后，最后一碗粥才是他的。这条限制语的聪明之处在于：负责人为了不让自己拿到最少的那碗粥，所以会尽可能把粥分得一样多——这样，他虽然在行使权力时无法为自己牟取比他人更多一点的粥，但至少能保证自己不吃亏。“不吃亏”这时候已经成了负责人的目标，而不是像以前那样仅仅是他人的目标。从此以后，他们便和和气气地住在一起，谁也没有因为分粥的事跟他人闹过不愉快。

爱你的仇人

以恨对恨，恨将永无休止；以爱对恨，恨将消弭。

1944年冬天，苏军已经把德军赶出了国门，成百万的德国兵被俘虏。每天，都有一队队的德国战俘面容憔悴地从莫斯科大街上穿过。当德国兵从街道走过时，所有的马路都挤满了人。苏军士兵和警察警戒在战俘和围观者之间。围观者大部分是妇女，她们当中的每一个人都是战争的受害者，或者是父亲，或者是丈夫，或者是兄弟，或者是儿子，让德国兵杀死了。她们每一个人，都和德国人有着一笔血债。

妇女们怀着满腔仇恨，当俘虏们出现时，她们把一双双勤劳的手攥成了拳头，士兵和警察们竭尽全力阻挡着她们，生怕她们控制不住自己的冲动。

这时，最令人意想不到的事情发生了：一位上了年纪的犹太妇女，穿着一双战争年代的破旧的长筒靴，她走到一个

警察身边，希望警察能让她走近俘虏。警察同意了这个老妇人的请求。

她到了俘虏身边，从怀里掏出一个用印花布方巾包裹的东西。里面是一块黑面包，她不好意思地把这块黑面包塞到了一个疲惫不堪的、两条腿勉强支撑得住的俘虏的衣袋里。看着她身后那些充满仇恨的同胞们，她开口说话了："当这些人手持武器出现在战场上时，他们是敌人。可当他们解除了武装出现在街道上时，他们是跟所有别的人，跟'我们'和'自己'一样，是具有共同外形的共同人性的人。"

于是，整个气氛改变了。妇女们从四面八方一齐拥向俘虏，把面包、香烟等各种东西塞给这些战俘。

面对敌人，普通人的情感是恨不得杀之而后快，这种被我们视为再正常不过的情感，有时恰恰最具毁灭性，它使我们冤冤相报。故事里的犹太老妇恰恰看到了这一点，才能善待自己的敌人。其实，仇恨对于问题的解决根本没有任何作用，它只会激化已有的矛盾。而任何矛盾要想解决，前提就是忘记仇恨，淡化差异，找到双方利益的共同点。

5万人的名字

记住别人的名字并正确地称呼，能帮助你处处受人欢迎，获得良好人缘。

吉姆·佛雷10岁那年，父亲就意外丧生，留下他和母亲及另外两个弟弟。由于家境贫寒，他不得不很早就辍学，到砖厂打工贴补家用。他虽然学历不高，但凭着犹太人特有的精明和坦率，处处受人欢迎，进而转入政坛。

他连高中都没读过，但在他46岁那年已有4所大学颁给他荣誉学位，并且高居民主党要职，最后还担任邮政首长之职。

有一次有记者问起他成功的秘诀，他说："辛勤工作，就这么简单。"记者有些疑惑，说道："你别开玩笑了！"

他反问道："那你认为我成功的原因是什么？"

记者说："听说你可以一字不差地叫出1万个朋友的名字。"

"不，你错了！"他立即回答道，"我能叫得出名字的人，少说也有5万人。"

这就是吉姆·佛雷的过人之处。每当他刚认识一个人时，他定会先弄清他的全名、他的家庭状况、他所从事的工作，以及他的政治立场，然后据此先对他建立一个概略的印象。当他下一次再见到这个人时，不管隔了多少年，他一定仍能迎上前去在他肩上拍拍，嘘寒问暖一番，或者问问他的老婆孩子，或是问问他最近的工作情形。有这份能耐，也难怪别人会觉得他平易近人、和善可亲。

吉姆很早就已发现，牢记别人的名字，并正确无误地唤出来，对任何人来说，都是一种尊重、友善的表现。

对别人的尊重、友善不仅要放在心里，更要表现在行为中。只要有你真诚的灌注，哪怕只是你一个小小举动，也会让人深深感动！

把金牌熔掉

在人生的竞技场上，除了你输我赢的激烈竞争之外，还有更加珍贵的东西，那就是友谊。

运动员为奥运会上的一枚金牌，付出的太多了。他们从很小的时候就开始进行专项训练，以至于人生最美好的时光都在训练场度过。他们所做的一切努力只有一个目的——金牌。而当真正的金牌挂到脖子上时，蓦然回首，怅然若失，用半生的光景换取半分钟的掌声，到底值不值？金牌凝聚了他们几乎全部的注意力。他们为金牌执着，为金牌所伤。

而发生在1936年柏林奥运会上的一件事，则值得我们深思。当时最有希望夺得跳远金牌的是美国选手杰西·欧文斯。他是当时的一位田径天才，一年前，他曾跳出8.13米的好成绩。

预赛开始后，一位名叫卢茨·朗格的德国选手第一跳就跳出了8米的不俗成绩。卢茨·朗格的出色发挥使欧文斯很紧张——这次比赛对他有着非同寻常的意义，当时，希特勒的“非犹太民族白种优越论”甚嚣尘上，欧文斯太想用成绩证明这是谬论了！

由于心急，第一次试跳，欧文斯的脚超过了起跳板几厘米，被判无效。第二次试跳还是如此。如果第三次仍然失败，他将不得不被淘汰出局，而无缘真正的决赛。可欧文斯显然还是无法使自己平静下来，只要欧文斯被淘汰，决赛中可以说冠军就非卢茨·朗格莫属了。

可卢茨·朗格没有选择金牌，他选择的是友谊——他走上来，拍了拍欧文斯的肩膀说：“你闭上眼睛都能跳进决赛。你只需跳7.15米就能通过预选，既然这样，你就根本用不着踩上跳板再起跳——你为什么不在离跳板还有几厘米的地方做个记号，而在记号处就开始起跳——这样，你无论如何也不会踩线了。”

欧文斯恍然大悟，照卢茨·朗格的话做了，轻松进了决赛。在决赛中，他发挥出了应有的水平，夺得冠军。夺冠后第一个上来向他祝贺的是卢茨·朗格。

后来，欧文斯在他的传记中深情地写道：“把我所有的奖牌熔掉，也不能制造我对卢茨·朗格的纯金友谊。而在我熔掉奖牌之前，卢茨·朗格在心

中早已把他的金牌熔掉了。”

生活有时犹如比赛，目的地就像挂在远处的金牌，不断招引着我们的注意力，使我们无暇顾及目的地之外的路边的风景。

不能分享是痛苦的

快乐有人分享，快乐就加倍；痛苦有人分担，痛苦就减半。

有一个故事，说一位犹太教的长老，酷爱打高尔夫球。在一个安息日，他觉得手痒，很想去挥杆，但犹太教义规定，信徒在安息日必须休息，什么事都不能做。

这位长老却终于忍不住，决定偷偷去高尔夫球场，想着打9个洞就好了。

由于安息日犹太教徒都不会出门，球场上一个人也没有，因此长老觉得不会有人知道他违反规定。

然而，当长老在打第2洞时，却被天使发现了，天使生气地到上帝面前告状，说某某长老不守教义，居然在安息日出门打高尔夫球。上帝听了，就跟天使说，会好好惩罚这个长老。

从第3个洞开始，长老打出超完美的成绩，几乎都是一杆进洞。长老兴奋莫名，到打第7个洞时，天使又跑去找上帝："上帝呀，你不是要惩罚长老吗？为何还不见有惩罚？"上帝说："我已经在惩罚他了。"

直到打完第9个洞，长老都是一杆进洞。因为打得太神乎其技了，于是长老决定再打9个洞。天使又去找上帝了："到底惩罚在哪里？"上帝只是笑而不答。

打完18洞，成绩比任何一位世界级的高尔夫球手都优秀，

把长老乐坏了。天使很生气地问上帝："这就是你对长老的惩罚吗？"

上帝说："正是，你想想，他有这么惊人的成绩，以及兴奋的心情，却不能跟任何人说，这不是最好的惩罚吗？"

生活需要伴侣，快乐和痛苦都要有人分享。没有人分享的人生，无论面对的是快乐还是痛苦，都是一种惩罚。

共同的信赖

值得信赖是幸福的，而信赖他人是高尚的。

心理学教授柏格森是个犹太人，他带着一群学生做实验。他先让同学们面朝他站成两排横队，然后命令后一排的同学做好救助准备，待他喊了"开始"之后，前一排同学就往后一排相对位置的同学身上倒，他说："前面的同学别有顾虑，要尽力往后倒。好，开始！"

前排的同学们嘻嘻哈哈地笑着，按照柏格森教授的指令，身子一点点向后倾斜，但是，大家明显地暗自掌握着身体的平衡，并不肯把身体毫无保留地倒在后面那个人的身上；后排的同学本来已经拉开了架势，预备扮演一回救人危难的英雄角色，但是由于前面送过来的重量太轻，他们也只好扫兴地用手轻触了一下别人的衣服就算完事。

可是，这里面有个例外——一位男生在听到柏格森教授的指令之后，紧紧地闭上了双眼，十分真实地向后面倒去。他的搭档是一位小巧玲珑的女生，当她感到他毫不掺假地倒过来时，先是微微一怔，接着就倾尽全力去抱住他。看得出，她有些力不自胜，却倔强地抿紧了双唇，誓死也要撑起他……

她成功了。

柏格森教授笑着去握他和她的手，告诉大家说：“他俩是这次实验中表现最为出色的人。这位男生为大家表演了信赖——信赖是什么呢？信赖就是真诚地抽干心里的每一丝猜疑和顾忌，连眼睛都让它暂时歇息，百分之百地交出自己。这名女生为大家表演的则是值得信赖。其实是信赖催开的一朵花，如果信赖的春风吝于吹送，那么这朵花就有可能遗憾地夭折在花苞之中，永远也休想获取绽放的权利；当然，如果信赖的春风吹得温暖、吹得和畅，那么被信赖的人就被注入了一种神奇的力量——就像你们看到的那样，一个弱不禁风的女生可以扶起一个虎背熊腰的男生，一只充满爱意的手可以托举起一个美丽多彩的世界。同学们，值得信赖是幸福的，而信赖他人是高尚的。让我们先试着做高尚

的人，然后再去做幸福的人吧。”

“值得信赖是幸福的，而信赖他人是高尚的。”学会去信赖他人，因为它是我们与他人进行交往的必要前提；学会让我们自己变得值得信赖，因为在我们与他人进行交往时，还有什么比获得别人信赖更让我们幸福的呢？

没有人能独自成功

一个好汉三个帮，每个人的成功都离不开他人的帮助。

15世纪，在纽伦堡附近的一个小村子里住着一户犹太人家，家里有18个孩子。光是为了糊口，一家之主、当金匠的父亲丢勒几乎每天都要干上18个小时——或者在他的作坊，或者替他的邻居打零工。

尽管家境如此困苦，但丢勒家年长的两兄弟都梦想当艺术家。不过他们很清楚，父亲在经济上绝无能力把他们中的任何一人送到纽伦堡的艺术学院去学习。经过夜晚床头无数次的私议之后，他们最后议定掷硬币——输者要到附近的矿井下矿4年，用他的收入供给到纽伦堡上学的兄弟；而胜者则在纽伦堡就学4年，然后用他卖作品的收入支持他的兄弟上学，如果必要的话，也得下矿挣钱。

在一个星期天做完礼拜后，他们掷了钱币。阿尔勃累喜特·丢勒赢了，于是他离家到纽伦堡上学，而艾伯特则下到危险的矿井，以便在今后4年资助他的兄弟。阿尔勃累喜特在学院很快引起人们的关注，他的铜版画、木刻、油画远远超过了他的教授的成就。到毕业的时候，他的收入已经相当可观。

当年轻的画家回到他的村子时，全家人在草坪上祝贺他衣锦还乡。音乐和笑声伴随着这顿长长的值得纪念的会餐。吃完饭，阿尔勃累喜特从桌首荣誉席上起身向他亲爱的兄弟敬酒，因为他多年来的牺牲使自己得以实现理想。“现在，艾伯特，我受到祝福的兄弟，应该倒过来了。你可以去纽伦堡实现你的梦，而我应该照顾你了。”阿尔勃累喜特以这句话结束他的祝酒词。

大家都把期盼的目光转向餐桌的另一端，艾伯特坐在那里，泪水从他苍白的脸颊流下，他连连摇着低下去的头，呜咽着再三重复说：“不……不……不……”

最后，艾伯特起身擦干脸上的泪水，低头瞥了瞥长桌前那些他挚爱的面孔，把手举到额前，柔声地说：“不，兄弟。我不能去纽伦堡了，这对我来说已经太迟了。看……看一看4年的矿工生活使我的手发生了多大的变化！每根指骨都至少遭到一次骨折，而且近来我的右手被关节炎折磨得甚至不能握住酒杯来回敬你的祝词，更不要说用笔、用画刷在羊皮纸或者画布上画出精致的线条。不，兄弟……对我来讲这太迟了。”

为了报答艾伯特所做的牺牲，阿尔勃累喜特·丢勒苦心画下了他兄弟那双饱经磨难的手，画出细细的手指伸向天空。他把这幅动人心弦的画作简单地命名为《手》，但是整个世界几乎立即被他的杰作折服，把他那幅传达爱的作品重新命名为《祈求的手》。

如果你有机会看见这幅动人的作品，请多花一秒钟看一看。记住这幅画，记住关于它的故事，它会提醒你，没有人——永远也不会有人——能独自取得成功。

1+1+1＞3

合作就是个人或群体相互之间为达到某一确定目标，彼此通过协调作用而形成的联合行动。参加者须有共同的目标、协调的互动、相近的认识、一定的信用，才能使合作达到预期的效果。在合作中双方的目标是共同的，所取得的成果也是共享的。

1996年8月，在某城市举行的国际小学数学邀请赛上。比赛分两场进行：一场是团体赛，每队派5人参加，按个人比赛成绩的总分排列团体名次；一场是队际赛，每队派3人，靠集体的力量完成8道题目，成绩最好、花时最少的为优胜者。比赛结果是：团体赛成绩，A队遥遥领先；而队际赛成绩却是B队领先。也就是说，在团体赛中取胜的A队3名单个成绩优秀的学生，合作起来完成8道题目时却失败了。失败的根本原因在于队际赛不仅仅是凭个人的努力，还需要3个人的合作精神，尤其是合作策略。

事实上，在规定时间内要完成8道题是有很多策略的。如大家先审题，然后按自己的水平来选择题；分工做题，遇到困难再集体讨论，等等。所以不仅要有合作的愿望，还要有合作的策略。选择策略的过程实际上就是对问题的分析过程，这里会涉及问题解决者的智力水平、知识、经验及思维水平等诸多因素。A队恰恰缺少的就是这些，才会“三个和尚没水喝”。在教导子女具有团队合作精神这一点上，我们可以学学犹太人的教育方法。

犹太民族在其5000多年的发展历史中，有2000多年过着颠沛流离的生活。在长期的流浪生涯中，每到一处，他们都十分注重与当地的居民合作，友好相处，建立起和睦的关系。因此，在孩子小时候，他们就教导孩子：团队精神是指一种团结一致、互帮互助，为了一个共同的目标坚毅奋斗到底的精神。目前，在青少年甚至成人中都普遍存在着缺乏团队精神、一意孤行的现象，这其中一个重要原因就是在幼儿教育中缺乏对孩子团队精神的培养。

父母要通过学习情境以及日常生活，让孩子明白任何合作的有效性取决于选择合适的合作策略。例如要用最快速度完成家庭清洁工作，如果妈妈一个人做，要花1个多小时；如果爸爸、妈妈和儿子分工合作，则半个多小时就完成了。妈妈也可以同时提出几个合作分工方案，大家讨论，在讨论中教育孩子明白分工的合理性和可行性，则合作的有效性也会得到提高。

卡耐基通过自己的成功经验发现了一个重要的规律：一

个人的成功，15%靠专业知识，85%靠人际关系和处世技巧，而所谓处世技巧和人际关系就是学习合作。现在企业在招聘人员时特别强调：应聘人员要求具备有关的知识技能，爱岗敬业并具有团队精神。团队精神包含着诸如团结、合作、信任、诚实、奉献、敬业等很多道德品质的内容，其中主要的是善于合作。

不能强迫他人

以不利条件强迫他人的做法是不可取的，不能强迫别人。

皇帝安冬尼有一次派使者到朱丹拉比那里，问了这样一个问题："帝国的国库马上就要空了，你能给我一个增加收支的建议吗？"朱丹拉比一句话也没有回答，他把使者带到了自己的花园里，然后安静地干起活来。他把大的甘蓝拔掉，种上小甘蓝，对萝卜和甜菜也是这样。看到朱丹拉比无意回答问题，使者对他说："请您抽出宝贵的时间，给我个回信。"

"你什么都不需要，马上回到皇帝身边去吧！"

于是，使者返回到皇帝安冬尼那里。

“朱丹拉比给我什么回信了吗？”皇帝问。

“很遗憾，他没有。”

“那他给你说了什么吗？”

“也没有。”

“那他一定做了什么吧？”

“是的，他把我领到他的花园里，把那些大棵的蔬菜拔掉，种上小的。”

“那我明白他的建议是什么了！”皇帝兴奋地说。于是，他立刻遣散了他所有的税收大臣和官员，换成少量的但更诚实、更有能力的人。不久，国库就充足起来。

犹太人运用这个国王要补充国库应该去想办法，而不能以不利的条件去强迫百姓多缴税的故事说明：不要去强迫别人做他们不愿意做的事情。这不仅是犹太人的处世方法之一，在现实生活中犹太人更是反对以不利条件去强迫别人。

选准你的伙伴

如果孩子失去了朋友，或者不被同伴接受，那么即使日后取得了很大成功，也会终生有一种不满足感和不完全感。

从前有一个农夫跟蛇交上了朋友。我们都知道，蛇是很聪明的，它不久就设法使农夫跟它十分亲热。农夫只夸赞它一个，并且永远把它捧到天上。然而，如今农夫的一切老朋友和亲戚，竟然没有一个上门来了。

"这是怎么回事呢？"农夫问他一个昔日的朋友说，"请你告诉我，你们一个也不来看我，这是为什么呢？是我的老婆没有按照礼数款待你们呢，还是你们嫌弃我的食物粗劣呢？"

"不，"他的朋友回答道，"问题不在这儿！我们很愿意和你一起谈谈说说。你们夫妻二人，谁也没有在什么地方得罪我们或是让我们不高兴，没有人会这样埋怨你们的，我可以保证！可是，如果跟你一块儿坐着，老是要东张西望、提心吊胆的，提防着你的蛇朋友会爬过来从背后咬我们一口，那又有什么乐趣呢！"

犹太人认为，交上了坏朋友的人，是难以得到世人的敬重的。农夫交上了蛇这个朋友，因此失去了其他的好朋友，即使这条蛇不会对其他的朋友造成危害，别人在与农夫交往时也是战战兢兢，这对农夫来说是得不偿失的。所以在鼓励孩子交朋友时，要妥善选择自己的择友范围，交对朋友。

善待他人也是善待自己

善待他人就是善待自己。学会善待他人，用理性、善意、爱心和责任去面对生活的现实。只有善待他人，才能把自己融入人群，获得友谊、谅解、信任和支持；只有善待他人，才能调整失衡的心态，解脱孤独的灵魂，走出无助的困境；只有善待他人，才能在人生的道路上，拥有充满快乐的感觉，踏入充满机遇的境界，走向充满希望的未来。

从前有一个渔夫，他一整天也没有休息。他站在没膝的海水中，在黎明的微光已经照在岸边岩石中间时，把捕捉到的海鲜熟练地扔进大篓子里。夜色降临，在离大海不远的渔夫家里，一只牡蛎遇到了渔夫的这几条鱼。它们被扔在地上，喘着粗气，脸色十分难看。“哎，我真害怕，我们在这儿都得死，真是没有办法呀！”牡蛎从来没有这样忧伤过，它望着同伴们低声地说。就在这时，一只老鼠从这儿经过，这只老鼠对自己的健康十分得意。牡蛎准备利用这从天而降的唯一机会来挽救自己。“老鼠，您的心肠这么好，肯定能把我带到海边去吧！”老鼠看了牡蛎一眼。它可不是傻瓜，心里想，这个牡蛎又肥大又漂亮，一定有许多富有营养的、可口的精肉。“好，我马上就行动！”老鼠回答，它已经决定要吃掉牡蛎，“但是，为了把你带到海边，你得把壳张开一点。你的壳紧闭着，我怎么带你走呢？”“好的，听你的！”牡蛎同意了。但是，它十分警惕地将其壳半张半开，因为牡蛎也不是傻瓜。老鼠立刻伸过嘴巴就来咬牡蛎。尽管老鼠的行动很迅速，但牡蛎事先

就预料到了这一步，一下子就夹住了老鼠的脑袋。老鼠疼得吱吱叫。叫声传到猫的耳朵里，猫立刻跑过来，捉住了这只害人害己的老鼠。

从这则故事我们可以看出，在伤害别人之前，要想到别人也会同样伤害我们。犹太人从小就教育孩子要有一颗善良的心，害人之心不可有。

不许和任何人说

能够守口如瓶的人才是善于处世的高手。

从前有一个国王，对手下的臣仆说了一个秘密，他嘱咐他们不能对任何人说。这个秘密在他们中间保守了一年多没有讲，可是有一天，这个秘密还是被传了出去，并且立即传遍了大街小巷。国王对此很愤怒，叫刽子手把手下的臣仆一律斩首，决不留情面。

一个臣仆请求道："国王啊！请您别乱杀我们，秘密泄露出去错不在我们，而是您的错误。这好比洪水泛滥，而您正是洪水的源头，您没有截住它，才使今天白浪滔天。您心中的秘密本来就不应该对别人说出。古人说得好：要想保守秘密首先要自己当心。秘密只要不说出口永远是秘密，一旦说出口那便由不得自己。”

在处世智慧中，犹太人很强调为人保守秘密，认为能够守口如瓶的人才是善于处世的高手。保守秘密是一个人是否值得信赖的试金石，犹太人常常把人的价值用保守秘密到何种程度来予以计量。同样，他们认为秘密的存在可以帮助儿童的成长。因为保密与撒谎之间的痛苦挣扎，始终会伴随着拥有秘密的儿童并教会他们诚信。

爱人者人恒爱之

希望得到别人的关心和注意是人的心理需要，世上每一个人都应当了解这一点。当一个人感到周围的人对自己十分关心时，他心中便会有一种安全、温暖的感觉，就会充满自信和快乐。既然受了别人的关心，那么同样也会去关心别人，这样，人们互相间就容易有一种亲密友好的关系。

犹太人中流传着这样一则寓言：狐狸跟鹤成了好朋友。有一天，狐狸突然想要鹤到自己家里做客，它邀请鹤来吃晚饭。“鹤，亲爱的，来吧，一定要来！真的，我要请你吃顿饭！”

鹤拗不过狐狸的邀请，只好去赴宴。此时的狐狸已经将碎麦米饭煮好，把饭平抹在盘子上。它端上盘子，对鹤说：“吃吧，亲爱的鹤！”

鹤用嘴笃笃地敲着盘子，但由于它的嘴尖尖的，什么也没

有吃着。而狐狸灵巧地舔着盘子上的饭粒，就这样它把饭全都吃掉了。它把饭吃光以后，说："鹤，亲爱的。请别见怪！没有别的东西可以招待啦。"

鹤回答道："狐狸，我怎么会怪你呢？为此我该谢谢你啦！明天请到我家里做客吧。"

第二天，狐狸来到鹤的家里，鹤已经把冷杂拌汤做好，并且把汤倒入颈部细长的罐里，然后把罐放到桌上说："狐狸，请吃吧！说实话，没有别的东西可以招待你。"狐狸围着罐打转转。它一会儿绕着罐走，一会儿又闻闻罐，一会儿舔舔罐，总之，任凭它怎样做，它也没法使它的嘴钻到罐里去。而鹤用它那尖尖的嘴啄汤喝，直到把汤全部喝光为止。"狐狸，请别见怪！没有别的东西可以招待你啦。"

狐狸懊恼极了。它原来想在鹤家吃上整整一个星期，然后再跑回家里，可现在只得灰溜溜地回家了。

如果狐狸真心地对待鹤，考虑到鹤嘴尖而细长的特点准备饭食，让鹤饱餐一顿，那么鹤在回请它时，也一定不会如法炮制，让狐狸饿着肚子回家的。这就叫以其人之道还治其人之身。

当你想要和别人交流时，一定要表达出诚意，这样别人才会对你表达诚意，其结果必然是“爱人者人恒爱之”。

乞丐让我富足

“人人心中都有一位国王。去跟这位国王倾谈，国王就会现身。”

有一次，以色列作家阿格农访问了越南的胡志明市。那些天，在阿格农下榻的那家饭店外常常出现一个小女孩。她守候在门口，拄着一根拐杖，频频将手伸向进进出出的人。她是个乞丐。每次遇见她的时候，阿格农会握住她伸过来的小手，或是用当地话跟她打一声招呼，冲她笑笑。

在访问的最后一天，阿格农莫名其妙地被困在了饭店门前街道上的车流中。之前阿格农得到的忠告是，穿行马路时，直接从车水马龙中穿过去，不必东瞧西看，来往奔驰的车辆自然会给路人让道。但这一次，面对熙攘的车流，阿格农却有些手足无措。正当阿格农踯躅不前的时候，一只手忽然搭在了阿格农的胳膊上。低头一看，是那个小乞丐，正笑吟吟地抬头看着阿格农。她朝街对面点点头，意思是要带阿格农过街。随后，她领着阿格农，他们一块儿在乱哄哄的路上缓缓穿行，她不停地催阿格农往前走。

到了路中央，阿格农忍不住又瞧了瞧她，不由得叫出声来："你笑得真是好看！"看得出来，她不懂英语，但显然从语气中体会到了阿格农的意思，因为她蓦地伸出双手紧紧拥抱了阿格农一下，当时他们身旁是络绎不绝的车流。他们俩继续小心翼翼地往前躲避着走，终于有惊无险地来到了人行便道。她勾住阿格农的脖颈往下拽，一左一右亲了两下阿格农的脸，然后一瘸一拐地走了，还不忘回头冲阿格农招招小手，脸上洋溢着灿烂的笑容。

自始至终，阿格农没有给过她一分钱。

阿格农只是面带着微笑，真诚地看待那些靠乞讨为生的人，而不是给他们鄙夷的一瞥。当那只祈求的手伸过来的时候，阿格农只是紧紧地握了一会儿，并且学着用当地语言向人家问候了一声。所有这些都是小事，人人都可以轻而易举地做到，但这又是头等重要的大事，无论是对你自己还是对他人来

说。就像德雷莎修女曾说过的一句话：“如果你做不了大的善事，你可以做那些细小的，带着伟大的爱去做。”

几分钟前，大家还是互不相识的陌生人，只一会儿工夫，他们就成了久别重逢的老友。互相交换姓名时，他的眼睛熠熠闪光。这段情谊非常短暂，但很真挚，它正应了犹太人的一句谚语：“人人心中都有一位国王。去跟这位国王倾谈，国王就会现身。”

在生活中，和这些再平凡不过的人打交道，你所获得的东西远远超越了金钱的价值，你的人生因而变得愈加充实。这样的经历在不断重复着一个朴素的道理：没有人是无价值的——人人都是一座宝藏，值得你花一番工夫去挖掘。

人缘的获得

好的人缘不是一朝一夕之间获得的，而是要靠平时在日常生活中点点滴滴地积累。这句话无论对大人还是孩子都具有教育意义。

20世纪30年代，一位犹太传教士每天早晨，总是按时到一条乡间土路上散步。无论见到任何人，总是热情地打一声招呼：“早安。”

其中，有一个叫米勒的年轻农民，对传教士这声问候，起初反应冷漠，在当时，当地的居民对传教士和犹太人的态度是很不友好的。然而，年轻人的冷漠，未曾改变传教士的热情，每天早上，他仍然给这个一脸冷漠的年轻人道一声早安。终于有一天，这个年轻人脱下帽子，也向传教士道一声：“早安。”

好几年过去了，纳粹党上台执政。米勒成为纳粹党中的一名指挥官。

这一天，传教士与村中所有的人，被纳粹党集中起来，送往集中营。在下火车、列队前行的时候，有一个手拿指挥棒的指挥官，在前面挥动着棒子，叫道：“左，右。”被指向左边的是死路一条，被指向右边的则还有生还的机会。

传教士的名字被这位指挥官点到了，他浑身颤抖，走上前去。当他无望地抬起头来，眼睛一下子和指挥官的眼睛相遇了。

传教士习惯地脱口而出：“早安，米勒先生。”

米勒先生虽然没有过多的表情变化，但仍禁不住还了一句问候：“早安。”声音低得只有他们两人才能听到。最后的结果是：传教士被指向了右边——意思是生还者。

人是很容易被感动的，而感动一个人靠的未必都是慷慨的施

舍，巨大的投入。往往一个热情的问候，温馨的微笑，也足以在人的心灵中洒下一片阳光，它很可能成为你走上柳暗花明之境的一盏明灯。有时候，人缘的获得就是这样“廉价”而简单。

做我的朋友吧

一句温馨的祝福比得过大笔的资金，社交能力是孩子有必要培养的一种能力。

犹太人格林娜在女儿很小时，就教她学习世界语。让她用世界语和世界各国的小朋友通信，这一方面当然是为了提高孩子的学习兴趣和学业水平，但是，另一方面却是为了让女儿逐渐学习与人交往。

格林娜很注意培养女儿的社交能力。她让女儿经常和其他小朋友一起玩，也常常让女儿和男孩子们一同玩耍，但是，绝对不允许她只跟一个孩子玩。她认为，女孩子敏捷并富于想象力，而男孩子则富于理解力。让他们在一起玩，可以互相取长补短，女孩子可以从男孩子身上学习勇敢果断等品德，男孩子可以从女孩子身上学习亲切柔和等品德，这样对双方都有益。两个孩子在一起玩的结果，很容易使一个居“主人”地位，另一个则处在“仆人”的地位。几个孩子在一起玩，就能有效地避免这种情况。当女儿长大一些后，母亲又鼓励她和其他小朋友一起组织开会等集体活动。当然，这类会应是有益而愉快的。

格林娜从完善孩子性格的角度出发，鼓励女儿与同龄孩子一起游戏、组织活动。而更多的犹太人是出于经商的需要。犹太人以其卓越的经商才能闻名于世，在与人做生意的时候，他们善于把握对方心理，比其他民族的商人更懂得人际交往的技巧。有关人际交往中的技巧及注意原则，是犹太儿童从小就要接受的重要方面。

与人交往是人类特有的社会性需要，孩子也不例外。在与成人的交往中，不仅能够得到关心和爱抚，而且通过成人的言行了解了初步的社会道德规范和行为准则，并逐步以成人的要求评价、判断和调节自己的行动。在与同龄伙伴的交往中，通过共同的游戏和共同的活动也能逐渐学会如何表达自己的愿望，如何彼此友好相处。

但好多父母对孩子的关切过度，事事代为安排，往往令孩子失去发展合群性的机会。例如当孩子学习自己玩的时候，父母常过分注意他，拿东西给他、抱他，令孩子不能自由、充分地发展自己的兴趣。这样的孩子很少向人打招呼，因为总是父母先开口，教他叫某叔叔或某姨姨。父母常喜欢拿他来向人炫耀，次数多了则令孩子感到尴尬。孩子生病时，父母总是不眠不休地细心照顾，同样，当孩子顽皮时，父母也往往把事情看得太严重，以致小题大做。凡此种种，使孩子太少练习出口的其乐之道，不懂如何合群与讨人喜欢。入学以后，这类孩子也很难适应学校生活，不容易结识朋友。与同龄的伙伴玩耍时，也不能相安无事，不是畏缩，便是争吵打架，最后被群体孤立。

正因为以上原因，使当代独生子女的社会适应能力普遍发展较缓慢。如果不能及时辅导，孩子便逐渐养成内向、孤僻、沉默寡言、软弱怕事的性格，没有一般小朋友的天真活泼气息。另一方面，也会造成做事过分认真，追求完美，以致容易钻“牛角尖”。

那么，如何培养孩子的交往能力呢？下面几点犹太父母常用的方法可供你参考：

1.创造平等和谐的交往氛围。家长不能摆出“长道尊严”的面孔训斥孩子。家庭中涉及孩子的问题，更应想到孩子，听听他们的意见。家庭中的大事，孩子可以知道的应该让孩子知道，适当地让孩子“参政议政”。

2.教给孩子基本的交往技能。孩子的交往技能，如分享、协商、轮流、合作等，需要家长在潜移默化中传授给孩子。通过一个个生动的故事，教孩子学会关怀别人——这正是与他人积极相处、培养孩子的社交能力的根本。

3.鼓励孩子走出家门。交往的技能只有在与人交往中才能学会，家长应该尽可能地为孩子打开生活空间，鼓励孩子走出家门，广交朋友，要提供更多的交往机会。如：让孩子去找伙伴玩，邀请邻居家的小孩子、同班同学来家做客。心理学家指出，同伴对指导或训练儿童掌握社会交往技能，帮助孩子走出孤独具有特殊作用，因为这种技能，儿童是无法在成年人那里学到的。还应适当地带孩子进入自己的社交圈，外出做客时，尽可能带孩子参加，提醒孩子注意大人间的交往与谈话礼貌；家中有客来，把孩子介绍给大家，让孩子参与接待，倒茶、让座、谈话等，不要一味地将孩子赶走。让孩子在实践中学习交往，有利于消除孩子交往中的胆怯、恐惧心理。平时家长还可以有意识地让孩子去完成一些需要交往的任务，比如说去楼下小店买个日用品，帮忙把什么需要转交的东西送到哪里，等等。总之，很多帮孩子学习交往的机会就在生活中，家长只要花点心思注意利用就可以了。

4.鼓励孩子的每一点进步。随着孩子的成长，在与他人交往时一定会有明显的进步，一见陌生人就胆怯退缩不敢说话等情况一定会有所改变。但这时候，别忘了，为人父母者还有一件十分重要的事要做：及时去发现孩子的每一点变化——课堂上勇敢地举手发言；第一次主动与老师打招呼；热情邀请同学来自己家做客；向一个陌生人微笑致意；购物时学着讨价还价；同情弱者；帮助他人。所有这一切，你要随时看在眼里，记在心里，并持续不断地鼓励他。如此坚持下去，你一定能看到孩子的良好表现。

人是社会人，每个人要想在社会上生存就必须学会与他人沟通、交流，掌握一定的交往技巧有利于少走弯路、少得罪人，更快地融入团体。所以，本篇列出了犹太人教育子女与人交往时应注意的事项，希望可以为中国的父母提供一个借鉴。

第八章

进取：塑造完美的自我

自己爬台阶

自己的事情一定要亲自去做。哪怕你完成得没有别人好，那终归也是你自己的劳动成果。只有一次次的不好，才能换来以后的好。如果总是依赖别人，那么你的一生将始终与贫穷和低声下气为伴。孩子不依赖父母，获得独立后，才有自己的能力和地位，与家人和社会的沟通才会变得更容易，才更能适应周围环境的变化。

今天的孩子是21世纪的主人。在这个充满竞争、复杂多变、快节奏的现代社会，要求每一位社会成员都要具备较强的应变能力。而现代家庭里的孩子大多是独生子女，物质生活相对优越，许多事情都由大人包办，衣来伸手，饭来张口，孩子在这样的环境中容易失去独立生活的能力，这对以后孩子参与社会竞争是十分不利的。因此，为人父母者要从小就培养孩子的独立能力。家长应该让孩子成长为一棵独立支撑、独当一面的大树，而不是靠大树遮风挡雨的、经不起风吹雨打的脆弱小草。

有一个1周岁左右的小男孩，被年轻的妈妈牵着小手来到公园的广场前，等到要上有十几个阶梯的台阶了，小男孩一下子挣脱开了妈妈的手，要自己爬上去。他用胖胖的小手向上爬，他的妈妈也没有抱他上去的意思。当他爬上两个台阶时，他就感到台阶很高，回头看一眼妈妈，妈妈没有伸手去扶他，只是眼睛里充满了慈爱和鼓励。小男孩又抬头向上看了看，他放弃了让妈妈抱的想法，还是手脚并用小心地向上爬。他爬得很吃

力，小屁股抬得老高，小脸蛋也累得通红，那身娃娃服也被弄得都是土，小手也脏乎乎的，但他最终爬上去了。年轻的妈妈这才上前拍拍儿子身上的土，在他那通红的小脸蛋上亲了一口。这个小男孩就是后来的美国第16届总统——林肯。他的母亲便是南希·汉克斯。

不言而喻，人的一生有无数级台阶——学习、工作和生活。可是如何面对和攀登这些人生的台阶呢？对于孩子，是牵着手、搀扶着上，还是抱着上？不同的父母会有不同的答案。显而易见，如果家长牵着、搀扶着孩子，就会使孩子产生依赖性，常常把父母当成拐棍而难以自立；如果家长抱着孩子上台阶，把孩子揽在襁褓里，那么孩子就会成为“被抱大的一代”，不经风雨，不见世面，更难立足于社会。平时，孩子饭来张口，衣来伸手，上学接送，晚上陪读，甚至考上大学父母还要跟着做“保姆”。孩子大学毕业后找工作，又得父母跑单位，当“职介”……这样，孩子是很难独立自强、大有作为的。

犹太父母认为，再富也不能富孩子。我们也不妨让孩子吃点苦，有“台阶”让他自己爬。这样，孩子才能“一鼓作气”，攀上光辉的顶点。

我要负责任

责任感是一个人日后能够立足于社会、获得事业成功与家庭幸福至关重要的人格品质。不论孩子有什么过失，只要他有一定的能力，就应让他承担责任。自瞒自欺其实很容易，但却无法逃离世人锐利的眼睛。因此，自己的责任一定要自己负。

犹太父母教导孩子说：“好事可以分享，但是自己的责任一定要自己负。”因为不管是把事情推给别人，还是归咎于环境，自己的责任仍然存在而无法消失，所以犹太人从不把责任推给别人，而是自己负责。

有一位11岁的美国男孩踢足球，一不小心踢碎了邻居家的玻璃，人家向他索赔12.5美元。那个时候，12.5美元可不是个小数目，可以买125只鸡蛋。闯了大祸的美国男孩向父亲认错后，父亲让他对自己的过失负责。儿子为难地说：“可是我没有钱赔人家。”父亲说：“我先借给你12.5美元，一年后你必须把钱还我。”从这以后，这位美国男孩开始了自己艰苦的打工生活。经过半年的努力，小男孩终于挣足了这12.5美元，把钱还给了父亲。

这位男孩就是已经故去的美国前总统里根。他在回忆这件事时说：“通过自己的劳动来承担过失，使我懂得了什么叫责任。”

犹太人认为，孩子有过失的时候，恰好是父母对其进行教育的良机。因为内疚和不安使他急于求助，而此时明白的道理会刻骨铭心。不论孩子有什么过失，只要他有一定的能力，就应当让他承担责任，这才是现代父母的真正爱心。同时，犹太父母还经常给孩子们讲这个故事，以告诉他们具有责任感能为别人，同时也能为自己带来幸福。他们让自己的孩子切记：“我应该负责任。”

什么是美

美感教育又称审美教育。它主要是通过艺术手段，或者借助于大自然和社会生活中一切美好的事物，对人们进行有计划、有目的的教育。

德国法学家卡尔·威特的父亲很讲究住宅的布置，在住宅里，绝不放置任何没有情趣和不和谐的东西。墙上糊着使人心情舒畅的壁纸，上面挂着经过自己精心挑选的有镜框的画。室内摆设的各种器具都很有情趣，绝不摆设与周围物品不搭配的

东西。如果人们赠送的礼品和自家的陈设不和谐，就绝不摆出来。穿衣服也是这样，父亲反对花哨的服装，不仅要求自己这样，而且要求孩子也穿着朴素、雅致、衣帽整齐。在住宅的周围，父亲砌上雅致的花坛，里面种上四季常开不败的花卉，但同样不种植没有情趣和与周围环境不和谐的花卉。父亲十分注意培养威特的文学爱好，结果使得威特成了了不起的文学通，几乎背下了所有的名诗，而且很早就会写诗，后来又成了研究但丁的权威。

父亲还注意陶冶孩子的感情。威特3岁时的一天，他看到一条狗跑过，他像其他孩子喜欢做的那样，一把拽住狗的尾巴，把它拉到自己身边，这个举动正巧被父亲看见。于是父亲拽住威特的头发，脸色吓人，揪住不放。威特吃了一惊，把拽着狗尾巴的手放开了。这时他父亲也把手放开了，然后说：“威特，你喜欢被人拽着头发吗？”威特红着脸说：“不喜欢。”“如果是这样，那么对狗也不应当那样。”在父亲的教导下，威特终于成为一个感情丰富、心地善良、情趣高雅的人。

犹太人的审美教育观认为美是到处都有的，不是缺少美，而是缺少发现美的眼睛。如果我们不想让孩子成为“美盲”，那么仅仅带他们到自然环境中去是很不够的，还要引导、培养他们热爱自然和注意知识的陶冶。

尽我所能帮助你

能适时付出点点滴滴的爱，关怀他人、帮助他人，如此才会有美好幸福的人生。一般人常常觉得自己所拥有的太少，永远不满足，也吝于布施。然而求助者也许所求不多，只需要微小的东西而已！若不肯及时帮助遇到困难、逆境的人，往往会造成无法弥补的悔恨。

犹太儿童从小就常听父母讲“施比受幸福”的训诫，每每都是在鼓舞善良的民风，能持之以恒并发扬光大。

在法兰德斯的一个小村庄里，有一个名叫约翰的小男孩，他跟着爷爷住在一起。爷爷是靠着为村民们运送牛奶到安特瓦普小镇的工作，来维持祖孙两人的生活。约翰的爷爷因为年纪已大，脚部有些毛病，不可以走太远的路或用太多的力气，所以约翰常常在后面推着车，减轻爷爷的负担。他们就这样努力地工作着。

有一天，当他们将工作都做完了之后，正准备早些回家时，突然约翰发现有一条狗，非常痛苦地倒在路边呻吟。“好可怜啊！如果没人理会，这样下去一定会死掉的，让我来帮助它吧，爷爷！”约翰回过头征求爷爷的意见。爷爷便把小狗放在他们的板车上，带回了家中。祖孙俩亲切地为这条狗治病，喂它吃东西。贫穷的他们，将家里所吃的面包、牛奶全都给小狗吃，一点儿也不吝啬！小狗在他们的亲切照顾之下，渐渐恢复了体力。约翰和爷爷看着健康的小狗，心里都很高兴。约翰决定帮小狗取个好听的名字，他想了又想，终于决定叫它“汉斯”，小狗好像也很喜欢被叫“汉斯”一般，高兴地摇了摇尾巴。

汉斯在被约翰祖孙救起以前，每天必须为主人拖着沉重的板车，如果稍微走慢一点，就会被主人的鞭子毒打。可怜的汉斯就这样日复一日地工作着，身子变得非常虚弱，终于病倒在路旁，便被主人丢弃在路边了。汉斯受约翰和爷爷的爱护，心里十分的感激和快乐。

有天早上，约翰和爷爷像往常一样，将牛奶搬上了板车，正准备运送到镇上的时候，汉斯忽然跑了过来，钻到板车的手把前，就再也不愿意走开。“噢！汉斯，是不是想帮约翰和爷爷的忙呀？”爷爷呵

呵地笑了起来，汉斯听了爷爷的话，赶忙摇了摇尾巴，爷爷便将皮绳系在汉斯的身上，让它可以轻松地拉动板车。汉斯的力气非常大，它一站起来之后，就很快地将车子拉动了。如此一来，真的是帮了爷爷一个大忙了呢。可是好景不长，爷爷因为年纪大了，生了病，脚也无法走路了，只好躺在床上休养。

约翰便和汉斯一起去搬牛奶，虽然爷爷不在身边，但有汉斯的帮忙，约翰一样可以工作得很好。每天把工作做好之后，约翰总会到镇上的教会去为爷爷祷告，汉斯总是乖乖地在外面等。可是有一天，当汉斯像往常一样在外面等的时候，小主人约翰却一面叹着气，一面自言自语地说："我真想看看那个啊！"汉斯看到了约翰这样叹气的样子，也很心疼，它不禁想着："小主人到底想看些什么啊？"原来这教会里面，陈放着许多幅作者叫达·芬奇的画家的作品。约翰小时候非常喜欢画画，达·芬奇是他最喜欢的一个画家。可是尽管只是看一眼，也不可能啊，因为约翰没有钱。教会的人是很现实的，约翰没捐钱，是不被允许去观赏那些名画的。教会的人曾大声地赶约翰说："没有钱就赶快出去吧！"

约翰和村子里的一个叫作阿萝的女孩非常要好，常常在一块玩耍。有一天，正当约翰在草地上为阿萝画像的时候，正巧被阿萝的父亲看见了，便很不高兴地责怪着阿萝："阿萝！你不可以跟那穷小子在一起，赶快跟我回家去！"阿萝的父亲强拉着阿萝的手，把她带回家去了，剩下约翰和汉斯呆立着。约翰的爷爷自从生病后，一直躺在床上，无法工作，而且病情似乎越来越不乐观。为了爷爷的病，约翰已经花去了所有的积蓄，如今就连为爷爷买药的钱也没有着落。约翰被安特瓦普镇所举行的一个盛大的绘画比赛给吸引了，他想拿自己所画的图去比赛，以争取那些奖金。“汉斯，如果我能得到第一名，那么爷爷的药和你的食物便没有问题了。”约翰打定了主意之后，便利用送完牛奶后的空当时间，赶紧画图，好赶上绘画比赛的时间。

终于，寒冬降临了大地，而约翰的图也已经完成了。约翰望着自己的图，心里默默地祈祷着：“上帝啊，请你赐给我力量，为了生病的爷爷，我一定要争取最好的成绩，才能够为爷爷买最好的药来治病啊！”汉斯坐在一旁默默地望着小主人。当约翰做完了工作，在回家的途中，捡到了一个可爱的布娃娃。“这个布娃娃送给阿萝的话，阿萝一定会很高兴的。”约翰想到这里，便很快地跑到阿萝的家门前，他站在阿萝房间的窗下小声地叫着：“阿萝！阿萝！我是约翰啊！”阿萝听见了约翰的声音，很快地打开了窗户，约翰便将布娃娃送给了阿萝。

那一天夜晚，阿萝家的仓库发生了大火，村子里的人都纷纷跑过来救火，约翰听到了这个消息之后也赶过来帮忙。可是，阿萝的父亲看见了约翰，便很生气地抓住他，并且大骂着：“你这小子刚才是不是跑到我家附近？贼头贼脑的，是不是你放的火？快点给我招来。”阿萝的父亲无理的态度，把约翰吓得不知所措。“各位，一定是约翰放的火，请各位以后不要再给他工作，好吗？”因为阿萝的父亲是村子里最富有的人家，所以他所说的话没有一个人出来反对。

这件事发生以后，再也没有人愿意让可怜的约翰搬运牛奶了。如此一来，原本就很穷的约翰，失去了工作后，完全没有钱买东西过活了。

圣诞节即将来临了，村子里的人都纷纷准备着食物和圣诞节礼物，村里面一片欢乐的景象。可是，可怜的约翰家因为没钱买食物，也没钱买药为爷爷治病，爷爷的病越来越严重了，最后去世了。“呜……爷爷，不要死啊！……”不管约翰怎么伤心地哭着，爷爷只是紧闭着眼睛。约翰知道再也唤不回爷爷了，便抱着爷爷不停地哭。隔天早上，约翰便和汉斯草草地为爷爷做了一个简单的墓地，让爷爷安静地躺在地下。埋葬了爷爷后的约翰，连租房的钱也付不出来了，只好搬离了那个房子。这个时候，风雪大作，道路全被掩在一片白雪之中。

约翰带着汉斯，孤独地走在街上，肚子非常饥饿，以至于连抬起脚的力气都没有了，就这样走着走着。到了圣诞节的早上，也就是安特瓦普镇所举行的绘画大赛公布入选的日子。约翰带着汉斯一早便来到了会场，会场里早已有很多人在那里，等待着名单的公布。约翰一走进去以后，便看到了入口处最醒目的墙壁上，挂着一幅入选的作品，可是，这并不是约翰花了好几天所完成的作品。“唉！汉斯，我真的不行呢！那作品不是我的！”约翰说到这里，眼泪不停地流了下来。他盼望已久的第一名的美梦被无情地粉碎了。约翰很失望地离开了会场，这时雪却越下越大，约翰又饿又累地走在寒冷的街上，好像要体力不支倒地似的。汉斯的肚子虽然也很饥饿，可是却打起精神，一步不离地跟在小主人后面。“汪！汪！”突然间，汉斯好像发现什么似的，停了下来。汉斯不停地用脚挖着雪堆。约翰蹲了下来，从雪堆中发现了一个钱包，约翰便把它拾起来打开一看：“哇！好多钱啊！咦！这皮包上面还写着阿萝父亲的名字。我得赶快把皮包拿去还给人家。”约翰就加快脚步，向着阿萝家的方向走了过去。约翰将皮包交给了阿萝的母亲。此刻，阿萝和她的母亲正在为这个皮包不见了而烦恼呢！约翰很有礼貌地对阿萝的母亲说：“是汉斯发现的喔！请你们给汉斯一点食物吃好吗？拜托拜托！”

约翰说完话以后，就赶紧跑出去，走回原来的路。“等一等！约翰，你的肚子一定也饿了吧！”阿萝的妈妈在背后叫着。可是汉斯面对着眼前的食物，一点儿也不心动。它急忙冲了出去，在风雪之中寻找着他一向敬爱的小主人。风雪实在

太大了，以至于饥饿的汉斯支撑不住跑到教会去避风雪，却意外地发现倒在一旁的小主人约翰。约翰看见了汉斯，非常高兴地说：“汉斯，你还是跑来了！你真是个忠心的伙伴呢！”约翰感动得泣不成声。汉斯疼爱地舔了舔小主人的脸，并且用力地拉开了布幔。这时月光从窗口照了进来，正巧照在墙上那幅达·芬奇的名画上，约翰看到画，不禁睁大了眼睛。“那是我长久以来盼望见到的画啊！一定是神听到了我的祷告，特地让我看的吧！感谢上帝，此刻我觉得非常的幸福呢！……”约翰的眼中流下了喜悦的眼泪。第二天早上，约翰抱着汉斯，静静地躺在教会的地板上，永远地睡着了。

这个情形被到教会来祷告的人发现了，约翰的脸上还依然留着一个甜美的微笑。以前曾经责骂过他的人，心里都很惭愧。尤其是阿萝的父亲，当他知道了约翰和汉斯的死因后心里更是羞愧万分，从此以后变成一个乐善好施的人。

不仅是阿萝的父亲，我们大家都应该像约翰和爷爷那样，乐善好施。其实大多数的人都能做到乐善好施，只要有一颗乐善好施的心，只要尽我们所能去帮助需要帮助的人，不需要多少财富，我们就可以得到社会的认可、尊重和褒奖。

自信是成功的良药

很多时候，阻碍我们成功的主要障碍，不是我们能力的大小，而是我们的心态。当孩子认为自己一无所用时，就会走向自暴自弃，那便是教育的失败和家长的悲哀。只要孩子保持着自信，就是希望，就有进步的立足点。

1952年，世界著名的游泳好手弗洛伦丝·查德威克从卡德林那岛游向加利福尼亚海滩。两年前，她曾经横渡过英吉利海峡，现在她想再创一项纪录。这天，当她游近加利福尼亚海岸时，嘴唇已冻得发紫，全身一阵阵地打着寒战。她已经在海水里泡了16个小时。远方，雾霭茫茫，使她难以辨认伴随着她的小艇。查德威克感到难以坚持，她向小艇上的朋友请求："把我拖上来吧。"艇上的人们劝她不要向失败低头，要她再坚持一下。"只有一英里远了。"他们告诉她。浓雾使她难以看到海岸，她以为别人在骗她。"把我拖上来。"她再三请求着。于是，冷得发抖、浑身湿淋淋的查德威克被拉上了小艇。后来，她告诉记者说，如果当时她能看到陆地，她一定能坚持游到终点。大雾阻止了她去夺取最后的胜利。

这件事过后，她认识到，事实上，妨碍她成功的不是大雾，而是她内心的疑惑。是她自己让大雾挡住了视线，迷惑了心，先是对自己失去了信心，然后才被大雾给俘虏了。两个月后，查德威克又一次尝试着游向加利福尼亚海岸。浓雾还是笼罩在她的周围，海水冰凉刺骨，她同样望不见陆地。但这次她坚持着，她知道陆地就在前方；她奋力向前游，因为陆地在她的心中，最后，她夺取了胜利。

同样的故事，犹太女子玛莉身为一个举重者，最大的障碍是如何突破当前的瓶颈，顺利地举起500磅的重量。几乎每一位运动员在某一段时间都会遇到瓶颈，像是无法突破既有的分数、表演形式或演出水准，也可能是无法超越快速球的速度、射击的准确性、竞赛的时间、某一高度或距离。玛莉在举重训练中稳定地持续克服更高的重量限制：从400磅、450磅、475磅、490磅、495磅，一直到498磅。但玛莉举不起500磅的重量。虽然玛莉口口声声说自己一定能够举起500磅的重量，但她心中并不以为然。

当举重达到一定重量时，你通常不会自己抬着举重杆，否则在举重开始前，你就已经疲惫不堪了。所以一般而言，都由教练或看守员帮你抬着举重杆。有一天玛莉的教练对玛莉说："玛莉，再试一次，然后就可以洗个澡回家。来吧，再来一次400磅。"玛莉举起重量杆，然后玛莉的教练宣布："我的天！我想他们弄错了，我敢肯定这个杆子有506磅！"从那刻起，对玛莉而言，要举重500磅不再有任何困难。

当时真正阻碍玛莉的不在于玛莉的训练不够或体能不足。单以玛莉的体力来看，玛莉很可能在几个星期前就可以举起500磅的重量。真正的原因在于玛莉的意念：玛莉知道自己能举重500磅是因为自己已经做到了。虽然事后为了确定起见，玛莉数次尝试再举起500磅的杆子，却举不起来，但玛莉明白是因为体力而非心理因素。玛莉不再怀疑自己有能力担起500磅的重量。

可见，人的潜力是巨大的。但是，对孩子期望、要求过高，远远超出孩子的能力所及的水平，也是家长对孩子不满、难以发现长处的一个重要原因。孩子达不到家长的要求和标准，自然得不到家长的表扬和鼓励。长此以往，在父母的训斥和批评中长大的孩子，会逐渐对自己的能力失去信心，变得消极、被动，对学习自然就毫无兴趣。特别是对年幼的儿童来讲，自我意识正在形成中，长期的失败感、持续的来自家长的批评，会使其形成一种消极的自卑意识。一旦形成消极的自卑意识，那他就可能用低标准要求自己，甚至自暴自弃。所以，家长一定要从点滴做起，发现孩子的长处，培养孩子的自信心。

思考敏于行

想要事情做得好，就必须善用你的头脑。人的一生难免会经历许多困难和危险，假如在事前能有周密的思虑，想出万全的办法来加以防范，就可以化解很多麻烦。

犹太人认为，做任何事情，都要思考“敏于行”。他们也是这样教育其子女的，孩子们经常听家长讲下面这个故事。

有一户人家住着婆媳两人，儿子经常外出，很长时间才能回家一次。这个婆婆在家专横跋扈，经常对媳妇横挑鼻子竖挑眼，媳妇不能申辩，更不敢反抗，总是偷偷地伤心。幸亏隔壁有个好心的大妈，十分同情这个媳妇，常常安慰这个媳妇并暗中帮助她。一次，婆婆外出走亲戚，下午回到家里，忽然发现家里的肉少了。婆婆心里顿时来了气，她怎么想也觉得是媳妇偷吃了，于是不问青红皂白就劈头盖脸地骂起来：“你这个好吃懒做的贱女人，我不在家你就无法无天了，竟敢在家偷吃东西！”媳妇觉得实在冤枉，忍不住说：“老天爷在上，我偷没偷吃东西，他看得最清楚。”还没等媳妇说完，婆婆就气得要跳起来，她指着媳妇大声喊道：“这还了得，敢顶撞我！算是我冤枉了你，我瞎了眼睛！我家养不起你这个媳妇了，你马上给我滚回你娘家去，我家不要你了！”就这样，婆婆把媳妇给赶走了。

媳妇无可奈何，只得服从婆婆的命令。她在回娘家之前，去向隔壁的大妈告别，哭着向大妈讲了这件事。大妈听了，很替这个媳妇难过，但大妈也知道那个婆婆的为人，如果现在马上去替媳妇解释，恐怕婆婆是不会听的。于是大妈安慰了媳妇一阵后，对她说："你先慢慢地走，我这就去想办法让你婆婆把你叫回来。"媳妇擦了擦眼泪，慢慢朝村外走去。

大妈待媳妇一走，马上在家里搜寻了一把乱麻，她将乱麻扎在一个小棍上做了一个火引子，然后到这个媳妇家里去找婆婆借火。婆婆问："现在不是做饭的时候，借火做什么？"大妈对婆婆说："我家的狗不知从哪里叼来一块肉，几条狗为争这块肉，互相咬得很凶，我想借个火回去治治它们。"婆婆一听，恍然大悟，肉原来是被狗叼走了。她心里感到有几分愧疚，因此赶紧找来一个人，让他马上去追赶媳妇，把她接回来。

这则故事告诉我们，在解决人与人之间的矛盾纠纷时，必须讲究策略。要想弄明真相、息事宁人，既要抓住问题的症结，又不可急于求成。

天生我材必有用

每个人都要树立正确的自我观念，正确对待自己、正确对待别人。摆正自己在集体中的位置，能在复杂变化的社会环境中，适时变换自己的角色，按照不同角色的不同要求，适时调整自己的行动。树立远大的理想和抱负、优良的敬业精神和事业心，努力建立良好的道德风范。从自己的实际出发，确定自己的奋斗目标。

在选美竞赛上，众人瞩目的总是年轻美丽的面孔、婀娜多姿的体态。外表总是评选的主要因素，可是也有人相信内在气质的焕发才是选美最重要的条件，而且这样的理念也得到了证实。至少在美国小姐唐娜的身上，世人见识到内在美获得认同的实例。

唐娜出生在阿肯色斯的一个小镇上，她的青春期就像大多数的青少年一样，生涩、害羞，对自己的未来无所适从。那个时候她把自己想象成是只丑小鸭，而并不是选美的皇后。可是唐娜有一些远比外在的美丽更重要的特质，她的气质清新，风度稳健。从审美的角度来看，她是一块璞玉，稍加琢磨就能大放异彩。至少她相信是这样的，她决定要把自己的内在美表现出来。她去练习健美，学习仪态，然后报名参加一场选美比赛。虽然那一场比赛她没进入决赛，可是唐娜并没有灰心，接着又参加了好几场比赛，直到参加第16场选美比赛的时候，她最终当选了阿肯色斯小姐，然后又成为美国小姐。之后她带着那一份同样自然芬芳的内在气质以及辛勤努力的态度踏入娱乐界。现在，她已经是一个相当出色的艺人了，并且拥有了自己的节目。

犹太人认为，要获得成功就必须正确认识自己。他们坚信“天生我材必有用”，并尽力把自身的潜力发挥到极限。在希腊帕尔纳索斯山南坡上的神殿门上面，写着这样一句话：“认识你自己。”古希腊哲学家苏格拉底最爱引用这句格言来教育别人，因此后世人们往往错误地认为这是他讲的话。当时，人们都认为这句格言是阿波罗神的神谕。犹太家长在平时的日常学习和生活当中也用这句话教育孩子。

是油炸圈饼还是窟窿

乐观者在每次危难中都会看到机会，而悲观的人在每个机会中都看到了危难。乐观的态度对孩子的成长发育起着至关重要的作用。

犹太民族一向以苦中作乐而著称。我们纵观犹太人颠沛流离的历史，尽管大多数时期都与苦难为伴，但他们对生活一直充满坚定的信念，到处都弥漫着这种乐观的精神，否则他们的民族就不可能经受住那么多磨难而幸存下来。事实上正是苦难造就了犹太人不可动摇的乐观精神。欢乐和笑声是犹太人生活中必备的良药，这使他们总能保持一种乐观的生活态度。可以说，犹太民族就是因为心中充满希望和乐观，他们才能生存下来。

有一对犹太孪生兄弟，其中一个过分乐观，而另一个则过分悲观。父亲欲对他们进行性格改造。一天，他买了许多色泽鲜艳的新玩具给悲观孩子，又把乐观孩子送进了一间堆满马粪的车房里。第二天清晨，父亲看到悲观孩子正泣不成声地哭泣，便问："为什么不玩那些玩具呢？""玩具玩了就会坏的。"孩子仍在哭泣。父亲叹了口气，走进车房，却发现那乐观孩子正兴高采烈地在马粪里掏着什么。"告诉你，爸爸，我想马粪堆里一定还藏着一匹小马呢！"那孩子得意扬扬地向父亲宣称。

乐观者与悲观者之间，其差别是很有趣的：乐观者看到的是油炸圈饼，悲观者看到的是一个窟窿。犹太人中有一句流传很广的谚语："有十个烦恼比仅有一个烦恼好得多。"他们认为，因为仅有一个烦恼时，这个烦恼一定是相当深刻的，所以一个人如果同时有很多烦恼，他就应该谢天谢地。我们常听说有人为一个烦恼而自杀身亡，但却很少听到有人为十个烦恼而自杀。犹太人的这个观念听起来似乎十分有趣，但是其中也体现出了犹太人面对苦难的从容姿态。

说大话者让人鄙视

虚张声势，从来都不可怕。

说大话者永远让人鄙视。犹太人很早就认识到了这一点，他们也是这样教育孩子的。犹太父母经常给孩子们讲这两个故事。

从前，有一只山雀飞到海边，它夸下海口，说是要把大

海烧枯。全世界都为山雀这一奇怪的举动而不安地议论纷纷。京城里挤满了吃惊的居民；森林里的野兽川流不息地跑过来；鸟儿也成群结队地往海边飞。大家都想看海水怎样燃烧，热量又有多大。那些听到这轰动消息的人们都跑了过来，大家挤到一块，张大着嘴巴眺望这场奇观，他们默默地凝视着海洋，这时有人说话了："快看！快看！海沸腾了！快看，海着火了！""不对头！海在燃烧吗？不，没有燃烧。海发烫了吗？一点没有呀！"山雀吹牛夸口，结果如何呢？我们的"英雄"羞惭地逃回了它的巢。山雀的大话闹得满城风雨，却不曾把海烧着。

有只老鹰总在村子上空飞翔，一心一意想要下来抓小鸡。可不幸的是它被猎人看见了，猎人瞄准它就是一枪。空中强盗被打中了，顿时掉在地上，然而，鹰毛仍在空中飘了很久……这时公鸡从矮树林里正往外走，一看，它最怕的家伙一动也不动，两眼没有了神，利嘴失去了劲。这时候公鸡一下子变得威武万分！它的那顶鸡冠简直跟血一样红。"喂，鸟儿们，都来瞧一瞧吧！"它发出胜利的呼声，几乎喊破了喉咙。鸟儿飞来，看见老鹰在公鸡脚下。"好样的，大公鸡！好样的，智谋家！你的力气竟这么大！"这个吹牛大王越叫越威风，用战胜者的姿态向四面瞅。偏偏有位朋友过去把那老鹰翻个脸朝天，从毛里面一啄啄出一颗子弹，接着又啄出一颗。于是，真相大白，吹牛大王灰溜溜地溜走了。

有的人很像这只公鸡，最擅长的就是吹牛。

犹太家长从孩子小时候就教育他们要实事求是、不说大话。只有凡事符合实际，才能令人信服，才能赢得他人的信任。盲目吹嘘只能引起别人的反感，久而久之，会失去原本相信自己的朋友。

最丑陋的是自大

世界上有很多不美丽的东西，但是其中最丑陋的便是自大。

犹太人认为，当一个人自满自大时，就会失去一个人应有的谦虚以及改过向上的念头。自满自大的人很容易犯错，因此，犹太人虽不认为自大是一种罪过，但却认为它是一种愚昧。有很多人总以为自己是世界的中心，但是周围的人却不那么重视自己，因此他厌恶别人的漠不关心，同时更为自己没有达到更高的目标而生气，于是就会产生过度的自我厌恶。在犹太人看来，这也是自大的一种。这种自我厌恶和虚荣心是互为表里的。

犹太人常说："如果自己的内心已由自己占满，就再也不会有留给神住的地方了。"因此在犹太人中，在夸奖别人之前，绝不会夸奖自己。

犹太人告诫孩子们不可自大时，常引

用《圣经·创世记》。在《创世记》中，神首先分开了光明和黑暗；再分割天空和地面，并将地面划分为水和陆；然后他开始创造生物；到了最后才创造人——亚当。因此，甚至连跳蚤都比人早到这个世界，所以人有什么了不起呢？就是在动物面前，也没有耀武扬威的资格。

同时，犹太人教育孩子要谦虚，谦虚是一种美德。犹太父母告诫人们说："即使是一个贤人，只要他炫耀自己的知识，他就不如一个以无知为耻的愚者。"

变劣势为优势，成功的路不止一条

拥有积极的心态，努力进取，把自己最弱的部分转化为最强的优势，对任何人都非常重要。

一位神父要找三个小男孩，帮助自己完成主教分配的1000本《圣经》销售任务。

神父觉得自己只能完成300本的销售量，于是他决定找几个能干的小男孩卖掉剩下的700本《圣经》。神父对于"能干"是这样理解的:口齿伶俐，言辞美妙，让人们欣喜地做出购买《圣经》的决定。于是按照这样的标准，神父找到了两个小男孩，这两个男孩都认为自己可以轻松卖掉300本《圣经》。可即使这样还有100本没有着落，为了完成主教分配的任务，神父降低了标准，于是第三个小男孩找到了。给他的任务是尽量卖掉100本《圣经》，因为第三个男孩口吃很厉害。

5天过去了，那两个小男孩回来了，并且告诉神父情况很糟糕，他们俩总共只卖了200本。神父觉得不可思议，为什么两个人只卖掉了200本《圣经》呢？正在发愁的时候，那个口吃的小男孩也回来了，他没有剩下一本《圣经》，而且带来了一个令神父激动不已的消息:他的一个顾客愿意买他剩下的所有《圣经》。这意味着神父将能卖掉超过1000本的《圣经》，神父将更受主教青睐。

神父彻底迷惑了。被自己看好的两个小男孩让自己失望，而当初根本不当回事的小结巴却成了自己的福星，神父决定问问他。

神父问小男孩:“你讲话都结结巴巴的，怎么会这么顺利就卖掉我所有的《圣经》呢？”小男孩答道:“我……跟……见到的……所有……人……说，如……果不……买，我就……念《圣经》给他们……听。”

故事中的小男孩知道自己的缺点就是口吃得厉害，所以他顺势将自己的缺点转化成了优势。所以，有的时候缺点不一定是件坏事，如果引导得好，就会把缺点转化为优点。

把自己最弱的部分转化为最强的优势，对任何人都非常重要。格兰恩·卡宁汉自小双腿因烧伤无法走路，但是他却成为奥运会历史上长跑最快的选手之一。

他认为，一个运动员的成功，85%靠的是信心及积极的思想。换句话说，你要坚信自己可以达到目标。他说：“你必须在三个不同的层次上去努力，即生理、心理与精神。其中精神层次最能帮助你，我不相信天下有办不到的事。”

拥有积极的心态，就能使一个人将自己的弱点积极地转为最强的部分。这种转化的过程有点类似焊接金属一样，如果有一片金属破裂，经过焊接后，它反而比原来的金属更坚固。这是因为高度的热力使金属的分子结构结合得更为严密的缘故。

你可根据下列步骤，把自己的缺点转化为优点，希望你能克服困难，努力进取，摘得胜利果实。

1. 将弱点孤立，把它研究透彻，然后设计一个计划加以克服。
2. 详细列出你期望达到的目标。
3. 想象一幅将你自己的弱势变成强势的景象。
4. 立即开始成为你希望成为的强人。
5. 在你的最弱之处，采取最强的步骤。

坚持自己的选择

美丽的梦，不可因为小小的风浪而随意搁浅。许多时候，放下多余的东西，坚持自己的梦想，终有一天会实现。

每一个人都有各种各样的梦，但并非谁都能圆梦。

科尔和马克一起去医院看病，他们都是鼻子不舒服。在等待化验结果期间，科尔说如果是癌，就立即去旅行。马克也表达了相同的意愿。

结果出来了，科尔得的是鼻癌，马克长的是鼻息肉，科尔留下了一张告别人生的计划表离开了医院，马克却住了下来。科尔的计划是：先去一趟埃及和希腊，以金字塔为背景拍一张照片，在希腊参观一下苏格拉底雕像；再读完莎士比亚的所有作品……

他在这生命的清单后面这样写道："我的一生有很多梦想，有的实现了，有的由于种种原因没有实现。现在上帝给我的时间不多了，为了不留遗憾地离开这个世界，我打算用生命的最后几年去实现剩下的愿望。"那一年，科尔辞掉了公司的职务，去了埃及和希腊。现在科尔正在实现他出一本书的夙愿。

一天，马克在报上看到科尔写的一篇有关生命的文章，于是打电话去问科尔的病情。科尔说："我真的无法想象，要不是这场病，我的生命该是多么的糟糕。是它提醒了我，去做自己想做的事，去实现自己想去实现的梦想。现在我才体味到什么是真正的生命和人生。你生活得也挺好吧？！"

马克没有回答。他早把自己亲口说的去埃及和希腊的事放在脑后了。

犹太人认为，人生在世，每个人最后都不可避免地走向生命的尽头，有的人走得快，有的人走得慢。走得快的人，为了把自己未完的事情做完，不再让生命留下遗憾，反而活出了精彩的人生；而走得慢的人，总是想着自己还有足够的时间去实现自己的人生目标，一拖再拖，直到最后仍然没有完成，碌碌无为地度过了自己平庸的一生。

不放弃年少时的梦想

一个有事业追求的人，可以把“梦”做得高些。虽然开始时是梦想，但只要不停地做，不轻易放弃，梦想终能成真。

有个叫布罗迪的英国犹太教师，在整理阁楼上的旧物时，发现一叠练习册，它们是皮特金中学B（2）班31个孩子的春季作文，题目叫《未来我是××》。他本以为这些东西在德军空袭伦敦时被炸飞了，没想到它们竟安然地躺在自己家里，并且一躺就是25年。

布罗迪随便翻了几本，很快被孩子们千奇百怪的自我设计迷住了。比如，有个叫彼得的学生说，未来的他是海军大臣，因为有一次他在海中游泳，喝了3升海水，都没被淹死；还有一个说，自己将来必定是法国的总统，因为他能背出25个法国城市的名字，而同班的其他同学最多的只能背出7个；最让人称奇的，是一个叫戴维的盲人学生，他认为，将来他必定是英国的一个内阁大臣，因为在英国还没有一个盲人进入过内阁。总之，31个孩子都在作文中描绘了自己的未来。有当驯狗师的；有当领航员的；有做王妃的……五花八门，应有尽有。

布罗迪读着这些作文，突然有一种冲动——何不把这些本子重新发到同学们手中，让他们看看现在的自己是否实现了25年前的梦想。当地一家报纸得知他这一想法，为他发了一则启事。没几天，书信纷纷向布罗迪寄来。他们中间有商人、学者及政府官员，更多的是没有身份的人。他们都表示，很想知道儿时的梦想，并且很想得到那本作文簿，布罗迪按地址一一给他们寄去。

一年后，布罗迪身边仅剩下一个作文本没人索要。他想，这个叫戴维的人也许死了。毕竟25年了，25年间是什么事都会发生的。

就在布罗迪准备把这个本子送给一家私人收藏馆时，他收到内阁教育大臣布伦克特的一封信。他在信中说：“那个叫戴维的就是我，感谢您还为我保存着儿时的梦想。不过我已经不需要那个本子了，因为从那时起，我的梦想就一直在我的脑子里，我没有一天放弃过。25年过去了，可以说我已经实现了那个梦想。今天，我还想通过这封信告诉我其他的30位同学，只要不让年轻时的梦想随岁月飘逝，成功总有一天会出现在你的面前。”

布伦克特的这封信后来被发表在《太阳报》上，因为他作为英国第一位盲人大臣，用自己的行动证明了一个真理：假如谁能把15岁时想当内阁大臣的愿望保持25年，那么他现在一定已经是内阁大臣了。

积极进取，永不停留

“世间没有不能成功的事，只有不愿意走向成功的人。”不管是一个国家、一个民族、一个企业或是个人，都应该具有积极进取、永不停留的精神，这样才能在时代发展的潮流中不被大浪淘沙，衰退落伍。

犹太人是颇具积极进取精神的，他们无论在任何场合、任何环境、任何时间都能保持积极的态度，这是犹太人成功的秘诀。他们对自己的子女也从小就灌输这种思想。当然，他们在正视积极面的过程中，并不是忽视否定面。恰恰相反，他们敢于面对现实，无所畏惧。正因为犹太人具有的这种积极进取的精神，使他们遇到困难时总能设法把它转变为积极面，帮助自己克服困难。

确实，在人类发展的进程中，如果知足不前，那会有今天高度文明的社会吗？

罗斯柴尔德是犹太商人的典型。罗斯柴尔德的始祖名为梅耶·亚莫夏，少年当学徒的时候，由于积极进取、刻苦好学，自己开始经营古董商店，逐步积累资本。他利用欧洲工业革命的时机，把资金、情报及自己的智慧融合，纵横于英国、法国等欧洲各地进行紧俏货物的买卖，不惜斥下巨资开设银行，开展股票业务，投资矿业、铁路，甚至把自己5个儿子分散在法兰克福、巴黎、伦敦等5大城市开设公司，很快把罗斯柴尔德家族办成一个跨国大财团。

类似罗斯柴尔德发家致富成功的犹太商人不胜枚举，在世界许多地方都有，如连锁先驱卢宾、报业奇才奥克斯、好莱坞老板高德温、地产大王里治曼等，均是通过积极进取创立了他们的企业。

在科学技术方面，犹太人的伟大发明，也是举世闻名的。据历史记载，飞船的发明人是都柏林，但有人证实是犹太人大卫·舒华兹发明的。大卫·舒华兹自己建造飞船，经过数次试飞，在接近成功时，不幸猝死，因此，都柏林伯爵向舒华兹的未亡人买到了这一飞船的技术，完成了具体的飞行而一举成名。

发明飞机的莱特兄弟能够名扬世界，在其背后也是有一位犹太人奥多·利安达替他们开飞机。发明直升机的，是犹太人亨利·斐纳。

据历史记载，发明有线电话者为葛拉汉·贝尔。但在贝尔发明成功的1876年之前16年，已经有犹太人试制成电话机，该电话机现在被收存在史密苏尼安博物馆。

此外，有近百名犹太人获得诺贝尔奖，如前面讲的20世纪最伟大的科学家爱因斯坦、原子结构理论权威波尔、著名化学家赫维西、免疫学奠基人埃尔利希、“氢弹之父”特勒、化学名家赖希施泰因，等等，举不胜举。

又如世界著名画师毕加索、音乐大师马勒、文学巨匠比亚利克、杰出女作家米林、魔术大师霍迪尼，还有众多的政坛上的大将名人，等等。

犹太人中有那么多的出类拔萃的人物，很关键的一个原因，是他们形成了一种积极进取的民族精神，自幼接受了“我一定要有所作为”的积极观念。由于犹太人从小就有了积极进取的态度，所以他们能够努力学习，应用本身所具有的潜力，把自己变强大。这种精神成为他们前进路上的“马达”，增强了他们面对现实和排除困难的信心和力量。他们永远相信“世上无难事，只怕有心人”。

与风险“亲密接触”

犹太人很注重培养孩子向前冲的勇气，他们认为，当机会来临时，不敢冒险的人永远是平庸之辈。

要想做成任何一件事都有成功和失败两种可能。当失败的可能性大时，却偏要去做，那自然就成了冒险。问题是，许多事很难分清成败可能性的大小，那么这时候也是冒险。而商战的法则是冒险越大，赚钱越多。当机会来临时，不敢冒险的人永远是平庸之人。而犹太商人大多具有乐观的风险意识，并常能发大财。

犹太人相信“风险越大，回报越大”“财富是风险的尾巴”，跟着风险走，随着风险摸，就会发现财富。

确实，犹太商人长期以来不仅是在做生意，而且也是在管理风险，就是他的生存本身也需要有很强的风险管理意识。所以在每次山雨欲来风满楼时，他们都能准确把握“山雨”的来势和大小。这种事关生存的大技巧一旦形成，用到生意场上去就游刃有余了。有不少时候，犹太商人正是靠准确地把握这种风险之机而得以发迹。

17世纪初，摩根家族的祖先从英国迁移到美洲。到约瑟夫·摩根的时候，他卖掉了在马萨诸塞州的农场，到哈特福定居下来。

约瑟夫最初以经营一家小咖啡店为生，同时还卖些旅行用的篮子。这样苦心经营了一些时日，逐渐赚了些钱，就盖了一座很气派的大旅馆，还买了运河的股票，成为汽船业和地方铁路的股东。

1835年，约瑟夫投资了一家叫作“伊特纳火灾保险”的小型保险公司。所谓投资，也不要现金，出资者的信用就是一种资本，只要在股东名册上签上姓名即可。投资者在期票上署名后，就能收取投保者交纳的手续费。只要不发生火灾，这无本生意就稳赚不赔。

然而不久，纽约发生了一场大火灾。投资者聚集在约瑟夫的旅馆里，一个个面色苍白，急得像热锅上的蚂蚁。很显然，不少投资者没有经历过这样的事件。他们惊慌失措，愿意自动放弃自己的股份。

约瑟夫便把他们的股份统统买下。他说："为了付清保险费用，我愿意把这旅馆卖了，不过得有个条件，以后必须大幅度提高手续费。"

这真是一场赌博，成败与否，全在此一举。

另有一位朋友也想和约瑟夫一起冒这个险。于是，两人凑了10万美元，派代理人去纽约处理赔偿事项，结果，代理人从纽约回来的时候带回了大笔的现款。这些现款是新投保的客户，出了比原先高一倍的手续费。与此同时，"信用可靠的伊特纳火灾保险"已经在纽约名声大振。这次火灾后，约瑟夫净

赚了15万美元。

这个事例告诉我们，能够把握住关键时刻，通常可以把危机转化为赚大钱的机会。冒险是上帝对勇士的最高嘉奖，不敢冒险的人就没有福气接受上帝恩赐给人的财富。

跟哈默一起冒险

无限风光在险峰，想要获得成功，就必须有勇气冒巨大的风险。

美籍犹太商人、世界石油大鳄哈默最大的一次成功在利比亚。20世纪60年代末，早已功成名就的哈默已年近花甲，却到利比亚把赌注押在两块油井租地上，投入巨资后滴油未见。他的计划被董事会中的绝大多数人称为“哈默的傻事”。顶着巨大的压力，哈默坚持把险冒到了底。无论是哈默本人，还是西方石油公司的35名股东及3万名职员，都对此惊叹不已。对于一个像西方石油公司那样的大集团，从来没有碰到过类似利比亚的事情，这类事情也许是千年不遇的。

在意大利占领利比亚期间，独裁者墨索里尼为了寻找石油，在利比亚花了大概1000万美元，结果却一无所获。壳牌石油公司大约花了5000多万美元，但打出来的井都没有任何商业价值。埃索石油公司花费了几百万的费用却收效不大，在准备撤退的时候，却在最后一口井里打出油来。西方石油公司到达利比亚的时候，正值利比亚政府准备进行第二轮出让租借地的谈判，出租地区大部分都是原先一些大公司放弃了的利比亚租借地，其中包括若干口“干井”的土地和许多块与产油区相邻的沙漠地。根据利比亚法律，石油公司应尽快开发他们的租借地，如开采不到石油，就必须把租借地还给利比亚政府一部分。共有来自9个国家的40多家公司参加了这次投标。

尽管哈默和利比亚国王的私人关系良好，充满了信心，但前途未卜。因为，他不仅没有这方面的经验，而且同那些石油巨头们相比竞争实力悬殊太大，真可谓小巫见大巫。但哈默深信决定成败的关键不仅仅取决于这些。

哈默和董事们都坐飞机赶了来，他们共在四块租借地中投了标。哈默的投标方式不同一般，投标书采用羊皮证件的形式，卷成一卷后用代表利比亚国旗颜色的黑、绿、红三色缎带扎束。在投标书的正文中，哈默还加了一条别家公司从未提及的：他愿意从尚未扣税的毛利中拿出5%来供利比亚发展农业用。此外，还允诺他的公司将在国王和王后的诞生地库夫拉附近的沙漠绿洲中寻找水源。另外，一旦中标，他们还将进行一项可行性研究，就是一旦在利比亚开采出水源，他们将出资同利比亚政府联合兴建一座制氨厂。

最终，哈默得到了两块租借地。让那些强大的对手大吃一惊的是：这两块租借地都是其他公司耗巨资后一无所获而放弃的。正如他们所想的那样，这两块租借地不久就成为哈默烦恼的源泉。他们钻出的前三口井都是滴油不见的干井，有500万美元打了水漂，包括打井费近300万美元，另外还有用于地震探测和向利比亚政府的官员缴纳的不可告人的贿赂金共200万美元。于是，董事会里开始有许多人把哈默这项雄心勃勃的计划叫作

“哈默的傻事”，甚至连公司的第二大股东、哈默的知己——里德也失去了信心。

但是哈默凭着自己的直觉顽强地坚持下来。就在创业者和股东之间发生意见分歧的几周时间里，第一口油井出油了，随之而来的是，另外8口油井也出油了，而且是超乎寻常的高级原油。更为重要的是，这块油田位于苏伊士运河以西，运输非常方便，大大节约了保管费和运输费。与此同时，在另一块租借地上，工人们钻出了一口日产703万桶自动喷油的珊瑚油藏井，这是那时利比亚最大的一口井。紧接着，哈默又投资1.5亿美元修建了一条日输油量在100万桶的输油管道，而当时西方石油公司的资产净值只有区区4800万美元，不到最近一次投资的三分之一，足见哈默的魄力与胆识。随着实力的增长，哈默又大胆地吞并了好几家大公司。这样，西方石油公司一跃而成为世界石油行业的第八个巨头。哈默一系列事业的成功，完全归功于他的魄力和胆识，他不愧为一个犹太大冒险家。

犹太父母经常会教导孩子：成功的犹太人往往都像哈默一样，具有大胆的创新精神。他们重视传统却不拘泥于传统，而是审时度势，敢于打破最正统的和因循守旧的束缚，以开放的心态对待一切新事物。他们所具有的冒险传统和实业精神，引导他们进入一片独创性的、边缘性的和全新的生存领域。漂泊不居的生活迫使犹太人不断冒险，久而久之，冒险就成为犹太人的习惯。犹太儿童无论是学习《圣经》的教诲，还是经商的技巧，拉比都会教他们勇于尝试、敢于冒险。

如果你要成功，你应该朝着新的道路前进，不要跟随被踩烂的成功之路。

没有个性，人家就会忘却你。个性化的策略、个性化的产品、个性化的管理，都是十分让人注意的东西。

犹太人很早就意识到了，同一种作物会因为产地的不同、管理的差异而在品质上有所差别。因此，应对不同产地的同种作物进行区别，对各类商品进行分门别类，这样买卖才可以获得好的价格。

可口可乐公司是美国饮食文化的象征，在全球可谓家喻户晓，它的商标价值已达400亿美元，但这家公司曾经差一点因放弃“个性”而夭折。

1886年11月15日上午，因饮酒过量而头痛的威尔克斯先生受“彭氏健身饮料可治头痛”的宣传，来到阿萨·坎德勒的药店，提出喝一杯彭氏健身饮料。店员一时疏忽，把配制彭氏健身饮料的原浆掺到了苏打水里，没想到威尔克斯喝完顿觉神清气爽，可口可乐由此诞生。

1888年，已经购买可口可乐配方全部股权的坎德勒不再用原浆（含有可卡因、咖啡因的可可叶和可可果提炼品，并加入若干油类物品）加净水配制药用饮料，从此专心经营可口可乐。

后来，可口可乐公司一度更改可口可乐的配方，以迎合想象中的大众口味，结果没得到市场认可，公司业务一落千丈，濒临倒闭。

关键时刻，该公司只好沿用原先的饮料配方，以其怪怪的味道再度赢得了大众的青睐。

在这个竞争日益激烈的时代，唯有创新才能生存，才能在市场竞争中站稳脚跟，才能战胜对手。否则，企业就会停滞不前，甚至亏损破产。在这一点上，犹太人是最有发言权的，他们总是出人意料、标新立异，在竞争中凭借新奇手段以其鲜明的个性击败对手。

犹太巨富威尔逊在筹备他的旅馆的时候，就决定把自己的旅馆建成第一流的旅馆。他在房间里使用了空调，这是当时世界上第一家有空调的旅馆。

每个房间都有电视，这样可以使外出旅游的一家人在饱览了沿途风光后，还能享受到有趣的电视节目。他还为孩子们设计了一个游泳池，增加了不少照顾孩子的服务项目，甚至还设计了为旅客的小狗居住的免费狗舍……所有这些，在当时都是前所未见、闻所未闻的。

威尔逊旅馆的房间里光线明亮、空气流通、色调柔和温馨，这种居住环境让旅客充满了亲切的感觉。于是别人的旅馆冷冷清清，而他的旅馆却总是挤得满满当当。

威尔逊“假日旅馆”的成功之处就在于突破当时一般的经营策略，勇敢地采用了最为先进的设备，针对“假日”这一项目，拥有了别人无法企及的特点和优势。

任何东西都必须拥有个性。“个性才能生存”被各类企业一直验证为是商界金律。

犹太人的观点是：商业的个性就是独有的经商理念、特殊的经营模式、因环境条件有异而不可相互简单模仿的销售品种和价格等要素的总和。

创造个性，拥有个性，以个性赢得市场，傲视群雄，才能在商战中立于不败之地。

犹太民族始终坚信，否定个性的社会难以进步，扼杀自己个性的人也不会有进步。每个人都是尊贵的，神是照着自己造人的。神的造型各异，人的形与神也就各异。倘若一个人只知道模仿大众，那就是忘了神赋予他的神圣使命——创造自己。世界和艺术一样，是由每一个人创造的。

所以犹太人会教导孩子：每个人都要珍视自己，并且真正地尊重自己。一个人诚恳地珍重自己时，便能产生个性，然后才能通过个性来发挥专长以贡献社会。因此，对犹太人来说，培养个性是每个人的义务。对于商人而言，就是要使自己的商品、自己经营策略有个性，独一无二。

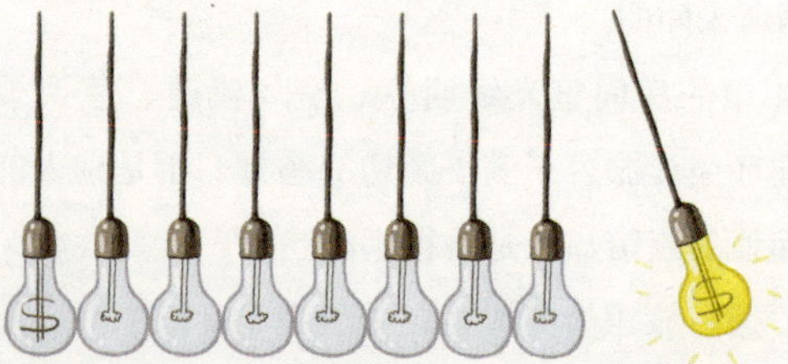

在逆境中生存

面对逆境，将逆境视作寻常事，任凭你风吹浪打，我依然闲庭信步，不为所动，这才是彻悟了人生，拥有了大智慧。

我们每个人降生到这个世界以前，就被注定了要背负起经历各种困难折磨的命运。既然是前生注定，今生的苦乐就是难以避免的。做生意顺利的时候，财源滚滚而来，取之不尽，用之不竭；一旦遇上风险逆境时，就要过一段节衣缩食的日子。不够坚强的人在逆境来临时，就会匆匆结束这次旅行，提前承认自己的失败；而足够坚强的人却深深懂得，我们就是为经历这些逆境而来的。

灰心丧气、失望抱怨是最常见的一种态度，这也是人们最正常的一种反应；一蹶不振、就此撒手、沉沦颓废也是一种态度。很多人就这样从我们的视野里消失了；忍耐、等待又是一种态度，他们坚信事物是变化的，三十年河东，三十年河西，说不准哪一天时来运转，就可以东山再起了；还有一种态度，把逆境视若寻常事，任凭你风吹浪打，我依然闲庭信步，不为所动，这种人已经彻悟了人生，拥有了大智慧。

有人把逆境看作是一种人生挑战，在外在的压力之下，他的能力得到了充分的发挥，对自己的潜力有了新的发现，自身的价值也得到了进一步的肯定。还有一些人好像就是为逆境而生的，一帆风顺的时候，他也许会昏昏欲睡，而一遇逆境，有了压力，他反而精神抖擞，变成了一个新人。

面对逆境，能坦然面对的当推犹太商人。他们能在危险来临时，仍泰然自若地做生意，甚至把逆境看成是做生意的最好时机。

在2000多年的漂泊流离生活中，犹太人一直处在逆境之中。在这漫长的日子里，他们学会了忍耐和等待，学会了低调处世做人，学会了如何在逆境中生存发展的智慧。

犹太实业家路德维希·蒙德学生时代曾在海德堡大学发现了一种从废碱中提炼硫黄的方法。后来他移居英国，将这一方法带到英国，几经周折，才找到一家愿意同他合作开发的公司。结果证明他的这个专利是有经济价值的。蒙德由此萌发了自己开办化工企业的念头。

随后他买下了一种利用氨水的作用使盐转化为碳酸氢钠的方法，这种方法是他参与发明的，当时还不很成熟。蒙德在柴郡的温宁顿买下一块地，建造厂房。同时，他继续实验，以完善这种方法。实验失败之后，蒙德干脆住进了实验室，昼夜不停地工作。经过反复而复杂的实验，他终于解决了技术上的难题。

1874年厂房建成，起初生产情况并不理想，成本居高不下，连续几年企业完全亏损。

犹太人在逆境中的坚韧性格帮助了蒙德，他不气馁，终于在建厂6年后的1880年取得了重大突破，产量增加了3倍，成本也降了下来，产品由原先每吨亏损5英镑，变为获利1英镑。

后来，蒙德建立的这家企业成了全世界最大的生产碱的化工企业。

如果没有在逆境中坚持不懈、默默奋斗的品格，蒙德也就不会取得后来的非凡成就。

盖尔·博登也是一个善于在逆境中发财的人，正是这一点，使他有了辉煌的成功。

早年，博登埋头于发明创造。他先是发明了脱水肉饼干，但却未给他带来多少好处，相反，却使他在经济上陷入窘境。

博登未被击倒，反而从失败中汲取教训。又经过两年反反复复的试验，他终于又制成了一种新产品——炼乳，并决定把它推向市场。

博登的第一步是要寻找专利保护。博登发明的炼乳，是一种纯净、新鲜的牛奶，牛奶中的大部分水分在低温中利用真空抽掉。但是，博登为他的制造方式寻求专利权时，得到的答复是产品缺乏新意，并且，专利局官员告诉他，在已批准的专利申请存档中已经有数十种“脱水乳”的专利权，其中包括一种“以任何已知方法脱水”。博登并不甘心，又一次提出申请。但他的第二次申请又再度被驳回，因为专利官员判定“真空脱水”并非必要的过程。第三次申请仍被拒绝，理由是博登未能证明“从母牛身上挤出的新鲜牛奶在露天地方脱水”与他的制作方式的目的不一致。

3次申请，3次被驳回，并未把博登击倒。他对专利权仍然穷追不舍，因为他坚信他的创造。他的第四次申请终于被批准了。

但是推销新产品也不是一帆风顺的。尽管博登每天花费18个小时在厂里教导炼乳的生产方法，监督生产程序，检查卫生清洁情况；尽管他的工厂由一家车店改造，租金便宜，附近又有纯正、营养丰富的牛奶供应，因而炼乳的成本较低；尽管他小心地挑选一位社区领袖做他的第一位顾客，因为这位社区领袖对炼乳的意见会有助于巩固这家新公司及其新产品在该地区的地位，而且这位社区领袖对产品也表示了赞赏，但当时当地的顾客仍习惯把掺有水分的牛奶放入一些发酵品，进行蒸馏。他们只觉得炼乳稀奇古怪，对它有疑心，所以，很少有人问津。

出师屡屡不利，甚至到了山穷水尽的地步——博登的两位合伙人都失去了信心。第一家炼乳厂被迫关闭了。

博登破釜沉舟，又建起了新工厂。也许是他的努力感动了上帝，他的第二次尝试终于获得了成功。他的公司在他逝世时，已成为美国具有领导地位的炼乳公司。而博登的创业奋斗奠定了现代牛奶工业生产的基石。

在博登的墓碑上，有这样一段墓志铭："我尝试过，但失败了。我一再尝试，终于成功。"这正是对他一生的总结。

许多犹太巨富早年都在逆境中成长，他们甚至没有接受过多少正规的学校教育。在逆境中磨砺，在逆境中奋斗，在逆境中发财，他们走的是一条更为艰辛的路。

这些世界经济舞台上的巨子们的青少年时代都很清贫，他们无法完成正常的学业，没能够进入大学的校园。

然而，从逆境中间，他们又学到了很多。从知识的点滴积累，到性格的磨砺锻炼。一次次的失败和绝境，让他们悟出了某些书本里学不到的真谛，所以，他们成功了。

杰出的人物之所以能成功，另一个重要的原因就是他们均能自强不息，并且具有必胜的信念。即使面对种种逆境重重困难时，他们也从未放弃过。生活中总有许多人抱怨自己没本事，从而消极平庸，但实际上每个人都有成功的潜质。正如拿破仑所言："世上没有废物，只是放错了地方。"只要选准一条适合自己的路，坚持下去，自强不息，积极进取，就一定能成功。

第九章

勤奋：重视人生的每一步奋斗

树立恰当的榜样

犹太人在教育子女时，总是鼓励他们树立自己可以效仿的榜样，像他们一样拼搏奋斗实现自己的目标。被视为榜样的既包括犹太传统中的成功商人，也包括各个领域的专家学者，但不管是谁，犹太父母都会辅导孩子结合自己的天赋和能力，树立恰当的榜样。

犹太父母告诉孩子树立榜样时，首先要观察被树为榜样的这个人是否真的值得学习、效仿，因为一旦发现原来自己的榜样其实名不副实，孩子幼小的心灵会受到极大的伤害，影响他们正常世界观的形成。犹太儿童经常听大人们讲这个故事：

在一个寂静的夜晚，黑暗中，一只色彩绚烂的“流浪汉”——蝴蝶，没有目标地乱闯。忽然，它发现远方有一点点火光。“那是什么啊？”被火光迷惑的蝴蝶好奇地问。它想都不想就向火光快速地飞去。它靠近了火光，兴奋地绕着火焰飞翔。啊，多么美丽哟！不过，蝴蝶不满足于只欣赏一下火焰，它还想品尝一下，就像吮吸田野上的花蜜一样。它姿势优美地停在了半空，准备落在火焰上。啊！多么可怕的教训！它惊恐地一跳，逃开了。在火光的照耀下，蝴蝶发现自己缺了一条腿，还有非常漂亮的翅膀尖儿也被烧焦了。“这是怎么了？我遇到了什么事？”蝴蝶不知道是什么原因导致这一切的发生。这么美丽的“光亮”还能令人感到遗憾？真是难以想象！蝴蝶带着这种疑虑，休息了一会儿，等恢复了力气，又重新开始

“品尝”。被火光迷惑的蝴蝶，眼睛紧紧地盯着蹿跳的火焰，怀着占有它的决心，一头扎进了火焰。蝴蝶没有遇到任何东西的阻拦，一下子跌在油灯的油盆里。生命弥留之际，蝴蝶低声地嘀咕：“可恶的火焰！我渴望你给我带来光亮、带来幸福，而你却只给我死亡！我现在唯一能做的就是为自己疯狂的梦想哭泣！可惜，我明白得太晚了，是你使我遭遇不幸！”火焰听见蝴蝶的抱怨，心平气和地回答道：“可悲的蝴蝶，我可不是你想象的太阳！我是火焰。你知道吗？火焰！不谨慎的人不但不会使用我，而且还会自焚！”

犹太父母用这则寓言教育孩子们：崇拜带光环的偶像，可能跟蝴蝶一样跌跟头。告诉他们无论在学习，还是在自己的成长过程中，都要选对榜样，不能像故事中的蝴蝶一样，错把火焰当作自己的偶像，结果送了性命。选对榜样，并且从自己做起，从身边做起，才能离目标越来越近。

试一试才知道

鼓励孩子勤于尝试，让孩子不断提升自我。

有一个故事叫《小马过河》，说的是从前有一匹小马驹，它第一次过河，但是不知道河的深浅，就去请教正在河旁的老水牛和小松鼠。老水牛对小马驹说："这条河的水很浅，可以过得去。"而小松鼠却对小马驹说："这条河的水很深，过不去。"小马驹听完不同意见后就没了主意，跑去问妈妈，妈妈建议说："你自己下水去试试，不就明白了吗？"小马驹听了妈妈的话，跑到河边小心地蹚了过去。原来河水并不像老水牛说的那么浅，也没有小松鼠说的那么深。

这个故事中的小马妈妈教育小马的方法就很得当。小马妈妈不是直接告诉小马可不可以过河，而是让小马自己去试一试，让它在这个过程中自己得出结论。这种方法与我们很多父母的

“训诫”教育相比，能使孩子更深刻地体验到实践的重要性。

犹太人经常强调这一点：父母是孩子最早的老师，父母的言传身教对孩子的影响非常大。但很多父母在教育孩子时，往往只是直接灌输自己的过往经验，代替孩子回答问题，而不是启发孩子，让孩子在亲身实践中得出自己的答案。

孩子的成长过程也是认知的过程，大人的经验固然对孩子的成长有很大的帮助，但孩子的亲身体会要比大人的教诲深刻得多，即使孩子在亲身体会的过程中犯错误，我们也要允许他们犯错误，因为他们有能力去犯错误，也同样有能力改正自己的错误，在犯错误中得到正确的答案，那是最珍贵的。

从我做起

一切都要从自己开始，不能寄希望于别人，与其指望别人，不如自己亲自动手。

人最爱犯的错误就是认识和观念错误，一旦观念不正确，就必然导致行为跟着错。任何人都希望别人给予帮助，在困难和危险面前，我们总在想：要是有人帮我一把该多好！于是，我们老寄希望于别人，特别是自己的朋友。但实际上，朋友再好也仅仅是朋友而已，他的心里想什么你只能去揣测，而绝对不会受你的左右；而至于那些不曾相交的一般人，就更别指望了。一般而言，人是有善心的，但是绝不是每个人都是菩萨。所以，自己不做事而寄希望于别人，自己便是天生的寄生虫；与其将希望寄托在别人身上，不如从自己开始，牢牢把握自

己。这一点犹太人很早就认识到，他们也是这样教育他们的子女的。

人人都希望有一个好的家庭，在生活中获得成功与幸福；同时也希望自己有个好的工作条件和拥有一个好的祖国。这样的话，我们不怎么努力也可衣食无忧。可是，我们知道如何来创造一个良好的家庭环境、好的工作条件和富裕的国家吗？

那些显赫的家族确实令人羡慕，可我们必须知道的是，当他们的先辈创业时多半也是白手起家，靠自己的双手和智慧才赢得了这片天地。而后继者也是勤耕不辍，兢兢业业，在先辈的基础上继续前进，而绝不是坐享其成、坐吃山空。我们梦想着有个优雅舒适的工作空间，做着令人艳羡的白领或金领贵族，可是我们必须知道，这样的工作空间是靠自己不断地学习和积累经验才可能有的。同样，我们希望自己降生在一个美丽富饶繁荣的国度，可是，正如肯尼迪说的那样：不要问你的国家能给予你什么，而要问自己能为自己的祖国做些什么。如果没有一个个个体的奋斗与努力，一个国家又怎么能够繁荣与富强呢？

可是，人的天性就是对别人的过失总是很敏感，而对自己却异常的宽容，有时甚至还会强词夺理，为自己巧言辩护。人总是严格地要求自己的妻子、儿女、朋友、上司、同事、下属，却唯独不能严格要求自己。因此，人最大的缺点就是不能够做到以身作则、从我做起。

犹太祖先这样告诫自己的子孙："最值得依赖的朋友在镜子里，那就是你自己""人们介意他人身上些微的皮肤病，却睁眼不见自己身上的重病""人有两只耳一张嘴，就是要人凡事应多听少说"。

我是最美的

一个人必须懂得珍惜自己，然后才懂得珍惜别人，不爱自己的人绝不可能做到"爱你的邻居"之类的事情。人只有首先学会了爱自己，才能够很快地爱别人，并通过关心自己、帮助自己来关心别人、帮助别人。这样，你对他人的帮助也就没有虚伪的成分。你帮助别人，不是为了博得他人的感谢或获取奖赏，而是因为你从帮助别人或爱别人之中能够享受真正的快乐。

教育孩子：只有珍惜自己，才懂得去珍惜别人。

爱你自己，就是根据你的意愿将自己作为一个有价值的人而予以接受；接受，则意味着毫无抱怨。一个思维健全的人从不会经常抱怨，尤其不会抱怨天气太冷、石头太硬、冰太凉等。接受，意味着不加抱怨；要保持精神愉快，则意味着不抱怨那些自己力不能及的事情。缺乏自我依靠的人常常从抱怨和牢骚中求得慰藉。向别人诉说你不喜欢自己的地方，只能使你继续对自己不满，因为别人对此几乎总是无能为力的，至多只能加以否认，可你又不会相信他们的话。向别人抱怨是无济于事的，同样，让别人无休止地倾诉，其自我怜悯和痛苦也无助于任何人。要结束这一无益而讨厌的行为，只需要问一个简单的问题："你为什么要给我讲这些问题？"然后你就会认识到，你的抱怨是非常荒唐可笑的，是在浪费时间，而你本可以用这些时间来进行自爱活动，比如帮助别人实现其愿望，或默默地自我赞扬。

犹太人在2000多年的流浪漂泊中，受尽歧视、冷落甚至迫害。他们身在异地他乡，除了依靠自己，再别无所依。因此，

他们形成了依靠自己、靠自己来拯救自己的信念。在他们看来，人活在世上，首先就要学会为自己谋福利，只有自己有了财富，才会真正具有帮助别人、普善众生的力量；一个有价值的人生，就是靠自己的奋斗与拼搏，最终获得成功的人生，而那些一天到晚心忧天下，而自己却潦倒穷困的人，固然值得尊敬，但他们实际上并没有做出贡献。犹太人相信，只有懂得珍惜和完善自己，才真正懂得，也才真正有能力去帮助、去解救别人。

一个人爱自己的方式很多，你可以选择从喜欢自己的身体开始，即使你的某些身体特征确实无法令自己喜欢，你也无须去羡慕别人。

对于自我形象，你也可以做出同样的选择。如在智力方面，你可以按照自己制定的标准来判断自己是否聪明。事实上，你越让自己保持愉快，你也就越聪明。如果你在数学、英语或者写作方面水平较差，这并不说明你智力很差，只不过是你到目前为止选择的一种结果。如果你多花些时间加以训练，一定可以大大提高自己的水平，因此，这与你聪明与否并无直接联系。

有些人认为，自爱行为是一种无异于极端利己主义的令人反感的行为，这实在是一种极大的误解。自爱与那种到处夸耀自己多么了不起的行为毫无共同之处。后者并不是一种自爱行为，而是企图靠自吹自擂来赢得他人的注意和赞许，它与自我轻蔑行为一样都是病态行为。自负行为的目的在于赢得他人赞许，采取这些做法的人是根据别人对他的看法来评价自己。

如若不然，他便没有必要靠自吹自擂来说服别人。自爱则意味着你爱你自己，它并不要求别人爱你，因而也没有必要说服别人。只要你接受自己便足够了，自爱与别人对你的看法如何毫不相干。

犹太家长经常这样教育自己的孩子：如果要自爱，就必须摒弃一个观点——人的自我形象要么是积极的，要么是消极的。实际上，你具有许多自我形象，而且它们经常在不断变化。如果要你回答“你喜欢自己吗”，你可能倾向于将所有消极的自我形象汇集起来，说“不”。可是，如果你能具体分析自我嫌恶的表象的实质，你就可以明确努力的方向。

一分耕耘，一分收获

认真是做好任何事情的保证和前提。只有认真负责，所做的事才能达到理想的效果。

犹太人十分强调这一点。犹太儿童经常听家长讲这样一个故事。

柯比是一位木匠，他擅长砍削木头制造一种乐器，那时人们称这种乐器为镰。柯比做的镰，看到的人都惊叹不已，认为是鬼斧神工。柯比的君主听闻此事后，召见柯比问：“你是用什么方法制成的？”“我是个工匠，谈不上什么方法。”柯比回答说，“我只有体会。在做镰时从来不分心，而且实行斋戒，洁身自好，摒除杂念。斋戒到第 3 天，不敢想到庆功、封官、俸禄；第 5 天，不把别人对自己的非议、褒贬放在心上；第7天，我已经进入了忘我的境界。此时，心中早已不存在晋见君主的奢望，给朝廷制镰，既不希求赏赐，也不惧怕惩罚。”柯比在把外界的干扰全部排除之后，进入山林中，观察树木的质地，精心选取自然形态合乎制镰的材料，直至一个完整的镰已经成竹在胸，这个时候才开始动手加工制作。“否则，我不会去做！”柯比向君主详细介绍制作过程后，继续说，“以上的方法就是用我的天性和木材的天性相结合，我的镰制成后之所以能被人誉为鬼斧神工，大概就是这个缘故。”

这个故事教育人们，要想成就任何事情，都必须专一、执着、忘我。柯比制镰虽然有些过分夸大精神作用，但是强调干事业精神专注、摒除杂念是非常重要的。

卡拉出任纽兰西镇的长官。有一天，他碰到他以前的学生奥莱，三句话不离本行，他与奥莱探讨治理地方、管理纽兰西的方法。卡拉和奥莱谈得很投机。卡拉讲到自己的治理经验，认为处理政务绝不能鲁莽，管理农民更不可简单粗暴。从治理之道又谈到种田之道，卡拉说自己曾种过庄稼。那时，耕地马马虎虎，无所用心，果实结出来稀稀拉拉；锄草粗心大意，锄

断了苗根和枝叶，一年干下来，到了收获季节却收成无几。听了卡拉的讲述后，奥莱很关心地打听他后来的状况。卡拉吃一堑长一智，总结自己种田的教训，第二年便改变了粗枝大叶的态度。他告诉奥莱，从此他开始精耕细作，认真除草，细心护理庄稼，想不到当年获得好收成，一年下来丰衣足食。

有了种田的失败和成功，卡拉悟出一条道理：做任何事都贵在认真。现在他当镇长，便守住这条做人的准则。奥莱常常拿卡拉的事教育他人。一分耕耘，一分收获，种庄稼是这样，干其他任何事都是这样。做家长的要培养孩子凡事认真的态度，只有这样孩子才能有所作为。

让我想想

思维能力是孩子智力活动的核心，也是智力结构的核心，因而思维能力是孩子成才最重要的智力因素。思维能力也是孩子从小就开始发展的，它会让孩子更聪明、更胜人一筹。犹太人从孩子小时候就开始培养孩子的思维能力。

一个小学生在认真地做作业。这是一系列加、减、乘、除的四则应用计算题，难度相当大，特别那几个繁分数题，计算起来太繁杂。他的额头上不知不觉地渗出细珠般的汗水来。正在这个时候，不知从什么地方来了一个微型机器人，手里提着火柴盒般的一台小箱子，一蹦一跳地来到小学生跟前，细声细气地冲他问："朋友，你在演算吗？""嗯，是——"小学生抬头看了看，立刻又低着头专心做作业了。他不愿分散注意力，爱理不理地嘟囔一声了事。“你计算遇到困难了吗？”“唔，有点儿——”小学生不想回答，可又回答了。“那么，”细声细气的声音紧接着响起来，“我给你带来了一台计算机。”“做什么？”小学生的声音显然很不高兴。“没什么，我是来帮助你的。”细声细气的声音倒是很和气，仿佛在赔不是似的。小学生还是怒气冲冲的：“怎么帮助？帮助什么？……”“这个你也知道，”细声细气的声音马上搭上茬儿了，“你何必苦思苦索啊，按几下我带来的计算机就得了。它可以帮助你一下子把所有的题目全都计算出来，而且正确无误，速度快，很容易你就能成为第一名啦！”余怒未息的小学生粗嗓门说：“不用，我不用计算机！”“你不要我帮助？”机器人很失望，说话声音也大了点儿。“不，不，”小学生摇摇头，“我不愿意，一百个不愿意！我要的是‘自力更生’！”后面四个字说得很响很清楚。机器人吃惊地说：“你，你，你要自己发明创造一台新的计算机？……”“嘻嘻！”小学生笑出声来。“计算机本来是人发明的，它作为人的工具、助手，人使用它，用它来工作，但它并不能代替人思考！你知道吗？”机器人细声细气的声音十分软弱无

力，低声下气地说："那么，那么，那么计算机没有什么用处了？""人能思考，独立自主地思考一切。"小学生说着，指指自己的脑袋瓜，"我先要使用我自己的'计算机'，然后才能使用你带给我的计算机，不是吗？——不是你来帮助我，而是我来使用你！"机器人被小学生揭去了罩在身上的神秘面纱，恍然大悟地说："噢，原来如此。我和计算机都不过是按照人指定的程序动作办事，怪不得我只能是主人要我做什么，我就做什么，自己六神无主地唯命是从！""哈哈，你明白这个道理就好。我相信依靠我自己不断地努力思考，是能把算术题全计算出来的，将来也能发明创造新的机器人和计算机的。"小学生放大了嗓门说话，但是很有礼貌地一字一顿地说，"亲爱的机器人，再会吧！"

犹太人认为，真诚友谊的帮助，可让对方在自己努力的基础上来启发自己、帮助自己，最后仍要靠自己的力量排除障碍，克服困难。要不，帮助反而养成依赖的坏习惯和不良的惰性。这位小学生年龄虽小，却懂得这个道理，知道自己思考，这很值得孩子们学习。

坚持就是胜利

孩子有毅力，才能学习好。要学好本领，必须苦练基本功，必须持之以恒。只有坚持不懈地练习，才能精通。

有一天，一只兔子嘲笑乌龟腿短，走起路来慢腾腾的。乌龟笑着回答说："虽然你跑起来快得像一阵风一样，但如果赛

跑，我一定能赢你。”兔子认为乌龟的话是在吹牛，便同意赛跑，它们商量一致，请狐狸选定跑道，定好终点。到了比赛那天，它们同时出发，兔子自信天生跑得快，就没把比赛放在心上，跑到中途它在路边躺下来竟呼呼大睡了。等到兔子一觉醒来，奋力快跑，来到终点，发现乌龟早已到达终点！

这个故事告诉我们，虽然慢点，但只要坚持不懈，最终会赢得胜利。孩子的意志总体情况令人担忧，这首先是家庭教育失误造成的。对独生子女生活方面的溺爱和迁就，势必助长他们的任性和怕吃苦。过度保护和包办代替严重妨碍孩子意志的提高，因为意志本质上是自己管住自己，若家长管得太多，他就没有机会学习自己管住自己了。家长对孩子学习上的过高要求也破坏孩子意志，因为意志只能在压力较大而不过大的情境中才能提高，压力过大反而会导致放弃，使意志无法发挥作用。

犹太家长尤其注重孩子非智力因素的培养。非智力因素包括许多方面，对于孩子来说，意志应该是一个重点。意志太重要了。意志薄弱对任何人来讲都是致命的弱点，它不只会影响孩子的学习成绩，还会影响孩子一生的发展。杰出人物几乎都是意志非常坚强的人；而几乎所有违法犯罪者都是意志薄弱者，他们控制不了感情，抵挡不了诱惑。犹太家长经常给孩子讲下面的故事。

意大利著名小提琴家帕格尼尼，最擅长演奏旋律复杂多变的乐曲，他高深的琴技很受喜欢古典音乐者的欣赏。有一天晚上，帕格尼尼举行音乐演奏会，有位听众听了他出神入化的演奏之后，以为他的小提琴是具魔琴，便要求看一看，帕格尼尼立即答应了。那人看看小提琴，发现跟一般的琴没什么两样，心里觉得很奇怪。帕格尼尼看出他的心事，便笑着说："你觉得奇怪是不？老实告诉你，随便什么东西，只要上面有弦，我都能拉出美妙的声音。"那人便问："皮鞋也可以吗？"帕格尼尼回答："当然可以。"于是那人立刻脱下皮鞋，递给帕格尼尼。帕格尼尼接过皮鞋，在上面钉了几根钉子，又装上几根弦，准备就绪，便拉了起来。说也奇怪，皮鞋在他手上，演奏起来竟跟小提琴差不多，不知情的人在听了这个美妙的旋律之后，还以为是用小提琴拉的呢！

可见，钻研任何一种技艺，一定要长期坚持苦练，才能达到出神入化、随心所欲的境界，这是绝对没有偶然的。

第11次敲门

困难，是动摇者和懦夫掉队回头的便桥，但也是勇敢者前进的垫脚石。面对困难掉头就走的人是懦夫，迎头痛击的是勇士。

瑞德公司的面试通知，像一缕阳光照亮了犹太人克里弗德焦急期待的心。

面试那天，克里弗德精心地梳洗打扮了一番，又换了一条新领带，以祝福自己好运。上午10点钟，他走进了瑞德公司人力资源部。

等秘书小姐向经理通报后，克里弗德静了静心，提着手提包来到经理办公室门前，轻轻地敲了两下门。

“是克里弗德先生吗？”屋里传出问询声。

“经理先生，你好！我是克里弗德。”克里弗德慢慢地推开门。

“抱歉，克里弗德先生。你能再敲一次门吗？”端坐在沙发转椅上的经理悠闲地注视着克里弗德，表情有些冷淡。

经理先生的话虽令克里弗德有些疑惑，但他并未多想，关上门，重新敲了两下，然后推门走进去。

“不，克里弗德先生，这次没有第一次好，你能再来一次吗？”经理示意他出去重来。

克里弗德重新敲门，又一次踏进房间。

“先生，这样可以吗？”

“这样说话不好……”

克里弗德又一次走进去：“我是克里弗德，见到你很高兴，经理先生。”

经理依然淡淡地说道：“你还是得再来一次。”

克里弗德又做了一次尝试：“抱歉，打扰你工作了。”

“这回差不多了，如果你能再来一次会更好。你能再试一次吗？”

当克里弗德第10次退出来时，他内心的喜悦和憧憬已消失殆尽，开始有些恼火，心想，进门打招呼哪有这么多讲究？这哪是招聘面试呀，分明是在刁难戏弄人。

克里弗德生气地转身离开，可刚走几步又停了下来。“不行，我不能就这样逃开，即使瑞德公司不打算录用我，也得听到他们当面对我说。”

于是，克里弗德稍稍地舒了一口气，第11次敲响了门。这次，他得到的不是拒绝，而是热烈欢迎的掌声。克里弗德没有想到，第11次敲门，叩开的竟是一扇成功之门。

原来，瑞德公司此次是打算招聘一名市场调查员。而一名优秀的市场调查员，不仅要具备学识素质，更要具备耐心和毅力等心理素质。这11次敲门和问候就是考察一个人心理素质的考题。

锲而不舍才能成功

犹太人认为，由平凡起步，才会超越平凡。幸福不是空中楼阁，它需要一步步地构建。只有足够勤奋，锲而不舍，才能达成最终的目标。

生活中，一般人的工作都是很平凡的。虽然是平凡的工作，但只要努力去做，和周围的人配合好，依然可以做出不平凡的成绩。那种大事干不了、小事又不愿干的心理是要不得的。小至个人，大到一个公司、企业，它们的成功发展，正是来源于平凡工作的积累。

18世纪时，瑞典化学家舍勒在化学领域做出了巨大的成就，然而瑞典国王毫不知情。有一次去欧洲的旅途中，国王才了解到自己的国家有这么一位优秀的科学家，于是决定授予舍勒一枚勋章。可是负责发奖的官员孤陋寡闻，又敷衍了事，他竟然没有找到那位全欧知名的舍勒，却把勋章发给了一个与舍勒同姓的人。

当时，舍勒就在瑞典一个小镇上当药剂师，他知道要给自己发一枚勋章，也知道发错了人，但他只是付诸一笑，只当没有那么一回事，仍然埋头于化学研究之中。

在业余时间，舍勒利用极其简陋的自制设备，首先发现了氧，还发现了氯、氨、氯化氢，以及几十种新元素和化合物。

他从酒石中提取酒石酸，并根据实验写成两篇论文，送到斯德哥尔摩科学院。科学院竟以“格式不合”为理由，拒绝发表他的论文。但是舍勒并不灰心，在他获得了大量研究成果以后，根据这个实验写成的著作终于与读者见面了。舍勒在32岁那年当选为瑞典科学院院士。

如果我们也有舍勒这种埋头苦干、锲而不舍的精神，有在平凡中追求伟大的品性，那么成功也就离我们不远了。

许多年轻人，尤其是名牌大学、学历高的毕业生，他们来到工作单位后，总觉得自己比别人高一等，简单的工作不愿做，觉得自己大材小用了；繁杂一点的任务，又总是眼高手低，缺乏经验。就算是遇到问题了，也不愿向人请教，觉得太丢面子了；出错了，还批评不得。俗话说：“山外有山，人外有人。”所以，初入社会，还是得放下架子，虚心求教！

毕竟，成功不会从天而降或一蹴而就。

工作是幸福的保障

一个人的价值不在于职位的高低，而在于体现在工作中的精神、态度。

这世上，工作并无贵贱之分，但是对于工作的态度却有高低之别。看一个人是否能做好事情，只要看他对待工作的态度。要知道，所有正当合法的工作都是值得尊敬的，没有人会否认或贬低你的价值，关键在于我们如何看待自己的工作。那些只知道要求高薪，却不知道自己应承担的责任的人，无论对自己，还是对老板，都是没有价值的。

闻名中外的希尔顿饭店有位犹太人清洁员，他在这家饭店工作了将近20年，一直在洗手间做保洁工作。洗手间总是被他打扫得干干净净，他甚至自己花钱在洗手间放上一瓶高级香水，客人进来都能闻到一股芳香的味道。客人们对他的服务交口称赞，有的甚至冲着他的良好服务而专门住进这家饭店。他的朋友都替他惋惜，劝他换份工作。他却骄傲地说："我为什么要换工作呢？我的工作就是最好的，看到客人们对我的赞扬，这就是我最大的幸福了，我又何必换工作呢？"

把自己的工作当成自己最喜欢的事并且乐在其中，我们就能发掘自身特有的能力。其中最重要的是能保持一种积极的心态，即使是辛苦枯燥的工作，通过奋斗，也能从中感受到价值。在你完成使命的同时，会发现成功之芽在萌发。我们每一个人的工作，就是自己给自己画的一幅画，是美丽还是丑恶，可爱还是可憎，都是由自己决定的。我们每一个人的细微表现，无论是上班赶时间，还是工作中的每一个协作，都在说明自己的美或丑，可爱或可憎。

下面这句话也许是古罗马哲学家们提供给人类的最伟大告诫之一："没有卑微的工作，只有卑微的工作态度，而我们的工作态度完全取决于我们自己。"

不断挑战新的难度

当我们把过多的精力与才华放在一个低水平的事情上，我们的能力就无法提高。想突破事业的瓶颈，必须勇于挑战高难度的工作。

伍德是音乐系的学生，这一天，他走进练习室，看见钢琴上摆着一份全新的乐谱。

"超高难度……"伍德翻动着乐谱，喃喃自语，感觉自己对弹奏钢琴的信心似乎跌到了谷底。

已经3个月了！自从跟了这位新的指导教授之后一直是这样，不知道为什么教授要以这种方式整人。

伍德勉强打起精神，他开始用手指奋战、奋战、奋战……琴音盖住了练习室外教授走来的脚步声。

指导教授是个犹太人，是极有名的钢琴大师。授课第一天，他给了自己的新学生一份乐谱。"试试看吧！"他说。

乐谱难度颇高，伍德弹得生涩僵滞、错误百出。

"还不熟，回去好好练习！"教授在下课时，这样叮嘱学生。

伍德练了一个星期，第二周上课时正准备让教授测试。没想到，教授又给了他一份难度更高的乐谱："试试看吧！"而上星期的课，教授提也没提。

伍德再次挣扎于更高难度的技巧挑战。

第三周，更难的乐谱又出现了。

同样的情形持续着，伍德每次在课堂上都被一份新的乐谱所困扰，然后把它带回去练习，接着再回到课堂上，重新面临两倍难度的乐谱，却怎么都追不上进度，一点也没有因为上周的练习而有轻车熟路的感觉。伍德越来越感到沮丧和气馁。

教授走进练习室。

伍德再也忍不住了，他向钢琴大师提出这几个月来自己承受着巨大的压力。

教授没有开口，他抽出了最早的那份乐谱，交给伍德。"弹弹看！"他以坚定的目光望着伍德。

不可思议的结果发生了，连伍德自己都惊讶万分，他居然可以将这首曲子弹奏得如此美妙、如此精湛！教授又让伍德试了第二堂课的乐谱，伍德依然呈现超高水准的表现……演奏结束，伍德怔怔地看着老师，说不出话来。

"如果我任由你表现最擅长的部分，可能你还在练习最早的那份乐谱，就不会有现在这样的程度。"钢琴大师缓缓地说道。

失败了，重新再来

人生就是历经挣扎与奋斗，受过一次打击就一蹶不振的人是真正失败的人，而只要敢于从失败中重新认识自己，汲取经验和教训，就可以到达新的起点，最终取得成功。我们周围充满着困难与障碍，也充满着希望与新生，我们要做的就是坚定信念，培植希望。

面对不幸，犹太民族从未被击倒，身临困厄与逆境，他们从不畏缩和气馁；他们坚信自己是上帝的“特选子民”，只要自己不失去信念，不停止奋斗就最终会取得胜利；他们把逆境和打击看作是检验自己信念与意志的机会，也把它们看成是下一次成功的垫脚石。他们已经历了太多的不幸与风浪，习惯了十之八九都是不如意之事的人生，深知世上绝没有一帆风顺。

罗森沃德是美国最大的百货公司西尔斯-娄巴克公司的最大股东，他也是美国20世纪商界风云人物。然而，这个做服装生意起家的富翁却也经历了许多创业时的失败与艰辛。罗森沃德1862年出生在德国的一个犹太人家庭，少年时随家人移居美国，定居在伊利诺伊州斯普林菲尔德市。罗森沃德的家境不大好，为了维持生活，中学毕业后，他就到纽约的服装店当跑腿，做些杂工。罗森沃德从年幼时就受犹太人的教育影响，具有艰苦奋斗的精神。他确信凡人皆有出头日，一个人只要选定了目标，然后坚持不懈地往目标迈进，百折不挠，胜利一定会酬报有心人的。罗森沃德本着这种精神，十分卖力地赚了几百块钱。

“我要当一个服装店老板”，这是罗森沃德的奋斗目标。为了实现这个目标，他除了在工作中留心学习和注意动态外，把全部的业余时间用于学习商业知识。到1884年，他自认为有些经验和小小本金了，决定自己开设服装店。可是，他的商店门可罗雀，生意极不佳，经营了一年多，把多年辛苦积蓄的一点点血汗钱全部亏光了，商店只好关门，罗森沃德垂头丧气地离开纽约，回伊利诺伊州去。痛定思痛，罗森沃德反复思考自己失败的原因。最后，他找出了缘由：服装是人们的生活必需品，但又是一种装饰品，它既要实用，又要新颖，这才能满足各种用户的需求。而自己经营的服装店，没有自己的特色，也没有任何新意，再加上自己的商店未建立起商誉，没有销售渠道，那注定要失败的。针对自己出师不利的原因，罗森沃德决心改进，他毫不气馁继续学习和研究服装的经营办法。他一边到服装设计学校去学习，一边进行服装市场考察，特别是对世界各国时装进行专门研究。一年后，他对服装设计很有心得，对市场行情也看得较为清楚。于是，决定重整旗鼓，向朋友借来几百美元，先在芝加哥开设一间只有10多平方米的服装加工店，他的服装店除了展出他亲自设计的新款服饰图样外，还可以根据顾客的需求对已定型的服饰改进，甚至完全按顾客的口述重新设计。因为他的服装设计款式多、新颖精美，再加其灵活经营，很快博得了客户的欣赏，生意十分兴旺。两年后，他把自己的服装加工店扩大了数十倍，改为服装公司，大批量生产各种时装。从此以后，他财源广进，声名鹊起。

罗森沃德的成功经验告诉我们：信心与前进是成功之父。

犹太人历来相信这个观点。他们认为：胜利是一种习惯，失败也是一种习惯，如果想成功，就得取得持续性的胜利。不能贪图一时的胜利，要的是持续性胜利，只有这样才能成为强者。信心会激发人们成功的能力。信心会有伟大的结果，它是所有伟大的事业、书籍、剧本，以及科学新知背后的动力，信心会使人成功，是已经成功的人所拥有的一项基本而绝对必备的要素，但失败者丢掉了这些。“不自信”是消极的力量。当你心中不以为然或产生怀疑时，你就会想出各种理由来支持你的“不自信”。潜意识里有要失败的倾向，不相信会成功，这些都是失败的主因。心中存疑，就会失败；反之，相信会胜利，就必定成功。

第十章

学习：孜孜以求的求知精神

每个人都是你的老师

成功的方法不能复制，不同的人有不同的发展环境和机遇，但绝大多数真正的成功者都有共同的特点——善于寻找生活中的榜样，学习和借鉴他们的经验。

杰弗逊17岁时就读于威廉与玛丽学院，学习成绩非常优秀，特别是在历史和语言方面。此外，他对农艺、数学和建筑学等也有浓厚的兴趣。后来他自行设计的蒙蒂塞洛宅邸，既具有传统的古典式建筑风格，又有自己独特的特点，堪称当时美国第一流的建筑，至今仍是美国最值得赞赏的乡间府第之一。

杰弗逊出身贵族，他的父亲是军中的上将，母亲也是名门之后。当时的贵族除了发号施令以外，几乎不与平民百姓交往。但杰弗逊没有秉承贵族阶层的恶习，而是主动与各阶层人士交往。他的朋友中当然不乏社会名流，可更多的是普普通通的仆人、园丁、农民或者贫穷的手工业者。他的优点便是善于从各种人身上学习，因为他知道每一个人都有自己的长处，都有金子般发亮的东西。

杰弗逊仪表堂堂，谈吐生动，富于朝气，喜爱社交。他善于演奏小提琴，常有机会在总督府与一些比他年长很多的社会名流一同演奏古典乐曲。杰弗逊跻身于这些名流之中，经常同他们交谈，获益匪浅。

有一次，他还劝说法国伟人拉法叶特："你必须像我一样到普通民众家去走一走，尝一尝他们吃的面包，看一看他们的菜碗。只有你亲自这样做了，你才会了解到民众不满的原因，并会懂得正在酝酿的法国大革命的意义了。”

不耻下问、善于学习是杰弗逊的过人之处，他也因此比其他的领导者更清楚民众到底在想什么、到底最需要什么。这也是他成为一代伟人的原因所在。

不论是做学问，还是做人，都要善于向每个有专长的人学习，向含有真知灼见的任何一本书、任何一种见解学习。那种“我比我周围的人都聪明，因此我完全不用理会别人说什么”的想法是错误的。学习是一个非常广泛、综合的内容，每个人都有自己的优点与弱点，你可以向每一个人学到很多东西，要看到每个人的长处，取人之长，补己之短。

林肯是美国人心目中最有威望的总统。说起林肯，谁都知道他的父亲是一个庸碌无为而且目不识丁的木匠，他的母亲也是平庸的家庭主妇。那么林肯怎么会有那么卓越的领导和管理才能呢？人们一定会认为林肯受过良好的教育和训练。事实并非如此，不少美国人都知道，林肯所受的教育是极不完整和不正规的，他一生中只上过几天的学而已。在他被选为国会议员后，自己也曾对众人承认过这一点。那么谁是林肯的老师呢？答案就是在肯塔基州森林地带巡游的数位村儒学究，是他们在无意之中帮助了林肯得到长进。

林肯的老师还包括伊利诺州第八司法区的许多人。他曾每天和许多农夫、律师、商人讨论着国家大事和世界上发生的事情，从他们身上学习到很多知识和道理。林肯成功的秘诀就是：每个人都可能做他的老师。

犹太父母教育孩子说，老师和同学，乃至周围的每一个人，都可能成为请教的对象。对青年人而言，其实没有哪一个环境是所谓的好环境，也没有哪一个人是唯一的所谓好老师，只有不断变化的环境才是你最好的环境，也只有不断地向不同的人学习才是你不断进步的途径。

厚网捞起大鱼

在人生的竞赛场上，没有确立目标，不能在逆境中完善自己，是不容易得到成功的。许多人并不乏信心、能力、智力，只是没有确立目标或没有选准目标，所以没有走上成功的道路。

一个年轻的大学生在逛集市的时候，看见一位犹太老人摆了个捞鱼的摊子，他向有意捞鱼的人提供渔网，并承诺捞起来的鱼归捞鱼人所有。这个年轻人一时童心大发，蹲下去捞起鱼来，但他一连捞破了三张网，一条小鱼也没有捞到。

年轻人见老人眯着眼看着自己的蠢样，心中似乎正在暗自窃笑，便不耐烦地说：“老板，你这网子做得也太薄了，几乎一碰到水就破了，又怎么捞得起来那些鱼呢？”

老人回答说：“年轻人，看你也是念过书的人，怎么不懂得这个道理呢？当你心生意念想捞起你认为最大最好的鱼时，你打量过你手中所握的渔网是否真有那个能耐吗？追求不是件坏事，但是首先要了解你自己呀！”

“可是我觉得这个不是主要原因，关键还是你的网太薄，根本捞不起鱼。”

“年轻人，你还是不懂得捞鱼的哲学！这和世人所追求的爱情、事业、金钱都是一样的。当你沉迷于眼前目标的时候，一定要衡量自己的实力。”

人的生命虽然各有长短，有的人长命百岁，也有的人青壮之时夭折，但不管怎样，每个人都有宝贵的一生，生命对于每个人来说都只有一次。因此，人必须珍惜自己难得的一生，在这有限的人生中确立自己的奋斗目标，实现自己的愿望。

不要“三分钟热度”

在你的生活中，至少有一个领域应当是你最感兴趣的、最认真的，要将重点集中在这件事情上，它可能是你的工作、业余爱好，也可能是某些集体活动。你必须对某件事情有所擅长，而且擅长到能使你自己暗暗为之自豪的程度，从而使你知道自己是一个有价值的人。

犹太人大卫·布朗是一位英国商人，他的发迹过程就是他一生确立明确的奋斗目标的实现过程。他生于1904年，父亲经营一间小型齿轮制造厂，几十年来一直惨淡经营，仅仅能够赚取一点生活费。尽管如此，布朗的父亲是一个头脑清醒的人，他总结自己没有选好奋斗目标的教训，把希望寄托在儿子身上。为此，他严格要求布朗要勤于读书学习，还规定每逢假日布朗就要到自己的齿轮厂去参加劳动工作，与工人们一样艰苦工作，绝不特殊照顾。

布朗在父亲的教育下，在工厂里工作和劳动了很长时间，逐渐熟悉了工业技术和知识，养成了艰苦奋斗的精神，形成了自己人生的奋斗目标，而且知道了只有在逆境中才能成才的道

理。这样，布朗父亲教育儿子的目标总算实现了。而布朗自己的奋斗目标不在于齿轮厂方面，而是想利用自己在齿轮业务方面积累的经验，往生产赛车这个方向去发展。他通过观察，发现当代人对汽车的使用已经普及，预感到汽车大赛将会成为人们的一种流行娱乐。这就形成了他自己的奋斗目标——大力发展赛车。凭借着这个信念，他克服了重重困难，成立了大卫布朗公司，不惜投入大量资金聘请专家和技术人员搞设计，采用先进设备机器进行生产。1948年在比利时举办的国际汽车大赛中，布朗生产的“马丁”牌赛车一举夺魁，大卫布朗公司因此名声大振，订单如雪片般飞来，布朗从此走上发迹之路。正是布朗对自己生产赛车的目标坚持不懈地努力，才使自己确立的目标实现了。

每个人都应该要求自己至少能做好一件事。你不可能在各个领域都做得很好，也没有必要这样。正如一位百发百中的神枪射击手，如果他漫无目标地乱射，其结果可想而知。正如驴子一天到晚绕着石磨不停地转动，但是什么地方也到达不了，这是因为它没有确定的目标。要像布朗一样，确立明确的奋斗目标，矢志不移地为之努力。

凡是具有创造力、努力工作的人，其最终目的就是实现自己的愿望。如果一个人没有了自己的愿望，那他根本不可能有什么动力；而如果他的愿望一会儿一个，太多变化，那么他很可能只有“三分钟热度”，什么事都做不成。

爱之深，责之切

只有爱不见得能培养和教育出优秀的孩子来，应该把爱和严格要求结合起来。

美国第32届总统富兰克林·德拉诺·罗斯福是美国历史上唯一一位连任四届的总统。他的政绩在全美国民众中是有口皆碑的，人们在谈论他所受到的家教时也同样津津乐道。

他出身于富豪家庭，父亲学法律出身，是美国有名的商人，家里很有钱。罗斯福的父亲和母亲年龄相差26岁，当罗斯福出生时，父亲的年纪已经很大了。罗斯福有一个同父异母的哥哥很早就离家在外，罗斯福的降生给这个本来就十分幸福和睦的家庭带来了无比的欢乐，幼小的罗斯福自然成为父母关注的中心。然而，罗斯福的父母并不娇惯他，而是严格地管束他，特别是罗斯福的母亲。她为小罗斯福安排了严格的作息时间表：7点起床，8点吃饭，然后跟家庭教师学习两三个小时才可以休息，下午1点吃饭，午饭后又学到4点才能够自由活动。

小罗斯福玩游戏时总习惯于自己是赢家，为了教育他，有一次母子二人玩一种棋类游戏，母亲故意不让着他，接连几次赢了儿子。小罗斯福生气了，母亲故意不理他，并坚持让儿子向自己道歉。结果，小罗斯福认输了。

正是父母从小对罗斯福的严格要求，才使他比同龄人自立、自律，促使自己不断奋进，取得骄人的成就。

犹太人像世界上所有的父母一样很疼爱孩子，但是他们在教育问题上，对下一代的要求极为严格。他们认为，对孩子来说，严格要求是很重要的。因为孩子们往往缺乏经验，是非界限有时弄不清楚，而且对自己行为和情感往往也不善于独立控制。如果家长对他们不严格要求，他们往往不能自觉、主动地学习和按行为道德标准来行动。因此，就更需要父母对他们的思想和行为有严格的要求，使他们养成良好的思想和行为习惯。

但家长在对孩子进行严格教育时，若不了解孩子的特点，不具备基本的教育知识，盲目地严格要求会造成教育失败。家长的见解高低在把握分寸时起着关键的作用。不能对孩子的教育以“严”为主，但也绝不能溺爱孩子、放任孩子。还有的家长或宽或严的教育方法也缺乏依据，凡事随心所欲，教育效果就更难保证。自己一高兴，对孩子百依百顺，该约束的也放任不管；自己心里有气，一点小事就将孩子大加管束，严厉得可怕。有的父母平日一贯溺爱孩子，从来不提要求，学习、品德、锻炼放得很松，时间长了，孩子的坏毛病出来了，父母感到问题严重，立即“急刹车”，进行严格管教，不分时间、场合，方法粗暴，强迫孩子保证以后再也不犯错误。然而长期积累起来的毛病是不可能因家长突然严格要求就立即消失的，所以这种“严格”也是无济于事的。

所谓“爱之深，责之切”，就是说，严格要求正是出于深切的爱。所以，做父母的不应该受盲目的爱所支配，要严中有爱，爱中有严。当然严格要求并不意味着对孩子的态度严厉、动辄打骂训斥，而是要做到以合情合理为前提。同时，态度应该是耐心的、循循善诱的。父母对子女一定要怀着带有严格要求的热爱，千万不要溺爱姑息孩子、过分地宠爱孩子与迁就孩子，一定要有分寸、有理智。只有这样，才能把孩子培养成为有良好个性品行的优秀人才。

严格教育对生活在优裕环境中的儿童尤为重要。如果只会享福，不能受苦，这样的人将不能立足于社会，更不能为社会献身、为他人造福。因为这样的人只会满足于自己的成功和幸福，心理永远不会成熟。

书是人类的朋友

犹太人重视学问、重视智慧、重视教育，在这些文化传统的影响下，以“书的民族”著称的犹太人对读书有一种特殊的爱好。

古时候，犹太人的墓园常常放有书本，据说在夜深人静时死者会出来看书。当然，它还象征着生命有结束的时候，求知却无止境。犹太人家庭有一个世代相传的习俗，那就是书要放在床头，如果放在床尾，就会被认为是对书不敬。犹太人在自己热爱读书、教导孩子读书的同时，还经常把世界上成功人物的爱书故事讲给孩子们听。比如列宁小时候受的教育：列宁的父母力求使孩子们从小养成读书的习惯；爸爸向孩子们提供了适合不同年龄阅读的书籍，订阅了各种儿童读物；他们家里的图书馆有很多藏书，孩子们还从市图书馆借阅各种书籍；书是列宁父母促使孩子智力发展的最主要的手段，它以各种各样的新知识丰富了孩子们的头脑。

流散各地的犹太人，把掌握知识视作谋生的手段与资本。

即使是一本攻击犹太人的书，犹太人也不禁止。犹太人爱书的传统由来已久，深入人心。在现在的以色列，处处都体现了犹太人嗜书如命的特点。据统计，以色列2018年出版的图书达8000本以上。街头的报刊亭里，每天都可以买到当天出版的《泰晤士报》《纽约时报》《世界报》等西方各大报纸。总之，犹太民族是名副其实的“知识的民族”“书的民族”。正是在这种爱书如命、刻苦求知的优良风尚的滋养下，犹太人形成了独特的教育观。

热爱读书的同时还要讲究方法。犹太人阿尔伯特·爱因斯坦是世界著名的物理学家，相对论的创立者，被誉为“20世纪的哥白尼”“伟大的自然科学的革新家”。他就很注意读书方法的选择，选用“淘金式”读书方法。

爱因斯坦的“淘金式”读书方法的实质在于：在所阅读的书本中找出可以把自己引到本质的东西，而放弃使头脑负担过重和会使自己诱离要点的一切东西。

曾有人问爱因斯坦不锈钢的成分是什么，他建议那个人去查《冶金手册》；有人问爱因斯坦从芝加哥到纽约有多少英里，他说："实在对不起，我记不住那么多，你可以去查《铁路交通》。"爱因斯坦说："我从来不去记辞典上已有的东西。"显然，爱因斯坦有着丰富的阅读经历，但他更乐意去粗取精地把握书本的要点，对一般知识只记住其来源和出处，而把主要精力放在透彻理解重点知识上，放在记忆实质性问题上，放在独立思考和革新创造上，就好像记住了书的目录一样。爱因斯坦说他的知识主要是靠自己获得的，热衷于深入理解，但很少背诵。有一次，爱因斯坦读到一本装帧十分精美的几何教科书，立刻就将书中的精华部分清晰地讲了出来。有人十分钦佩他读书的本领，便向他讨教读书的秘诀，爱因斯坦说："我只是抓住了书的骨头，抛掉了书的皮毛。"

如果你的孩子发现读书是一种有趣而且顺利的体验，那你更应当在他心中植入读书的欲望。你应该每天或每周数次念书给孩子听，并形成定时读给他听的习惯。并且选择有趣味性的书给孩子看，比如那些惹人喜爱的有漂亮插图的图书，孩子们喜欢有人物、场景以及他们熟悉的事物的图画和照片。同样，他们也喜欢动物图片。童话故事对孩子们来说是很有魅力的。理论显示它们是有效的工具，可以帮助孩子们在认识世界时免受伤害，并认清现实和虚幻之间的差异。此外，童话故事还能增强孩子们的抽象思维和创造性思维能力。

因材施教

对于年幼的孩子来说，最重要的是教育而不是天赋。孩子的天赋是有差异的，然而这差异是有限的。就是那些只有一般禀赋的孩子，只要教育得法，也能成为非凡的人。

威特是近百年来德国少有的奇才。他8岁时就能够自由运用德语、意大利语、拉丁语、法语、英语和希腊语等6国语言，并且通晓动物学、植物学、化学、物理学，尤其擅长数学。9岁考上莱比锡大学，14岁由于提交数学论文被授予哲学博士学位，16岁又获得法学博士学位，并被任命为柏林大学法学教授。

可是，这样聪明绝顶的一个奇才，婴幼儿时期却是极傻的，连母亲和邻居都认为他是一个白痴。他妈妈当时还曾说："这样的孩子，教育他也不会有什么出息，只是白费力气。"然而威特的爸爸老威特却不这样看，他认为：今天的孩子大都受的是非常不完全的教育，他们的禀赋连一半也没有发挥出来，比如禀赋为80的只能发挥出30，禀赋为60的只能发挥出20。如果实施能发挥禀赋八到九成的有效教育，那么，即使生下来禀赋只有50的普通孩子，也能优于禀赋为80的孩子。他坚持用自己的方法教育儿子，没有多久，这个"傻孩子"就轰动了整个街区乃至全德国。

正是老威特的因材施教，才使少年威特从一个别人眼中的"傻瓜"成为德国乃至世界少有的奇才。他的理论及成功的实践，给千万望子成才的父母增添希望和信心。

犹太人认为，为人父母者应该按孩子的思维长项来寻找学习和研究的领域。爱迪生偏向观察，于是选择发明；爱因斯坦的思考方式偏向直觉，于是选择理论物理。唯有用好自己的长处，才能找到最适合自己学习与创造的领域。爱因斯坦在《自述》中说：“我看到数学分成许多专门领域，每一个领域都能费去我们的短暂一生。因此，我觉得自己的处境就像布里丹的驴子一样，它不能决定究竟该吃哪一捆干草。这显然是由于我在数学领域里的直觉能力不够强，以致不能把真正带有根本性的最重要的东西与其余那些多少是可有可无的广博知识可靠地区分开来。”

意大利著名的天文学家、物理学家伽利略是中世纪的一颗明星。他在物理学方面的发现，打破了1700多年以来人们对亚里士多德的迷信。牛顿说过：“如果我能看得比别人远一点，是因为我站在巨人的肩上。”他所说的“巨人”，指的就是伽利略。

可是，有谁会想到伽利略年轻的时候曾一度想当修道士，这位科学界的天才差一点被埋没在修道院里。改变伽利略这个主意的，不是别人，正是他的父亲凡山佐。

那时候欧洲的教育和科学都是神学的奴仆，许多学校都是附设在修道院下的。为了让伽利略做好进大学的准备，凡山佐把孩子送到修道院的学校去学习。伽利略决心要当一个修道士，把一生都贡献给宗教。

凡山佐自己擅长数学，但是，那时人们并不了解数学的用处，连大学里都没有专职的数学教授。凡山佐又是一个作曲家和琵琶演奏员，但是他也不能靠音乐来谋生，他只能开一个他不愿意开的小铺子养家糊口。在这种情况下，凡山佐当然不愿意儿子学音乐，也不愿意儿子学数学。他希望儿子成为一名医生。伽利略的名字伽利里奥·伽利略，就是为了纪念他们的祖先——一位著名的医生而起的。

凡山佐当然不同意伽利略的这个决定。他知道这个孩子从小对任何事情都喜欢问一个“为什么”，这样的人是不会甘愿长期受宗教教条束缚的。而且，修道院中令人窒息的枯燥生活，也不是伽利略这样的人能够忍受得了的。他找了一个借口，说伽利略一只眼睛有问题，不能看书，就把伽利略从修道院带回家中。

后来，经过凡山佐的耐心劝说，伽利略接受了父亲的劝告，改变了想当修道士的念头，进入比萨大学当了学生。虽然他始终没有成为一名好医生，可是，他毕竟摆脱了做一个枯燥的修道士的命运。而且，他在比萨大学读书期间结识了一些数学家，开始观察和研究一些物理学的现象，走上了科学研究的道路。

“知子莫若父”，如果没有凡山佐果断、及时而正确的引导，伽利略这颗科学巨星很可能埋没在修道院里。

犹太人认为，孩子的不同爱好，或有益于身体的健康，或有益于智力的开发，或有益于个性的形成，或有益于情操的陶冶。只有尊重和发展孩子的正当爱好，方有遂愿的可能。

爸爸陪你玩

家庭气氛由两种环境构成，一是家庭物质环境，二是家庭心理环境。

丹麦童话作家安徒生住在富恩岛上一个叫奥塞登的小城镇上，那里住着不少地主和贵族，而安徒生的父亲只是个穷鞋匠，母亲是个洗衣妇，祖母有时还要去讨饭来补贴家用。那些贵族地主们很厌恶这些穷人，都不允许自己家的孩子与安徒生一块儿玩。

父亲一点也没有在孩子的面前流露自己对孩子孤独的焦急情绪，反而十分轻松地对安徒生说："孩子，别人不跟你玩，爸爸来陪你玩吧！"安徒生的家很简陋，只有一间小屋子，破凳烂床把这个小小的空间塞得满满的，没有给孩子留下多大的活动空间。然而，就是这么一间破得不能再破的小屋，父亲却把它布置得像一个小博物馆似的，墙上挂满了图画和做装饰用的瓷器，书架上放满了书籍和歌谱，橱窗柜上摆了一些玩具，就是门玻璃上也画了一幅风景画。父亲常给安徒生讲《一千零一夜》等古代阿拉伯的故事，还会找时间给他念一段英国莎士比亚的戏剧本，或者丹麦喜剧作家荷尔堡的剧本。

正像安徒生的父亲一样，犹太人认为家庭气氛是家庭教育中发挥重要作用的一个因素。尽管犹太民族在5000多年的发展历史中，大多过着颠沛流离的流浪生活，但是他们竭尽全力给孩子营造出和谐、温馨的家庭氛围。所以不仅犹太人如此，大多有所成就的名人在其童年时代都有着良好的家庭氛围。

除此以外，列宁的父母也很注意让孩子有一个良好的学习环境。在物质上，父亲给童年的列宁定制了一张书桌供他学习之用，后来又给了他一个书柜。不仅是列宁，每个孩子都有一个自己学习的天地。那里非常整洁，所有的书本和文具都摆放得整整齐齐，避免了由于寻找乱放的课本、笔记本、尺子、钢笔等引起的孩子情绪烦躁，进而妨碍学习。

此外，在家庭的心理环境上，列宁的父母相亲相爱，家庭气氛和睦快乐。他们热爱孩子，尊重孩子，孩子们也深爱并尊敬父亲母亲。有这样优异的学习环境，孩子们的学习热情很高，学习效率也很高。

家庭的物质环境依每个家庭的富有程度不同而不同，但每个做父母的都要尽最大努力满足孩子在学习上的物质需要。犹太父母更注重的是家庭心理环境的营造，良好的家庭气氛主要包括爱的气氛和智力气氛两种。

要创造良好的家庭气氛，一是创造良好的爱的气氛，这不仅要求父母相亲相爱，还要求家长与子女关系融洽。当着孩子的面夫妻不要吵架，家庭成员之间关系不能紧张，要相互信任和体贴，以免给孩子精神上带来苦闷。二是重视和创造家庭中良好的智力气氛，父母本身对知识就要具有巨大的兴趣和追求，给孩子的健康成长产生无形的巨大力量。

轻松学外语

要跟对方做生意，不会对方的语言，就不能够了解对方的思维模式，也不能及时地把握对方的思想趋向，当然就很难对生意做出正确的判断。

学过英语的人都知道由韦伯斯特编纂的《英语词典》是世界上最有权威性的英语词典之一。将韦伯斯特的成功归功于家庭成员对他的早期教育，这样说一点也不过分。1785年，韦伯斯特出生在美国康涅狄格州的首府哈特福德市，韦伯斯特的父亲为刚出生的孩子制订了一个富有想象力的大胆的教育计划，并在家庭其他成员的支持与合作下，始终不渝地贯彻这项计划。

根据老韦伯斯特的计划，在家里，父亲只用英语，母亲只讲法语，而祖父只用德语说话，绝对禁止使用其他语种。家里还特意雇了一名北欧人做保姆，规定她也只能用本国语言和家人交流。从小开始，父亲、母亲、祖父和保姆就用4种不同的语言与小韦伯斯特交流，他居然毫不费力地就掌握了这4国语言。等到小韦伯斯特长大了，开始接触左邻右舍，他对每个人都只用英语说话大惑不解，因为他一直以为，世界上每个人都是用不同的语言说话的。

老韦伯斯特的教育计划终于在儿子身上取得令人羡慕的结果。韦伯斯特从耶鲁大学毕业后，十分顺利地从事了记者、教师、语言家和法律学家的工作，25岁时编撰出版了由语法、缀字和课文三部分组成的本国教科书，晚年终于完成了《英语辞典》的编纂。

随着社会的进步、科学技术的不断更新、人类生产力的高度发展，国与国之间的交往不断深入，人类对信息量的需求在不断加强。这种发展和变化使世界范围内人们的接触和流动加强，使地球变得越来越小。然而，使不同民族和国家的人们进行相互交往、相互接触成为可能的首要条件，便是语言。犹太商人被认为是掌握语言的天才，他们普遍懂得两门以上的语言，在与外国人打交道时显得自信、从容而又反应准确。为了在生意场上更深一步了解对手，达到知己知彼的目的，犹太人特别强调用外语思考。秉持着这个想法，他们在对孩子进行早期教育时，很注意孩子的语言能力。

学好外语不仅是犹太人对自己的要求，也是世界上有识之士对孩子教育的重要方面。

兴趣是最好的老师

幼年阶段对周围事物发生浓厚的兴趣，可能是终生成就的能源。兴趣是最好的老师，兴趣正是儿童对某种事物的欲望，

只要有了欲望，你就会从内心的深处去争取喜欢的事物，才会不知疲惫，感到快乐。

发明轮船的富尔顿，出生在一个贫苦的农民家庭。14岁的时候，他对制炮很感兴趣，并和一个造炮工人结为朋友。他们时常同坐一条小船，到河里去钓鱼。河水流得很急，船在逆水行进的时候，只靠一根竹篙撑动，又缓慢，又费劲。一次一次的劳累使爱用脑子的富尔顿思索起来：能不能制造一样东西来帮人划船，既省了力气，又可节省时间？这个被生活需要所激发的创造火花，一天到晚都像影子一样跟随着他。父母时常看到他在发呆，其实他正在煞费苦心地捕捉创造的灵感，决心把这个既像是玩具又像是机器的东西设计出来。但只停留在想象阶段是没有用的，后来他又一头钻进舅舅家的工棚中——那里什么工具和材料都有，富尔顿可以随着兴趣施展自己的本领。富尔顿一鼓作气地干了7天，带回家一件新奇的玩意儿，所有人都不明白它的用处。富尔顿不慌不忙地又到那一条湍急的小河中，把那件东西装在小船上，先用手摇动几下，接着就听到突突突的声音响起来了，人们感觉到船的抖动，船尾有一股被搅动的浪花翻滚着。奇怪，今天再也不需要用竹篙划船了，它却走得比往日快那么多！伙伴们围着含笑的富尔顿欢呼起来。那一件使大家惊奇得喊不出名字的东西，就是现在汽船上的轮子。后来，富尔顿不断地设计创新，不断地摸索改进，终于使他成为有史以来第一个创造轮船的人。

富尔顿幼年时的兴趣，启发引导他确立了自己终生从事的奋斗目标，并艰苦卓绝地为之奋斗。可见，兴趣是最好的老师。

犹太人认为，世人往往对自己的兴趣不了解，大众的行为往往会误导个人去寻找不适合自己的事物。所以要做一个独立的人，不要随大流，要找到自己的兴趣。

热爱音乐吧

热爱音乐吧！因为它是最情真意切的艺术。

自古以来，犹太人就以酷爱音乐而著称。音乐在犹太教中具有非常重要的地位，犹太人除了普通的读书之外，如果有条件，还要学习音乐。犹太人特别喜欢学习小提琴，所以出名的小提琴家也非常多，世界一流的就有帕尔曼、祖克曼、明茨等。除了小提琴之外，犹太民族还向世界贡献了众多优秀的音乐家，如波兰作家兼音乐家瓦迪斯瓦夫·希皮曼，奥地利音乐家、西方现代主义音乐代表人物安诺德·动伯格等都是犹太人。

音乐可以调节人的情绪，也可以治疗病患，这早已被人们发现。但许多人知其然而不知其所以然。近几十年来，人们已逐渐认识到音乐疗法其实是一门科学的心理治疗方法，高血压病人听完一首协奏曲，血压会有所下降；美国一个口腔治疗室用音乐代替麻醉剂，成功拔牙200多例。此外，各国科学家还发现音乐可以调节动物的情绪，促进母鸡多下蛋，奶牛多产奶。音乐可以治病，其主要原因就是音乐对大脑皮层的刺激，可以改变脑电波和调节情绪。

法国教育家卢梭在他刚出生时就失去了母亲，由他的姑姑将他抚养成人，姑姑对他从小进行的音乐教育给他留下了终生难忘的印象。他在《忏悔录》中写道："我对于音乐的爱好，确信是受了姑姑的影响。姑姑会唱无数美妙的歌曲和小调，她清细的嗓音，唱起来十分动听。她的爽朗心情，可以驱散她本人和她周围一切人的悲愁和怅惘。她的歌声对我的魅力是那么大，不仅她唱过的一些歌曲还一直留在我的记忆深处，甚至在我的记忆力已经衰退的今天，有些在我儿童时代就已经完全忘却的歌曲，随着年龄的增长，又浮现在我的脑海中，给了我一种难以言表的乐趣。"

国外著名的音乐教育家都非常重视结合语言来培养儿童的音乐能力。德国音乐教育家奥尔夫强调从节奏入手进行音乐教育，其中一个重要的内容就是结合语言的节奏。匈牙利音乐教育家柯达伊认为，只有民间歌曲才最好地保留了本民族的语言和音乐传统，儿童音乐能力的培养必须从本国语言的韵律和音调入手，儿童歌曲应该表现出本国语言的韵律特征。日本音乐教育家铃木镇一发现，不管某种语言的发音和结构多么复杂，幼儿都能够熟练地掌握自己的母语。在这一发现的启示下，他致力于为儿童创造一个同学习本国语言一样的学习音乐的环境。

家长应有意识地为孩子提供学习和欣赏音乐的机会，为孩子创造家庭及社会等不同的环境，如听各种音乐会，利用电视、音像手段，购置各种音像带，让孩子多多接触音乐。如果条件允许的话，可学学唱歌、跳舞或演奏各种乐器，更直接地接触音乐。让孩子融入艺术世界，在艺术殿堂中发展个性、培养美感、完善自我。

无时无刻不在学习

成功需要成本，时间也是一种成本，对时间的珍惜就是对成本的节约，而对时间最有效的利用就是抓紧学习。

居里夫人，作为一位杰出的女科学家，在仅隔8年的时间内就分别摘取了两门不同学科的最高科学桂冠——诺贝尔物理学奖与诺贝尔化学奖，并且在一生中获得了难以计数的其他科学殊荣，可谓是技艺超群、硕果累累。她的长女伊伦娜，核物理学家，与丈夫约里奥因合作发现人工放射性物质共同获得诺贝尔化学奖；次女艾芙，是一名音乐家和传记作家，她的丈夫曾于1965年以联合国儿童基金组织总干事的身份接受瑞典国王授予该组织的诺贝尔和平奖。作为一名普通的母亲，居里夫人十分注意充分利用一切时间与机会培养和教育自己的子女。

居里夫人一生科研工作都十分繁忙，然而她很善于抓紧时间对子女进行早期教育，并善于把握孩子智力发展的年龄优势。比如，居里夫人在女儿不到1岁时，就让她们开始所谓的

“幼儿智力体操”训练，带她们到公园去看绿草、蓝天、白云，看色彩绚丽的各种植物和人群；让她们广泛接触生人，到动物园看动物，让她们与小猫玩；让她们到水中拍水，使她们感受大自然的美景。孩子大了一点后，居里夫人又开始了一种带艺术色彩的“智力体操”，给孩子讲童话，教孩子唱儿歌。再大些，就开始智力训练和手工制作，如数字的训练，字画的识别，还教她们作画、弹琴、做泥塑，让她们自己在庭园栽花、种菜等，并抽出时间与她们散步，在散步时给她们讲许多关于动物和植物的趣事，如种子是怎样在花里长成的，小老鼠和鼹鼠是怎样打洞的，哪里能找到兔子窝，等等。她还教孩子骑车和烹调等。

居里夫人的教育都力求从实物开始，并且每天更新，以提高孩子的兴趣。全方位幼儿早期“智力体操”的训练，抓住生活中每一分钟的时间，不仅使孩子智力得到了开发，同时也培养了孩子的各种能力，增强了孩子的自信心，锤炼了孩子的性格。

精明的犹太人不仅在经商时考虑投资、成本，在日常生活中更是教育孩子凡事都要考虑投入与产出。他们教育孩子珍惜时间，要善于利用零碎时间。他们从来不认为半小时是微不足道的一段时间。一个人如果认识到学习的重要，看到自己水平不高，感到时间的紧迫，就会自觉地去利用零碎时间。零碎时间最好用来学习自己最喜欢的学科，以吸引自己的注意力。

18世纪俄国有一位杰出的科学家叫罗蒙诺索夫，他生长在俄国北方的一个渔村，是一个渔民的儿子。他8岁丧母，10岁时父亲又娶了继母，从此他从早到晚在咒骂声中度过，整天干着繁重的家务活。凶狠的继母只要看见小罗蒙诺索夫手里拿着书本，就立即上前夺过来，撕个粉碎。可怜的小罗蒙诺索夫只好趁夜深人静的时候，悄悄一个人躲到屋后的一间板棚里，靠着一支蜡烛的微弱光亮，如饥似渴地读书。

有一次，小罗蒙诺索夫和父亲一起出海打鱼。突然间，狂风怒吼，海上掀起了巨浪，帆船在海中颠簸起来。就在这千钧一发之际，小罗蒙诺索夫勇敢地爬上了摇摇晃晃的桅杆，迅速地扎起了吹脱的帆篷。帆船安全了，继续平稳地行进。父亲为了奖励他，要给他买一件鹿皮上衣，但是被他拒绝了，而是让父亲给他买一本讲授自然知识的书。他要去探索天空、陆地和大海的奥秘所在。得到这本书后，他更是抓紧点点滴滴的时间阅读。

1730年，罗蒙诺索夫从家乡来到莫斯科，想求学读书。但在沙俄时代，渔民的儿子是没有读书的权利的。一个偶然的机会，他遇见了同乡的已经做书记官的杜季科夫。之后，他就在书记官家里当佣人，并教书记官的儿子识字。有一天，瓦尔索诺菲神父来到杜季科夫家里，听了罗蒙诺索夫不远千里、长途跋涉来求学的诉求后，感到十分惊奇，深表同情。于是，瓦尔索诺菲决定隐瞒罗蒙索诺夫的出身，保举他上扎伊科罗帕斯基学校。

罗蒙诺索夫得到了读书的机会，就像鱼儿得水一样。他仅仅用3个月的时间就完成了别人要学一年的课程，一年内连跳三级。在俄国圣彼得堡科学院选拔学生的严格考试中，罗蒙诺索夫的总分名列第一。

但在这时，同为老乡的书记官杜季科夫告发了瓦尔索诺菲神父隐瞒罗蒙诺索夫的出身的真相。神父受到了严厉的谴责，而罗蒙诺索夫则要被发配到边远地区的修道院去服苦役。在宣布了对他的惩罚结果之后，官员们问罗蒙诺索夫还有什么话要说，他用低沉有力的语调说：“我的家乡是一个艰苦的地方。我是一个渔民的儿子，有勤劳的双手，艰苦的生活对我来说并不可怕。从记事起，我就习惯在冰天雪地上听着暴风的吼叫读书，我并不害怕那恶劣的天气。现在我怕的并不是那艰苦严峻的生活，而是不能再学习和认识自己迫切想要了解的世界。对我来说，如果不再学习的话，还不如让我死去。”

这一番感人肺腑的话，使全场的人都激动起来。

这时，科学院代表突然站起来，大声喊道：“我代表圣彼得堡科学院宣布，科学院从你校录取的第一名学生就是罗蒙诺索夫！”

罗蒙诺索夫在科学院认真学习了一年，又因成绩优异被送往德国留学。

他孜孜不倦的追求，终于使他成为伟大的哲学家、科学家和诗人。他的伟大业绩不仅为俄国人民所敬仰，同时，也给全世界的科学事业增添了光辉的一页，激励着全世界的人们。人们从他身上学到的不仅仅是顽强的意志，还有珍惜时间、抓住点点滴滴的时间、分秒必争的学习精神。

当代父母在教育孩子时，要注意将学习与游戏、生活相结合，抓紧每一分、每一秒的时间，寓教于乐，让学习变得生动有趣，不再枯燥。

寓教于乐

孩子们更愿意在玩耍、游戏和娱乐中学习知识，增长才干，适应生活，认识环境，促进孩子智力和体力的发育成长。

列宁的父母总是十分注重培养孩子对学习的兴趣，因为兴趣是促使孩子主动自觉地好好学习的一个非常重要的条件。列宁小时候，母亲在教他学习外语时总是边玩边学，把学习和游戏结合起来。空闲的时候，父母还和他做答题游戏、玩猜字谜，以增强他的学习兴趣，促进他的动脑能力。列宁父亲还很注重培养孩子对学习的责任感和刻苦学习的精神。当他过于轻松地就学会了所有的功课时，他没有为之高兴，反而十分担心，恐怕这样会妨碍他刻苦学习的品德和应有的学习责任感的

养成。于是，便带他去参加一个小学的毕业典礼，给一个勤奋学习因而成绩优异的学生颁发奖状，让他看一看毕业典礼的庄严场面，学习那位学生在学习和生活条件都很差的情况下勤奋顽强学习的精神。通过这些游戏和活动的参加，使孩子不仅学到知识，更重要的是学会了做人的道理。

从列宁成为一代革命导师来看，他早期的家庭教育是卓有成效的。正是如此，犹太父母在教育孩子时，十分注意将学习与游戏、生活结合起来，寓教于乐，让孩子在愉快的环境下学到知识，让学习不再枯燥。

没有教育，就没有未来

“没有教育，就没有未来。”

在建立教育体系的过程中，犹太人高度重视免费义务教育。在犹太历史上，多次记载着为穷苦孩子免去学费的事情。著名拉比希雷尔年轻时享受的就是这种待遇。从希雷尔以后，在犹太人中间就有了一条不成文的规定：遇到像希雷尔那样贫穷而又渴求知识的学生，在条件许可的情况下可免交学费，享受免费义务教育。

“没有教育，就没有未来”，这是以色列开国元勋本·古里安的名言。在犹太人的传统中，文化教育和宗教信仰始终占据着举足轻重的地位。每个犹太人都认为，人的一生有三大义务，而教育子女是第一位的。《圣经·箴言》中明确地告诫以色列人要把教育儿童作为毕生最重要的事情。犹太人之所以如此强调父母对子女的指导与教诲，是因为他们很早就意识到了平和、虔诚、优雅的个人性格是后天教育的结果。

根据规定，儿童从6岁开始就要学习《圣经》，10岁起学习《密西拿》，13岁开始学习犹太戒律，15岁要学习《革马拉》。19世纪，犹太教育的突出现象是：东欧不少地区形成了律法研究中心，兴办了大量的经学院。在这些经学院中开始划分年级，成绩优异者可以继续学习，终生研究，成为犹太经典的专家拉比。

俄国犹太人一直有热衷于教育的传统。在苏联，犹太人的教育水平超过了其他任何民族。据1920年的统计，当时苏联犹太人只有29.6%处于文盲、半文盲状态，远远低于其他民族。而且，由于对高等教育的渴求和得天独厚的机遇，他们大量地进入大学和各类技术学院。到1929年，在苏联的经济和医学学院中，犹太学生占学生总数的60%以上。在苏联解体前，即20世纪七八十年代，犹太人接受大学教育占全部犹太人的三分之二，而其他民族中上大学的人口仅占全部人口的四分之一。

在俄国的许多犹太社团里，人们都把接受教育看成是最自豪且值得夸耀的事情。希伯来语启蒙作家亚伯拉罕·帕佩纳在他的自传体作品里，详细地记录了在尼古拉一世统治下的一个俄国小城市里犹太人重视教育的现象。科皮尔这座小城市缺少现代化学校，连一所国立或公立的世俗学校也没有。基督徒居民全部都是文盲，可是犹太人却办起了大量的学校。当时，科皮尔共有3000居民，其中包括白俄罗斯人、鞑靼人和犹太人。犹太人数量最少，所有4至30岁的犹太男子都在传统的男子小学校学习。虽然没有规定女孩子必须受教育，但她们大多数都能朗诵祷词。在科皮尔，有位犹太父亲为了送自己的孩子上学，不惜倾家荡产。不少穷人为了缴纳学费卖掉自己仅有的枕头或最后一个枝形灯架。科皮尔的犹太人中没有一个文盲，即使那个为浴池烧火和担水的呆子梅尔克——一个低能的水夫也懂些祷词，能够一字不差地背诵对《摩西五经》的祝词。

犹太人认为：如果学习是最高的善，那么创造有利于学习的机会与环境便是仅次于学习的善。因此，许多犹太社团都把教育投资看成一种责无旁贷的责任与义务。

美国犹太人人口中受过高等教育的人所占的比例，是整个美国社会平均水平的5倍。在现代社会中，这种重视教育、善于学习的回报就是知识和金钱。所以，每一位年轻的父母请重视对孩子的教育，这不仅是你对孩子的责任，更是你应尽的义务。

读书自有妙用

与一切有知识的人交朋友，可以从朋友那里学习知识。

犹太民族是“书的民族”。犹太人对书的崇拜、对知识的渴望和追求，已经不能用一般的求知好学来概括了。

用他们的话来说，书就是他们一切智慧的根源，也是获取一切财富的根本。他们达到了嗜书如命的地步。

以色列每年都要举办国际图书博览会。博览会期间，很多世界各地的图书爱好者或商人前来洽谈、参观，选购者都能得到自己想要的书。

当地每年还要举办“希伯来图书周”，这是以色列人自己的图书节。不少犹太人很早就准备一部分钱，像盼望盛会一样等待图书节的来临。

犹太人说：“把书本当作你的好友，把书架当作你的庭院，你应该为书本的美丽而骄傲！采其果实，摘其花朵。”

在每一个犹太家庭里都会有着世代相传的规定：书橱及学习用具只可放在床头，不可放在床尾。这样的规定就是告诫本民族的人：书是神圣的、不可侵犯的，不能对书本有所不敬。

如果一个人在旅途中，发现了他们未曾见过的书，那么这个犹太人一定会买下这本书，带回去与家乡人共同分享。因为他们认为外来的书籍和知识是别人智慧的结晶，应充分地学习和利用，为自己的未来打下深厚的基础。

犹太人认为，人们之间可以有各种恩怨，然而知识却是没有界限的，它是属于全人类的，不能因为存在偏见而影响智慧和真理的存在及传播。因此，不论在什么情况下，都不能抛弃书本。

为了保护书籍的传承性，1736年拉脱维亚的犹太社区通过了一项法律。该法律规定：当有人借书时，如果书本的拥有者不把书本借给需要它的人，应罚款；如果有人去世了，要在棺材里放几本他生前喜欢的书，让书伴随他死去的躯体，宽慰他的灵魂。这些都充分地体现了犹太人对知识的态度：学习可以让人获得对生命的期望和更多的奖赏。

有一则这样的故事：

在以色列，有一个富翁的儿子对学习毫无兴趣，最后，他

的父亲放弃了所有努力，只是教他《创世记》一书。

后来，侵略者攻打他们居住的城市时，俘虏了这个男孩，并把他囚禁在一个很远的监狱里。

几年过去了，国王来到这个城市，视察男孩被囚的那座监狱。在视察时，国王要看一看监狱中的藏书，结果他发现了《创世记》这本书。

“这可能是一本犹太人的书，”国王说，“这里有人会读这种书吗？”

“有！”典狱官答道，“我这就带一个人来见你。”

典狱官把男孩从监狱里提出来，对他说：“如果这次你不能读这本书，国王就会把你的脑袋砍掉。”

“父亲只教我读过这一本书。”男孩答道。

他被带到国王面前。

国王把那本书拿给他，男孩就开始大声朗读起来。

国王听完说：“这显然是上帝让我打开囚禁他的监狱，把这孩子送回到他父亲身边。”

于是，国王送给男孩一些金银，安排两名士兵护送他回到父亲身边。

这个普通的故事已经在犹太民族中流传很久了。它教给犹太人这样的道理：虽然这孩子的父亲只教会他读一本书，但是赐福的上帝就奖赏他了。那么，如果一个父亲能不辞辛苦地教他的孩子读其他有益的书，那 他该得到上帝多大的赐福呀！

由此可见，读书自有妙用。

这是为什么

怀疑是学习的钥匙，它可以打开知识的大门，因此发问可以使人进步。

英国著名物理学家瑞利小的时候很爱琢磨。一天家里来了客人，母亲端茶出来的时候，由于碟子很光滑，所以茶杯在上面滑动了一下，结果茶泼出了一点洒在碟子上，但这时茶杯却不再滑动了。这本来是一件很平常的小事，但却引起了瑞利的思考：为什么开始时茶杯很容易滑动，当母亲洒了点热茶在碟子上后，却纹丝不动了呢？瑞利想：这太有趣了，我一定要弄清楚这到底是为什么。

经过反复的试验和分

析，他得出这样的结论：茶杯和碟子表面总有一些油腻，使它们之间的摩擦力减少，所以容易滑动；等洒上热茶之后，油腻就被溶解，摩擦加大，所以不容易滑动了。接着，他又开始研究油在固体物摩擦中的作用，提出了润滑油能够减少摩擦力的理论。后来，润滑油被广泛应用于汽车制造等各个行业，瑞利也因此获得了诺贝尔奖。

实际上每个孩子天生就是一个发问家。对儿童而言，整个世界就是由一个个问号构成的，所以孩子的问题很多，为人父母者要做的就是启发孩子敢于怀疑、敢于发问。人没有理由对什么事情都确信无疑。怀疑一旦开始，疑点便会愈来愈多，循着怀疑的线索去追寻答案，答案通常是比较正确的。

“好的问题常会引出好的答案。”好的问题和好的答案同样重要。问题提得出人意料，通常答案也是深刻的。思考就是由怀疑和答案共同组成的，没有好奇心的人，不会产生怀疑。所以有智慧的人其实就是知道如何怀疑和发问的人。

犹太人重视知识，更重视才能。他们教育孩子说，一般的学习只是一种简单的模仿，学习应该以思考为基础，而思考恰恰就是由怀疑和问题所组成的。学习便是经常怀疑，随时发问。怀疑是智慧的大门，知道得越多，就越会发生怀疑，而问题也就随之增加。

所有的怀疑和迷惑，都可通过行动予以终止。所以，无论多大的怀疑和迷惑，最后都要寻求答案予以解答。每一个天才，都是真正的“问题猎手”，所以一定要养成凡事多问“为什么”的习惯。即使是一个貌似平常的小事，如果不断将“为什么”问下去，说不定就能够找到一座“金矿”。

牛顿在学校的成绩不太好，但喜欢动脑筋做各种模型。有一天，他模仿水车碾粉机做了一个小模型，拿到学校去炫耀，做实验给班上的同学看。实验很成功，可是，当班上的一个高才生让他说明他所做的水车为什么能够把麦碾成粉时，他却无言以对。

那个高才生讽刺说：“如果你不能说明的话，你不就是一个手指灵活的呆子么？”周围的同学也开始嘲笑他，受了羞辱的牛顿扑了过去，双方大打出手，牛顿被打得喘不过气来。但从此以后，不论面对任何事他都会想“为什么”，因此成为一位伟大的科学家。

孩子爱提问题是求知欲的一种表现，但很多时候，孩子的问题在大人看来根本不是什么问题，因此他们会说：“傻孩子，这算什么问题？！”但为人父母者要认识到这一点：孩子的“问”表明了他在思考，如果能给予他巧妙的“答”，就会进一步激发他的求知欲望，点燃他智慧的火花。任何一项创新活动都是伴随着积极的思维活动，而思维总是从问题开始的。因此，父母不仅要鼓励孩子提问题，而且对孩子所提出的问题，首先要做的就是热情地、耐心地倾听；其次，对孩子提出的问题，不要急着给出答案，而要给双方留出思考的时间和空间，让孩子自己也认真地想一想；最后，给出简明、易于理解的答案，如果家长能在回答孩子问题后顺着孩子的问题再提出一些新的有关的问题，就会更有利于孩子思维能力的发展。

知识是永远的财富

犹太民族是一个对知识非常重视的民族。虽然他们在很长的一段时期里连最基本的生活来源都无法保证，但是只要有一段时间的安定生活，他们就能创造出惊人的财富。因为他们其实是富有的，这种富有就是他们本身所拥有的丰富知识。

相传，古时候，犹太人的墓园里常常放有书本。他们认为夜深人静时，死人会出来看书。这种做法有一种象征的意义：生命有结束的时候，求知却永无止境。

犹太人还有这样的规定：生活困苦之余，不得不变卖物品以度日的时候，你应该先卖金子、宝石、房子和土地，到了最后一刻，仍然不可以出售你的书籍。他们认为，世间的金银珠宝、房屋土地都是可以变化消逝的东西，而知识则是可以长久流传的财富。

犹太小孩最早期得到的关于书本的教育就是：书是甜的。

在每一个犹太人家里，当小孩稍微懂事时，母亲就会翻开《圣经》，点一滴蜂蜜在上面，然后叫小孩子去吻上面的蜂蜜。这个仪式的用意不言而喻——书本是甜的，让孩子从小就养成与书接触的习惯。慢慢地，孩子们开始喜欢看书。小时候是因为蜂蜜，长大了则是从书的内容中体会到书是“甜”的。

犹太人把知识视为财富，认为“知识可以不被抢夺且可以随身带走，知识就是力量”。

在犹太人小的时候，他们的母亲就会经常问他们：“假如有一天，你的房子被火烧了，你的财产也被抢光了，你会带着

什么逃跑呢？”

如果孩子们回答是“钱”或者“钻石”的话，他们的母亲就会进一步地问：“有一种东西比钻石更重要，它没有形状、没有颜色、没有气味，你们知道是什么东西吗？”

如果孩子回答不上来，母亲就会说：“孩子，你们带走的东西，不应该是钱，不应该是钻石，而应该是知识。因为知识是任何人也抢不走的，只要你还活着，知识就永远跟着你。”

父母就是这样告诉他们的孩子：知识是一切财富的来源，是唯一可以永久打开财富之门的金钥匙。犹太人的历史也一再验证了知识的价值。与其把那些有限的财富交给他们，不如把可以永远打开财富之门的金钥匙——知识给他们。

在这个世界上，财富是可以随着境遇的改变而消失或增加的，而知识却是永恒的，它是不会随着时间和条件的变化而改变的。有这样一个故事：

有一次，一艘大船出海航行。船上的乘客中除了一位拉比外，全是大亨。

大亨们互相炫耀自己的财富。正在他们争得面红耳赤时，拉比插话了："我觉得还是我最富有，只是我现在的财富无法拿给你们看。"

中途，海盗袭击了这艘船，并把大亨们的金银财宝全抢劫一空。等海盗们离去后，这艘船好不容易抵达了一个港口，但已无法继续航行了。

这位拉比因其渊博的学识，很快受到当地居民的尊重，并被聘为学校的教师。

后来，这位拉比偶然遇到曾经同船旅行的大亨。这时，他们已身无分文，只好再一次白手起家。

大亨们深有体会地说："只有知识才是夺不走的财富啊！"

所有的犹太人都知道这个道理，因此，犹太人就特别重视学习。

犹太人热爱知识，因为在他们的眼里，知识是唯一的永远也夺不走的财富。在这个世界上世俗的权威不重要，财富和金钱不重要，只有知识才是最重要的。权威没有了人们的拥戴和支持就不能形成，财富和金钱也会随着时间发生变化，而知识才是你生存和发展的可靠保证。

活到老，学到老

在犹太人看来，不管一个人到了多大岁数，也不论他有多么贫穷，都可以学习。人们可以透过学习保持“青春”，保持年轻人的心态，还可以通过学习而获得财富，取得精神上的富足。直到老去也要孜孜不倦。

《圣经》中有这样一个故事：

犹太人曾被多次召集起来学习上帝授予他们的律法。摩西这样命令各长老：“把你们各支派的男人、女人、孩子都召集来，将这些律法说与他们听，让他们研读。”

摩西死后，约书亚成为犹太人的领袖。上帝第一次召谕他就说：“这《律法书》不能离开你的嘴，要日夜诵记，好使你谨守书上所写的每一句话。”

在犹太教中，勤奋好学不只是仅次于敬神的一种美德，而且也是敬神本身的一个组成部分。在世界上所有的宗教中，把学习和研究提到这样高度的，几乎绝无仅有。

学习之为善，在于其本身。它是一切美德的本源。

12世纪的犹太哲学家，精通医学、数学的迈蒙尼德明确把

学习规定为一种义务："每个以色列人，不管年轻年迈，强健羸弱，都必须钻研《托拉》，甚至一个靠施舍度日和不得不沿街乞讨的乞丐，一个要养家糊口的人，也必须挤出一段时间来钻研。"

由这一原则所带来的结果是形成了一种全民学习的传统。尽管并非人人都有研习的能力，但确实人人都把各种程度的研习视作当然之事。

知识就是人生的灯塔。这样一种为学习而学习的传统，对长期流散的犹太人尤其是其中的青年人来说，在调节其心理、保持其民族认同感方面所起的作用是十分巨大的。即使现在看来，作为一种卓有成效的培养、激发人们的学习积极性的价值观念来说，也深深浸透着犹太人的独特智慧。

第十一章

幸福：无悔人生的音符

大海里的船

在大海上航行，没有不带伤的船。

英国劳埃德保险公司曾从拍卖市场买下一艘船，这艘船原属于荷兰福勒船舶公司，它1894年下水，在大西洋上曾138次遭遇冰山，116次触礁，13次起火，207次被风暴扭断桅杆，然而它从没有沉没过。

犹太人劳埃德保险公司老板劳伦斯基于它不可思议的经历及在保费方面带来的可观收益，最后决定把它从荷兰买回来捐给祖国以色列。现在这艘外壳凹凸不平、船体微微变形的船就停泊在以色列国家船舶博物馆里。

不过，使这艘船名扬天下的并非劳埃德保险公司，而是一名来观光的犹太律师。当时，他刚打输了一场官司，委托人也在不久前自杀了。尽管这不是他的第一次失败辩护，也不是他遇到的第一例自杀事件，然而每当遇到这样的事情，他总有一种负罪感。他不知该怎样安慰这些生意场上遭受了不幸的人，这些人有的被骗，有的

被罚，他们或血本无归，或倾家荡产，也有的因为打输了官司，而落得债务缠身。

当他在萨伦船舶博物馆看到这艘船时，忽然有一种想法：为什么不让他们来参观参观这艘船呢？于是，他就把这艘船的历史抄下来，和这艘船的照片一起挂在他的律师事务所里，每当商界的委托人请他辩护，无论输赢，他都建议他们去看看这艘船。据英国《泰晤士报》说，截止到1987年，已有1230万人次参观过这艘船，仅参观者的留言就有170多本。

我们大多数人没有去过以色列，也不知道这些参观者在留言簿上写了些什么，但有一点似乎是不能少的——那就是在大海上航行的没有不带伤的船。

在大海上航行没有不带伤的船。在生命旅行中，没有不受伤的心！我们的家长应当用这艘船的故事告诉孩子：坚持住，不要沉没。

机会的种子

世界上没有十全十美的事物，你手中已经拥有的或许就是最好的。

上帝给两个犹太人各一粒种子，并许诺说："3年后，谁培育出人间最大的花朵，以致我在天堂都能够观赏，谁就能获得飞翔的机会。"

甲立即揣着种子出发了。他发誓要找到世界上最肥沃的土壤、最优良的气候条件。

乙没有出发。因为他觉得脚下的土地蛮不错，随手将种子种入土中。

两年过去了。甲走遍天涯海角，但始终没有找到合适的土地，因为再好的土地都有些不满意，似乎仍有更好的土地在遥远的地方召唤他。因此，他的那粒种子一直揣在怀中，无处发芽。

而此刻乙所在的地方，已是漫山遍野的花朵了。这些花朵形态各异，多姿多彩，虽然没有一朵堪称大花，但乙不感到失望，因为种花本身的乐趣令他欣喜不已，充满创意，他更加投入这项工作了。

第三年春天，上帝站在天堂的大门边，看见人间有一朵硕大无朋的花，乙正在忙忙碌碌。上帝还看见甲依然揣着种子到处奔波，像个投机分子。

这时候，乙感觉自己身轻如燕，飘飘欲仙。

他抬头看见上帝的微笑，赶忙说："上帝呀，请原谅，我不再想飞！"上帝感到惊诧："难道这不是你种花的初衷吗？"

乙说："当初，我的确是为了飞翔的欲望而种花，并为此漫天撒种。不料机会的来临竟如此简单，它也因此在我眼中失去原有的分量。现在，我更重视种花本身，因为它是飞翔之母，它高于一切机会和欲望！"

当你千方百计地寻找机会时，机会也在千方百计地寻找别人；幸福和成功是虚掩的一扇门，你努力、奋斗就能够开启幸福和成功的大门；选择正确的事业以后就要脚踏实地地工作，不去行动，就不会有半点机会。

快乐的城堡

你的心态对了，你的世界也就对了。

塞尔玛陪伴丈夫驻扎在一个沙漠里的陆军基地。丈夫奉命到沙漠里去演习，她一个人留在陆军的小铁皮房子里，天气热得受不了——在仙人掌的阴影下也有50多摄氏度。她没有人可谈天——身边只有墨西哥人和印第安人，而他们不会说英语。她非常难过，于是就写信给远在以色列的父母，说要丢开一切回家去。

赎罪日那天，她收到了父亲的回信，回信只有两行，这两行信却永远留在她心中，完全改变了她的生活：“两个人从牢中的铁窗望出去，一个看到泥土，一个却看到了星星。”塞尔玛一再读这封信，觉得非常惭愧。她决定要在沙漠中找到星星。

塞尔玛开始和当地人交朋友，他们的反应使她非常惊奇，她对他们的纺织、陶器表示兴趣，他们就把最喜欢但舍不得卖给观光客人的纺织品和陶器送给了她。塞尔玛研究那些引人入迷的仙人掌和各种沙漠植物、物态，又学习有关土拨鼠的知识。她观看沙漠日落，还寻找海螺壳，这些海螺壳是几万年前地质变化时留下来的……原来难以忍受的环境变成了令人兴奋、流连忘返的奇景。

是什么使这位女士内心发生了这么大的转变呢？

沙漠没有改变，印第安人也没有改变，但是这位女士的念头改变了，心态改变了。一念之差，使她把原先认为恶劣的情况变为一生中最有意义的冒险。她为发现新世界而兴奋不已，并为此写了一本书，以《快乐的城堡》为书名出版了。她从自己造的“牢房”里看出去，终于看到了星星。

在推销员中，广泛流传着一个这样的故事：两个犹太人到非洲去推销皮鞋。由于炎热，非洲人向来都是打赤脚。第一个推销员看到非洲人都打赤脚，立刻失望起来：“这些人都打赤脚，怎么会要我的鞋呢？”于是放弃努力，失败沮丧而回。另一个推销员看到非洲人都打赤脚，惊喜万分：“这些人都没有皮鞋穿，这皮鞋市场大得很呢。”于是想方设法引导非洲人购买皮鞋，最后发大财而回。

这就是一念之差导致的天壤之别。同样是非洲市场，同样面对打赤脚的非洲人，由于一念之差，一个人灰心失望，不战而败；而另一个人满怀信心，大获全胜。

成功人士的首要标志，在于他的心态。一个人如果心态积极，乐观地面对人生，乐观地接受挑战和应付麻烦事，那他就成功了一半。人与人之间只有很小的差异，但这种很小的差异却往往造成了巨大的差异！很小的差异就是所具备的心态是积极的还是消极的，而这种很小的差异却是我们小时候所受的教育所决定的，巨大的差异就是成功与失败。

你就是百万富翁

我们总是为自己得不到东西而唉声叹气，却常常忽视了自己拥有的宝贵财富。

智慧而年老的犹太牧师胡里奥在密西西比河边，遇见了忧郁的年轻人费列姆。

费列姆唉声叹气，满脸愁云惨雾。

“孩子，你为何如此闷闷不乐呢？”胡里奥关切地问。

费列姆看了一眼胡里奥，叹了口气：“我是一个名副其实的穷光蛋。我没有房子，没有太太，更没有孩子；我也没有工作，没有收入，整天饥一顿饱一顿地度日。像我这一无所有的人，怎么能高兴得起来呢？”

“傻孩子，”胡里奥笑道，“其实你开怀大笑才对！”

“开怀大笑？为什么？”费列姆不解地问。

“因为，你其实是一个百万富翁呢！”胡里奥有点儿诡秘地说。

“百万富翁？您别拿我这穷光蛋寻开心了。”费列姆不高兴了，转身欲走。

“我怎么会拿你寻开心呢？孩子，你现在能回答我几个问题么？”

“什么问题？”费列姆有点好奇。

“假如现在我出20万美元，买走你的健康，你愿意么？”

“不愿意。”费列姆摇摇头。

“假如，现在我再出20万美元，买走你的青春，让你从此变成一个小老头儿，你愿意么？”

“当然不愿意！”费列姆干脆地回答。

“假如，我现在出20万美元，买走你的美貌，让你从此变成一个丑八怪，你可愿意？”

“不愿意！当然不愿意！”费列姆头摇得像个拨浪鼓。

“假如，我再出20万美元，买走你的智慧，让你从此浑浑噩噩，度此一生，你可愿意？”

“傻瓜才愿意！”费列姆一扭头，想走开。

“别慌，请回答完我最后一个问题：假如现在我再出20万美元，让你去杀人放火，让你从此失去良心，你可愿意？”

“天哪！干这种缺德事，魔鬼才愿意！”费列姆愤愤地回答道。

“好了，刚才我已经开价100万美元了，仍然买不走你身上的任何东西。你说，你不是百万富翁，又是什么？”胡里奥微笑着问。

费列姆恍然大悟。他笑着谢过胡里奥的指点，向远方走去。从此，他不再叹息，也不再忧郁，微笑着寻找他的新生活去了……

在羡慕别人的同时，我们往往忽略了本身的财富。与其临渊羡鱼，不如退而结网。健康、青春、美貌、智慧、良心，每一样都是无价的，而当你具备这些时，你还缺什么呢？让孩子懂得好好珍惜他的所得，好好利用他的所有，他会发现自己已经是一个百万富翁！那么，你的孩子一定会走过快乐的一生。

请勿忘记身边的宝物

有时自己的院子里也埋藏了许多宝物，只是我们没有去挖掘而已！

有一个人即将离开他居住多年的城镇，搬到另外一个陌生的地方去定居。临行前，他去拜访拉比吉米克，并请拉比给他一些忠告。

拉比给他讲了一个这样的故事：

有个住在柏林的犹太人，时常梦见在一个碾坊的地下埋藏了许多等待他去挖掘的宝物。终于有一天，他抑制不住自己的好奇心，决定次日一早便去挖掘宝物。

第二天早晨天未破晓时，他就已经起床准备好了，到了碾坊之后，他便仔仔细细、小心翼翼地开始挖了起来，可是几乎挖遍了碾坊，却没有掘出任何值钱的东西。

碾坊的厂主闻声而至，问他为什么在此地挖掘。当房主听完这人说明缘由后，突然高声大叫：

“太奇妙了，我也经常梦见一个住在柏林的人，而他的院子里也埋着许多宝贝。”

厂主不但这么说，甚至还指出梦中那个人的名字，说来也真凑巧，这正是那个犹太人自己的名字啊！

于是犹太人立刻马不停蹄地回到自己的家里，而且赶忙挖掘院子，没想到他真的挖出许多宝物。

这一个故事给这个准备移居的人有很大的启示，他决定不再移迁地方了。在很多人眼中，“外国的月亮比自己的圆”，但是犹太人却不一样，他们决不嫌弃自己独特的传统和文化而一味地崇拜别人。

犹太人有一句这样的格言：“请勿忘怀身边的宝物。”

犹太人还有一句类似的格言：“不要老是妄想去坐在国王的餐桌前，你自己家里的餐桌更好，因为在那里你便是国王。”看重自己，善于从自己身上找优势，致力于发掘自己的能力和潜力，同时珍惜身边的人和事，这就是犹太人较之其他民族的处世杰出之处。

人生的试金石

有时候那神奇的试金石就握在我们的手中，而我们却浑然不觉。

著名的亚历山大图书馆在一次火灾中被毁之后，人们在废墟中发现了残存的一本书。可惜这本书没有什么学术价值，政府打算把这本书拍卖掉。由于大家都知道这本书的学术价值不大，愿意买这本书的人不多，最终一个犹太学生购得了这本书。

这本书不但没有学术价值，内容也枯燥无味。那个犹太学生在少有其他的书读的情况下，还是经常把这本书拿出来翻阅，翻阅到后来，书被翻破了，书脊中掉出一张小字条，上面写着试金石的秘密：试金石是能把任何金属变成纯金的一种小鹅卵石，它看起来和其他的鹅卵石没有什么区别，静静地躺在沙滩上，然而，一般的鹅卵石比较冷，只有试金石摸起来是温暖的。

犹太学生获知这个秘密后欣喜若狂，立刻赶到大海边寻找试金石，犹太学生满怀信心地挑选那些鹅卵石，可是那些石头摸起来都是凉凉的。犹太学生渐渐地有些失望了，他愤怒地把捡起来的鹅卵石朝大海深处扔去。他就这样日复一日、年复一年地在海边扔鹅卵石，而且扔鹅卵石的力气越来越大，那些鹅卵石也被越扔越远。

多年后的一天，犹太学生捡到一块温暖的鹅卵石。然而，他已经形成了到手就扔的习惯，当他意识到那是一块温暖的鹅卵石的时候，那块传说中的试金石已经被他扔到了深海中。他懊恼地潜入海底，寻找了许多天，还是找不到扔出的那块试金石。

犹太学生终于失望了，他一无所获地回到了首都。当时，国内正举行建国百年庆典，国王一时开心摆擂台寻找全国力气最大的人，冠军将被封为伯爵，并可获得大量黄金和良田的赏赐。犹太学生想起这么多年来在海边扔鹅卵石的经历，觉得机会来了。犹太学生随着众人去看热闹，看来看去，觉得那些人的力气都没有自己的力气大。于是他上台去比试，结果把参赛者一个个打败了，获得了大力士冠军，得到了国王的赏赐。

犹太学生变成了富裕而体面的伯爵，他感谢那本给他带来好运的书，决定把那本书重新装订并保存起来。他拆开书脊以便重新装订，却在书脊里发现了夹藏的另外一张字条，上面写着：世界上没有真正的试金石，你对人生的态度就是试金石。当你老是抱怨没有机会的时候，或许机会真的到了手边你也把握不了。

犹太人经常用这个故事教育自己的子女：不要老是抱怨没有机会，其实机会就在手边，关键在于我们是否能好好把握。正如上面的故事所说："世界上没有真正的试金石，你对人生的态度就是试金石。"

帮助需要帮助的人

要教育孩子懂得为他人服务。

有一对住在达拉斯富有的犹太夫妇，他们常为如何教导他们的孩子们服务他人而烦恼。孩子们已习惯要什么有什么，接受他人的服务，至于服务他人，那简直是中古时代甚至像火星那样遥远的事。做父亲的开始明白这一点时已太晚，但没什么，总比完全不开始好！

于是孩子的父母准备了一个特别的活动。假期开始前一周，父亲告诉全家："这次感恩节我们要做点不一样的事。"

几个十几岁的孩子立刻坐直，因为通常在这种情形下，父亲会告诉大家一些特别有趣的活动，例如到巴拿马群岛去玩小艇拖曳的降落伞等。但这次却不一样。

"我们一起到救济中心去，"他说，"去侍候穷人和流浪者吃感恩节晚餐。"

"我们要做什么？"

"得了，爸，你是在开玩笑，是不是？告诉我们你在开玩笑。"

他没有。由于他的坚持，孩子们一起去了，但路上孩子们并不很高兴，他们很奇怪父亲怎么会做出这样的决定——到救济中心服务他人！若是朋友们知道会怎样想？

但是当天发生的事完全出乎了孩子们的预料，之后也无人能想到有哪一天会比那天更美好。他们在厨房忙来忙去，把火鸡和调味料捧上餐桌，切南瓜派，添了无数杯咖啡。他们在小孩子们面前扮小丑，听老人家说了许久以前和遥远的感恩节故事。

父亲看到自己孩子的举动简直开心极了。几周后，孩子们提出了要求：“爸……我们想回去救济中心侍候圣诞节晚餐！”他们去了。如同孩子们所盼望的，在那里遇见了感恩节时认识的一些人。他们尤其记得一个有着特殊需要的家庭。当这家在吃饭的行列中出现时，他们高兴极了。从那时起，两家人有过数次接触。原本娇生惯养的孩子不止一次卷起袖管，侍候达拉斯最贫穷的家庭之一。

这个家庭发生了既明显又微妙的改变，孩子们不再以为凡事皆理所当然，父母亲发觉他们变得更认真、更负责任。是的，虽然晚了一点，但那总是一个开始。

希望与失望

每一个失败里，总包含着成功的种子。

自从传言有人在死海畔散步时无意中发现金子后，这里便常常出现来自四面八方的淘金者。他们都想成为富翁，于是寻遍了整个河床，还在河床上挖出很多大坑，希望找到更多的金子。有一些人找到了金子，但另外一些人却一无所得，只好扫兴而归。

也有不甘心落空的人，驻扎在这里，继续寻找。彼得·弗雷特就是其中的一员。他在河床附近买下一块没人要的土地，一个人默默地工作。他为了找金子，已把所有的钱都押在这块土地上。他埋头苦干了几个月，直到土地全变成坑坑洼洼，他失望了——他翻遍了整块土地，却连一丁点儿金子都没看见。

这样的日子又过了3个月，他连买面包的钱都快没有了。于是他准备离开这儿到别处去谋生。

就在他即将离去的前一个晚上，天下起了倾盆大雨，并且一下就是三天三夜。雨终于停了，彼得走出小木屋，发现眼前的土地看上去好像和以前不一样：坑坑洼洼已被大水冲刷平整，松软的土地上长出一层绿茸茸的小草。

“这里没找到金子，”彼得忽有所悟地说，“但这土地很肥沃，我可以用来种花，并且拿到镇上去卖给那些富人，他们一定会买些花装扮他们华丽的厅堂。如果真这样的话，那么我一定会赚许多钱，有朝一日我也会成为富人……”

彼得仿佛看到了将来，美美地撇了一下嘴说：“对，不走了，我就种花！”

于是，他留了下来。彼得花了不少精力培育花苗，不久田地里长满了美丽娇艳的各色鲜花。

他拿到镇上去卖，那些富人一个劲地称赞：“瞧，多美的花，我们从没见过这么美丽鲜艳的花！”他们很乐意付少量的钱来买彼得的花，以使他们的家庭变得更富丽堂皇。

5年后，彼得终于实现了他的梦想——成了一个富翁。

在我们的生命旅途中，一定会遇到各种各样的挫折和困境。如果在面临困境时，你认为自己真的失败了，那么你就会倒下来的；如果你对自己说，一定要坚持，那么就意味着，你的人生有了希望，你就会走过险境获得成功。看完这则犹太故事后，家长可以有把握地对孩子说，只要我们用心，就能从任何一件事中找到其中的正面含义和积极因素。

五盘三胜制

一次失败，并不等于最终的失败。不断挑战，终有成功之时。

一向一帆风顺的皮特，在生意上第一次遭受了巨大的挫折与失败。皮特心灰意冷，整天待在家里闷闷不乐。

7岁的儿子普里特放学回来，兴高采烈地向皮特大声宣布：“爸，我有个好消息向您宣布！”

“是吗？普里特。”皮特漫不经心地回答。

聪明的普里特看出了皮特的不快，问道：“哦，爸爸，您为什么总不高兴？是打球输了吗？”

普里特刚刚加入学校乒乓球业余培训班，对乒乓球非常感兴趣。皮特回答他说：“差不多，我输给了对手。”

“那有什么了不起的！”普里特说，“我刚进业余班那阵，连球拍都不会握，可我盯住了班上的冠军，非要跟他拼拼不可。每天一训练完，我就找他挑战，当然我从来没赢过，心情非常沮丧，所以我非常同情您。爸爸，您的对手是冠军吗？”

“那不见得！”皮特答道。

“哇！”普里特叫了起来，“连冠军都不是，那就更不应该输给他。您知道我是如何战胜冠军的吗？”

“如何？”

“我给自己打气，经过一段时间准备后，我又去向骄傲的冠军挑战，果然，第一局我又输了。”

“第二局呢？”

“也输了。”

“那你真的又输了。”

“可是，爸爸，第三局我赢了他。”

“可你，最终还是输给了他。”

“不，爸爸。”普里特自豪地说，“记住，第三局我赢了他，我终于打败了他一回。爸爸，您失败了几次？”

“一次！”

“爸，您真笨，才一局您就认输了，您应该来五盘三胜制，彻底打败对手。”

“五盘三胜制？这主意真好！”皮特豁然开朗，心情也

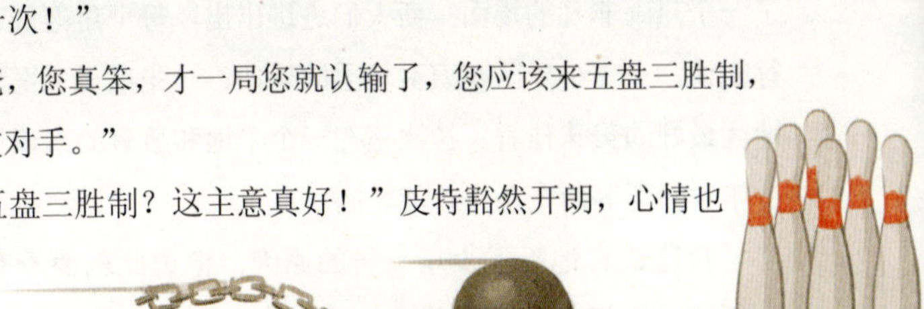

好多了，便问普里特，“你刚进门时说有好消息告诉我，是什么好消息？”

普里特认真地答道：“就是在第三局我终于战胜了对手呀！”

成功者的人生并不是没有失败的人生。失败了能再爬起来，从失败中吸取教训，牢牢盯住自己的目标，才能获得真正的成功。犹太人是不怕失败挑衅的，他们敞开胸怀迎接失败的挑战，因为谁能笑到最后，才是笑得最好的。不到最后，绝对不放弃。

幸福的秘密

幸福的秘密在于欣赏世界上所有的奇观异景，同时永远不要忘记汤匙里的两滴油。

有位犹太商人，把儿子派往世界上最有智慧的人那儿去讨教幸福的秘密，少年在沙漠里走了40天，终于来到一座位于山顶上的美丽城堡，那里住着他要寻找的拉比。

少年走进了一间大厅，可他并没有遇到拉比，相反却目睹了一个热闹非凡的场面：商人们进进出出，每个角落都有人在进行交谈，一支小乐队在演奏轻柔的乐曲，一张桌子上摆满了那个地区最好的美味佳肴。拉比正在一个个地和所有的人谈话，所以少年必须要等两个小时才能轮到。

拉比认真地听了少年来访的原因，但说此刻他没有时间向少年解说幸福的秘密。他建议少年在他的宫殿里转上一圈，两个小时后再回来找他。

“与此同时我要求你办一件事，”拉比边说边把一个汤匙递给少年并在里面滴了两滴油，“当你走路的时候，拿好这个汤匙，不要让油洒出来。”

少年开始沿着宫殿的台阶上上下下，眼睛始终紧盯着汤匙不放。两个小时后，他回到了拉比的面前。

“你看到我餐厅里的波斯地毯了吗？看到园艺大师花多年心血创造出来的花园了吗？注意到我图书馆里那些美丽的羊皮纸文献了吗？”拉比问道。

少年十分尴尬，坦率地承认他什么也没有看到。他当时唯一关注的只是拉比交付给他的事，即不要让油从汤匙里洒出来。

“那你就回去见识一下我这里的种种珍奇之物吧。”拉比说，“如果你不了解一个人的家，你就不能信任他。”

少年轻松多了。他拿起汤匙重新回到宫殿漫步。这一次，他注意到了天花板和墙壁上悬挂的所有艺术品，观赏了花园和四周的山景，看到了花儿的娇嫩和每件艺术品都被精心地摆放在恰如其分的位置上。当他再回到拉比的面前时，少年详详细细地讲述了他所见到的一切。

“可是我交给你的两滴油在哪里呢？”拉比问道。

少年朝汤匙望去，发现油已经洒光了。

“那么，这就是我要给你的唯一忠告，”拉比说道，“幸福的秘密在于欣赏世界上所有的奇观异景，同时永远不要忘记汤匙里的两滴油。”

做到真正的自己，不让外界搅乱自己的心情，不在乎别人的赞誉与吹捧，更不在乎别人的

批评和攻击，这样的人才是真正快乐的人！用这种处世智慧去教导孩子，你会得到意想不到的宽慰。

想象人生

想象是创造的源泉，它比知识更重要。

有一个女孩子，她除了有着丰富的想象力之外，与别人相比没有什么不同，平常的父母，平常的相貌，上的也是平常的大学。

大学的宽松环境让她有了更多的时间去想象，她的脑海中常会出现童话中的情景：穿着白衣裙的美丽姑娘、蔚蓝的天空、绿绿的草地，当然还有巫婆和魔鬼……他们之间有着许多离奇的故事，她常常动手把这些想法写下来，并且乐此不疲。

在大学里，她爱上了一个男孩，他的举止和言谈真的和童话里一样，是她想象中的“白马王子”，她很爱他。但是，他却受不了她的脑海中那荒唐的不切实际的想法。她会在约会的时候，突然给他讲述一个刚刚想到的童话，他烦透了这样的远离人间烟火的故事。他对她说：“你已经23岁了，但你看来永远都长不大。”他弃她而去。

失恋的打击并没有使她停止梦想和写作。25岁那年，她带着一些淡淡的忧伤和改变生活环境的想法，来到了她向往的具有浪漫色彩的葡萄牙。在那里，她很快找到了一份英语教师的工作，业余时间继续写她的童话。

一位青年记者很快走进了她的生活，青年记者幽默风趣，而且才华横溢。她爱上了他，并且很快步入了婚姻的殿堂。

但她的奇思异想也让他苦不堪言，他开始和其他姑娘来往。不久，他们的婚姻走到了尽头，他留给她一个女儿。

她经受了生命中最沉重的一击。祸不单行的是离婚不久，她又被学校解聘了。无法在葡萄牙立足的她只得回到了自己的故乡，靠领取社会救济金和亲友的资助生活。

但她还是没有停止她的写作，现在她的要求很低，只是把这些童话故事讲给女儿听。

有一次，她在英格兰乘地铁，她坐在冰冷的椅子上等晚点的地铁到来，一个人物造型突然涌上心头。回到家，她铺开稿纸，多年的生活阅历让她的灵感和创作热情一发不可收拾。

她的长篇童话《哈利·波特》问世了，并不看好这本书的出版商出版了这本书，没想到，一上市就畅销全国乃至全世界，

销售量达到了数百万之巨，所有人都为此感到吃惊。

她叫乔安娜·凯瑟琳·罗琳，她被评为“英国在职妇女收入榜”之首，被美国著名的《福布斯》杂志列入“100名全球最有权力名人”，名列第25位。

犹太人认为：无论是想象的还是现实的，我们都应该自己选择自己的人生，并为自己选择的人生进行奋斗。前途也许一片迷茫，也许荆棘丛生，但过程本身就是幸福的，因为你确信：总有一天，它会带你到达心中的圣地！

最不起眼的地方

平常的事物里，往往隐藏着极其珍贵的东西。

犹太拉比们常说：最好的机会往往就像宝矿一样，永远隐藏在其貌不扬的石块中，等着有心人去发现、去珍惜。所以，把握住每一次机会，绝不轻易放弃。机会总是藏在最不起眼的地方，我们要小心翼翼地把机会握在手中，慢慢地发现蕴藏在璞石里的无价宝玉。珍惜身边的一切，因为那些能抓在手中的事物，可能在某个时刻会变成无价的宝物。

犹太人最著名的拉比希勒尔正将自己年轻时冒险犯难的故事，一一说给儿子听。老父亲那段艰苦而又精彩的创业故事，深深感动了儿子，也鼓舞了孩子，成为他创造无价人生的目标。

他决定要离开温暖的家，外出寻找宝物。他特别订制了一艘大船，在亲友们的祝福下，大船载着男孩的梦想扬帆出发。

他历经了险恶的风浪，穿越了无数岛屿，终于在热带雨林中找到一棵十几米高的树木。

他砍下这棵树，剥开树皮，这时他发现树心是黑色的，而且黑色树心还飘出阵阵香气，清香的气味让人感到非常舒适。

而且更特别的是，他将这棵树放入水中时，它居然不像其他的树木那样浮在水面，而是沉入水底，年轻人开心地想：“啊！我找到宝物了！”

虽然，他不知道这棵树到底是什么，也不知道它真正的用途，但他相信自己一定是找到宝物了！

随后，年轻人将芳香无比的树木运送到市场里贩卖，但是不管怎么叫卖也无人问津，这令他十分苦恼。

尤其当他看见身旁卖木炭的生意相当好时，心里更不是滋味。忽然间，他对眼前的宝物失去了信心。

他暗自想着：“既然木炭这么好卖，我何不把这个卖不出去的黑色树心，也烧成木炭来卖呢？”

不久，他将木材烧成了一般木炭，并挑到市场去卖，很快就卖光了。

年轻人为自己的改变与创举感到相当自豪，不久之后便得意地回家把这段经历告诉他的父亲。

没想到，老父亲听完儿子的诉说后，反而难过地掉下了泪水。

原来，青年烧成木炭的原木，是百年难得一见的沉香木。老父亲摇了摇头，说：“孩子，你知道吗？你只要切下树心的一小块，再磨成粉末，它的价值就超过了你卖一整年木炭的价值啊！”

我们是否也曾经像希勒尔的儿子那样，获得了珍贵的机会，却又因为不知道它的价值，不懂珍惜而轻易放弃？不要再懊恼地说：“我当时不知道其中的价值，真是有眼无珠。”因为，许多机会都是在我们放弃之后才发现其中的价值，我们只能不断增强自己的鉴识能力，等待另一个宝贵的机会。

钻石就在我们的身边

每个人都拥有钻石宝藏，那就是你的潜力和能力。

古犹太国有个年轻的国王，他既有权势，又很富有，但却为两个问题所困扰，他经常不断地问自己：我一生中最重要的时光是什么时候？我一生中最重要的人是谁？

他对全世界的哲学家宣布，凡是能圆满地回答出这两个问题的人，将分享他的财富。哲学家们从世界各个角落赶来了，但他们的答案却没有一个能让国王感到满意。

这时有人告诉国王说，在很远的山里住着一位非常有智慧的老人，也许老人能帮他找到答案。

国王到达那个智慧老人居住的山脚下时，他装扮成了一个农民。

他来到智慧老人住的简陋的小屋前，发现老人盘腿坐在地

上，正在挖着什么。“听说你是个很有智慧的人，能回答所有问题，”国王说，“你能告诉我谁是我生命中最重要的人，何时是我最重要的时刻吗？”

“帮我挖点土豆，”老人说，“把它们拿到河边洗干净。我烧些水，你可以和我一起喝一点汤。”

国王以为这是对他的考验，就照他说的做了。他和老人一起待了几天，希望他的问题能得到解答，但老人却没有回答。

最后，国王对自己和这个人一起浪费了好几天时间感到非常气愤。他拿出自己的国王玉玺，表明了自己的身份，宣布老人是个骗子。

老人说：“我们第一天相遇的时候，我就回答了你的问题，但你没明白我的答案。”

“你的意思是什么呢？”国王问。

“你来的时候我向你表示欢迎，让你住在我家里。”老人接着说，“要知道过去的已经过去，将来的还未来临——你生命中最重要的时刻就是现在，你生命中最重要的人就是现在和你待在一起的人，因为正是他和你分享并体验着生活啊。”

有个农夫拥有一块土地，生活过得很不错。但是，他听说要是有块土地的底下埋着钻石的话，他就可以富得难以想象。于是，农夫把自己的地卖了，离家出走，四处寻找可以发现钻石的地方。农夫走向遥远的异国他乡，然而却没发现钻石，最后他一贫如洗。一天晚上，他在一个海滩自杀身亡。真是无巧不成书！

那个买下这个农夫土地的人在散步时，无意中发现了一块异样的石头，他拾起来一看，晶光闪闪，反射出光芒。他拿给别人鉴定，才发现这是一块钻石。这样，就在农夫卖掉的这块土地上，新主人发现了从未被人发现的最大的钻石宝藏。

每个人都拥有钻石宝藏，那就是你的潜力和能力。你身上的这些“钻石”足以使你的理想变成现实。你必须做到的只是更好地开发你的“钻石”，为实现自己的理想不断地付出辛劳。珍惜现在要比期望未来重要得多，生活给予我们的实在太多了，可惜大多数人都不懂得珍惜。钻石就在我们身旁，关键是我们要有一双发现钻石的慧眼。

永不休息的鬼

永远不停地工作，其实是最大的缺点。

一个人大着胆子去问一个卖鬼的犹太人：“你的鬼，一只卖多少钱？”

犹太人说：“一只要200两黄金！”

“你这是搞什么鬼？要这么贵！”

犹太人说：“我这鬼很稀有的。它是只巧鬼，任何事情只要主人吩咐，它全都会做。又是只工作鬼，很会工作，一天的工作量抵得100人。你买回去只要很短的时间不但可以赚回200两黄金，还可以成为富翁呀！”

过路的人感到疑惑：“这只鬼既然那么好，为什么你不自己使用呢？”

犹太人说："不瞒您说，这鬼万般皆好，唯一的缺点是，只要一开始工作，就永远不会停止。因为鬼不像人，是不需要睡觉休息的。所以您要24小时从早到晚把所有的事吩咐好，不可以让它有空闲，只要一有空闲，它就会完全按照自己的意思工作。我自己家里的活儿有限，不敢使用这只鬼，才想把它卖给更需要的人！"

过路人心想自己的田地广大，家里有忙不完的事，就说："这哪里是缺点，实在是最大的优点呀！"

于是花200两黄金把鬼买回家，成了鬼的主人。

主人叫鬼种田，没想到一大片地，两天就种完了。

主人叫鬼盖房子，没想到3天房子就盖好了。

主人叫鬼做木工装潢，没想到半天房子就装潢好了。

整地、搬运、挑担、炊煮、纺织，不论做什么，鬼都会做，而且很快就做好了。

短短一年，鬼主人就成了大富翁。

但是，主人和鬼变得一样忙碌，鬼是做个不停，主人是想个不停。他劳心费神地苦思下一个指令，每当他想到一个困难的工作，例如在一个核桃核里刻十艘小舟，或在象牙球里刻9个象牙球，他都会欢喜不已，以为鬼要很久才会做好。

没想到，不论多么困难的事，鬼总是很快就做好了。

有一天，主人实在撑不住，累倒了，忘记吩咐鬼要做什么事。

于是鬼把主人的房子拆了，将地整平；把牛羊牲畜都杀了，一只一只地种在田里；将财宝衣服全部压碎磨成粉末；再把主人的孩子杀了，丢到锅里炊煮……

正当鬼忙得不可开交，主人从睡梦中惊醒，才发现一切都没有了。原来，永远不停止地工作，真是最大的缺点呀！

当我们马不停蹄地围绕着工作转的时候，我们忘记了工作的目的。让自己变成工作的附庸还在扬扬自得的人，其实是悲哀的。更多的时候，我们需要的是停下来，哪怕什么也不想都是好的，因为这至少证明你还有思考自己人生的可能。

故事正是以它夸张的手法告诉我们："原来，永远不停地工作，真是最大的缺点呀！"别以为不停地工作是一种成功的前兆，是一种人生的优点。其实，工作与休息是相得益彰的，而且工作的同时，还需要有时间思考。读完这个犹太寓言后，我们的家长应该有很多感慨吧。

幸福的意义在于付出

人生的价值体现在奉献的多寡，而非索取的多少。付出的人永远比索取的人富有，因为只知索取的人贫困不堪，否则缘何不知馈赠？

以色列有两个内海——加利利海和死海。

死海在海平面下392米的低处，它的周围是一片无垠的沙漠，对岸则是约旦的领土。死海的水中含有很高的盐分，盐的比重很大，当人掉进去时，身体会自然浮起而不会淹死。死海的水中无鱼，也没有其他任何生物。

加利利海是一个淡水湖，里面含有很多生物，因耶稣基督曾在此地渔猎而享有盛名。海中盛产一种“圣彼得鱼”，这种鱼虽然外观丑陋，可是肉味鲜美，已成为该地名产。加利利海边餐厅林立，都以售圣彼得鱼为主，来游览的旅客们常常因此大饱口福。

加利利海的岸边，老树枝叶茂密，树上百鸟云集，啼声悦耳，真是一个充满生趣的美丽世界！

相形之下，死海就没有这么活跃。死海没有任何生物生存在其中，周围也没有半棵树，更听不到鸟儿的歌声。连死海上空的空气，都让人觉得沉重。从来没有一只住在沙漠上的动物到岸边去喝水。因为如此，人们才会将其命名为“死海”吧。

两者为什么形成如此差别？

先哲们的解释是：加利利海不像死海——只知收，而不知出。

约旦河流入加利利海之后，又流了出来，最后归之死海。

加利利海接受了多少东西，也会给别人多少东西，所以它是活生生的。而每一滴水，到了死海之后，都要被占有。死海把所有的东西都据为己有，只知进而不知退，因此它才会有一片死气沉沉的景象。

世间的事情都一样，只有付出，才有回报。只取不予的做法，是永远不会有成就的。死海因为从不分给别人什么，它才会“死”在那里，人生也是如此。

快乐总在放弃后

事情的意义并不在于事情本身，而在于我们对待它的态度。

所罗门的后妃们为他生了一群白白胖胖的儿子，后来，他最宠爱的妃子又生下了一位可爱伶俐的公主。国王非常疼爱小公主，视为掌上明珠，一点也舍不得训斥责备，凡是公主所要求的东西，国王从来不会拒绝，就算是天上的星星，国王也恨不得亲自上天为公主摘下来，为其点缀彩衣。

公主在国王的呵护、娇惯下，慢慢成长为亭亭玉立的少女，渐渐懂得装扮自己。有一天，春雨霏霏的午后，公主带着婢女徜徉于宫中花园，只见树枝上的花朵经过雨水的润泽，花苞上挂着几滴雨珠，显得愈发的娇艳；蓊郁的树木，翠绿得直逼人眼。公主正在欣赏雨后的景致，忽然目光被荷花池中的奇观所吸引住了。原来池水热气正在蒸发，正冒出一颗颗状如珍珠的水泡儿，浑圆晶莹，闪耀夺目。公主入神忘我，突发异想：“如果把这些水泡儿串成花环，戴在头发上，一定美丽极了！”打定主意，于是叫婢女把水泡捞上来，但是婢女的手一触及水泡，水泡便破灭无影。折腾了半天，公主在池边等得非常不悦，婢女在池里捞得心急如焚。公主终于气愤难忍，一怒之下，便跑回宫中，把国王拉到池畔，对着一池闪闪发光的水泡说：

“父王！你一向是最疼爱我的，我要什么东西，你都依着我。女儿想要把池里的水泡串成花环，作为装饰，你说好不好？”

“傻孩子！水泡虽然好看，终究是虚幻不实的东西，怎么可能做成花环呢？父王另外给你找珍珠水晶，一定比水泡还要美丽！”国王无限怜爱地看着女儿。

“不要！不要！我只要水泡花环，我不要什么珍珠水晶。如果你不给我，我就不想活了。”公主骄纵撒野地哭闹着。

束手无策的国王只好把朝中的大臣们集合于花园，忧心忡忡地商议道：

“各位大臣们！你们号称是本国的奇工巧匠，你们之中如果有人能够以奇异的技艺，把池中的水泡为公主编织成美丽的花环，我便重重奖赏。”

“报告陛下！水泡瞬间生灭，触摸即破，怎么能够拿来做花环呢？”大臣们面面相觑，不知如何是好。

“哼！这么简单的事，你们都无法办到，我平日如何善待你们的？如果你们无法满足我女儿的心愿，将格杀勿论。”国王盛怒地呵斥道。

“国王请息怒，我有办法替公主做成花环，只是老臣我老眼昏花，实在看不清楚水池中的泡沫，哪一颗比较均匀圆满，能否请公主亲自挑选，交给我来编串。”一位须发斑白的大臣神情笃定地出面请示。

公主听了，兴高采烈地拿起瓢子，弯腰，认真地舀取自己中意的水泡。可是水泡经公主轻轻一触摸，霎时变为泡影。捞了老半天，公主一颗水泡也捞不起来，睿智的大臣于是和蔼地对一脸沮丧的公主说："水泡本来就是生灭无常，不能常驻久留之物，如果把人生的希望建立在这种虚假不实、瞬间即逝的现象上，到头来必然只是一场空。"

像上文中的公主这样的完美主义者是很难快乐的，更何况她还给自己和他人设定了一个无法达到的标准。人应该将目标和方法定得灵活一些，而不是死钻牛角尖，这样，才能退一步海阔天空。犹太人正是在残酷的现实中用这种方法走出了自己的天空，他们也将这一真谛代代相传，让自己的后代在夹缝中获得广阔的天空。

第十二章

时间：成功的帮手

把最重要的事情放在前面

在安排时间时，要永远把重要的事情放在第一位，在没有完成重要的事情之前，决不着手做次要的事情。

犹太人萨缪尔森教授在给即将毕业的MBA班的学生上最后一次课。令学生们不解的是，讲桌上放着一个大铁桶，旁边还有一堆拳头大小的石块。“我能教给你们的都教了，今天我们只做一个小小的测验。”教授把石块一一放进铁桶里。

当铁桶里再也装不下一块石头时，教授停了下来。教授问：“现在铁桶里是不是再也装不下什么东西了？”“是。”学生们回答。“真的吗？”教授问。

随后，他不紧不慢地从桌子底下拿出了一小桶碎石。他抓起一把碎石，放在已装满石块的铁桶表面，然后慢慢摇晃，又抓起一把碎石……不一会儿，这一小桶碎石全装进了铁桶里。

“现在铁桶里是不是再也装不下什么东西了？”教授又问。“还……可以吧。”有了上一次的经验，学生们变得谨慎了。

“没错！”教授一边说，一边从桌子底下拿出一小桶细沙，倒在铁桶的表面。教授慢慢摇晃铁桶。大约半分钟后，铁桶的表面就看不到细沙了。“现在铁桶装满了吗？”“还……没有。”学生们虽然这样回答，但心里其实没底。

“没错！”教授看起来很兴奋。这一次，他从桌子底下拿出的是一罐水。他慢慢地把水往铁桶里倒。

水罐里的水倒完了，教授抬起头来，微笑着问：“这个小实验说明了什么？”

一个学生马上站起来说：“它说明，你的日程表排得再满，你都能挤出时间做更多的事。”

“有点道理。但你还是没有说到点子上。”

萨缪尔森教授顿了顿，说：“它告诉我们：如果你不是首先把石块装进铁桶里，那么你就再也没有机会把石块装进铁桶里了，因为铁桶里早已装满了碎石、沙子和水。而当你先把石块装进去，铁桶里会有很多你意想不到的空间来装剩下的东西。在以后的职业生涯中，你们必须分清楚什么是石块，什么是碎石、沙子和水，并且总是把石块放在第一位。”

最没有效率的人就是那些以最高的效率做最没用的事的人。总是做重要且紧迫的事的人，常常有很多的剩余时间。做完“正事”之后，他们有相当多的时间去做“重要而不紧迫”“不重要且紧迫”甚至“不重要且不紧迫”的事，就像装石块的铁桶里有意想不到的剩余空间来装碎石、沙子和水。犹太人总是告诉自己的孩子：集中精力在能获得最大回报的事情上，别花费时间在对成功无益的事情上。

守时的康德

犹太人认为，守时是一个人信誉的重要体现，也是一种值得称道的美德。我们要教育孩子从小养成守时的良好习惯。

1779年，德国哲学家康德计划到一个名叫瑞芬的小镇去拜访朋友威廉·彼特斯。他动身前曾写信给彼特斯，说3月2日上午11点钟前到他家。

康德是3月1日到达瑞芬的，第二天早上便租了一辆马车前往彼特斯家。朋友住在离小镇12英里远的一个农场里，小镇和农场中间隔了一条河。当马车来到河边时，车夫说："先生，不能再往前走了，因为桥坏了。"

康德下了马车，看了看桥，发现中间已经断裂。河虽然不宽，但很深而且结了冰。

"附近还有别的桥吗？"他焦虑地问。

"有，先生。"车夫回答说，"在上游6英里远的地方还有一座桥。"

康德看了一眼怀表，已经10点钟了。

"如果走那座桥，我们什么时候可以到达农场？"

"我想要12：30才能到。"

"可如果我们经过面前这座桥最快能在什么时间到？"

"不用40分钟。"

"好！"康德跑到河边的一座农舍里，向主人打听道："请问您的那间披屋要多少钱才肯出售？"

"您会要我简陋的披屋，这是为什么？"农夫大吃一惊。

“不要问为什么，您愿意还是不愿意？”

“给200法郎吧！”

康德付了钱，然后说：“如果您能马上从披屋上拆下几根长的木条，20分钟内把桥修好，我将把披屋还回给您。”

农夫把两个儿子叫来，按时完成了任务。

马车快速地过了桥，在乡间公路上飞奔着，10点50分赶到了农场。在门口迎候的彼特斯高兴地说：“亲爱的朋友，您真准时。”

可能有人会觉得康德过于迂腐，为了守时付出的代价太大。的确，每个人都有自己的价值观念，但守时、守约对于康德来讲无疑是最重要的。守时看似是小事，但它反映的是一个人的生活作风和行事方式。康德对这种小事都能做到一丝不苟，可见他在治学方面的严谨程度，在哲学方面能够创造出如此高的成就也就没什么意外了。很难想象一个小事都处理不好的人会有什么大作为。

一分钟

犹太人认为，珍惜生命中的每一分钟，利用起来尝试改变一些什么，你的人生将变得充实。

著名教育家班杰明曾经接到一个青年人的求教电话，并与那个向往成功、渴望指点的青年人约好了见面的时间和地点。

待那个青年人如约而至时，班杰明的房门敞开着，眼前的景象却令青年人颇感意外——班杰明的房间里乱七八糟、一片狼藉。

没等青年人开口，班杰明就招呼道：“你看我这房间，太不整洁了，请你在门外等候一分钟，我收拾一下，你再进来吧。”说着班杰明就轻轻地关上了房门。

不到一分钟的时间，班杰明就又打开了房门，并热情地把青年人让进客厅。这时，青年人的眼前展现出另一番景象——房间内的一切已变得井然有序，而且有两杯刚刚倒好的红酒，在淡淡的香水气息里还漾着微波。

可是，没等青年人把满腹的有关人生和事业的疑难问题向班杰明讲出来，班杰明就非常客气地说道：“干杯。你可以走了。”

青年人手持酒杯一下子愣住了，既尴尬又非常遗憾地说：“可是，我……我还没向您请教呢……”

“这些……难道还不够吗？”班杰明一边微微笑着一边扫视着自己的房间，轻言细语地说，“你进来又有一分钟了。”

“一分钟……一分钟……”青年人若有所思地说，“我懂了，您让我明白了一分钟的时间可以做许多事情、可以改变许多事情的深刻道理。”

班杰明舒心地笑了。青年人把杯里的红酒一饮而尽，向班杰明连连道谢后，开心地走了。

一分钟是能改变很多事情的，所以当我们对人生和事业的疑难问题苦苦思索而不得其解的时候，与其浪费时间，不如马上去尝试。也许尝试的结果是失败，但我们至少解决了疑难问题的一部分；勤快起来，当我们在尝试的时候，我们改变了问题，我们也改变了自己，生活也就生动起来！

时间是最宝贵的财产

生命不可重复，时间对每个人来说只有一次，对时间的损失我们永远无法追偿，谁能抓住时间，谁就是成功者。

犹太人很早就领悟了这个道理。不仅如此，犹太人更把时间看成是生命。犹太家长经常给孩子讲下面这个故事来教育他们要珍惜时间。

为庆祝鼠王5岁大寿，众鼠纷纷献上礼物。按照惯例，谁的礼物最好，最受鼠王欢喜，就由谁当下一任宰相。这是一步登天的唯一机会，鼠民们绞尽脑汁，提前一年就开始准备了。一只老鼠扛着一个大圆筒子上殿了。“此为何物？”鼠王感兴趣地问。“这叫电动刮胡刀，是人间最新式的产品。”那只老鼠把肩上的电动刮胡刀放在地上，打开开关，电动刮胡刀发出了“嗡嗡”的声音。老鼠把脸凑过去，不一会儿，胡子就刮干净了。“这玩意儿不错。”鼠王点点头。“谢鼠王陛下！”那只老鼠兴奋得满脸通红。另一只老鼠抱着一个小盒子向鼠王叩头。“鼠王陛下，这是臣送给陛下的珍珠霜。”“珍珠霜？”鼠王觉得今年净是新鲜货。“涂了它，能使皮肤光滑细嫩。”老鼠打开瓶盖，一股香味直冲鼠王扑来。鼠王抠出一点儿，往屁股上涂。他把“皮肤”听成了屁股。“鼠王陛下，这是涂……”老鼠突然停住了，他不敢说是涂脸的，要是鼠王听见管他的屁股叫脸，非得发怒不可。“涂什么？”鼠王问。“是涂屁股的。”老鼠诚惶诚恐。“我这不是正在涂嘛！”鼠王接着涂。向鼠王献礼品的鼠民络绎不绝。鼠王身边的礼品已经堆成了山。

一只小老鼠背着一只表来到鼠王面前。“我把人间最宝贵的东西奉献给鼠王陛下。”小老鼠把表放在鼠王跟前。“这不是表吗？”鼠王纳闷了。“不是表，是时间。”鼠王问：“时间？时间是什么？能吃？”“人认为时间是最宝贵的东西。”小老鼠拿出一摞纸，呈献给鼠王。鼠王接过一看，都是人类称赞时间的话，当然，小老鼠已将人的文字翻译为鼠文，并在文末注明了原文出处。“人间一切，时间最宝贵。”鼠王边翻边念。“浪费时间是犯罪。”“珍惜时间就是珍惜生命。”“时间就是一切。”

“一切！”鼠王大惊，“时间就是一切！这么好的东西，我怎么早不知道！快把时间拿来！”鼠王迫不及待地说，他急于要得到人间的一切。小老鼠指了指表：“陛下，这就是时间。”“胡说！这不是表吗？”“启禀陛下，表里面装的都是时间。”小老鼠把他知道的所有关于表和时间的关系告诉了鼠王。“这么说，我现在就有了一切了？”鼠王大喜。“正是这样。”小老鼠说。“朕任命你为宰相！”鼠王宣布。从此，鼠王用上了表，不再靠往墙上画道儿来过日子了。

鼠王最害怕死，说来也怪，他在没当官时一点儿也不怕，随着地位的升高，就越来越怕。到当上鼠王时，就怕得要命了。鼠王最大的愿望就是长生不老，活得越长越好。一天，鼠王忽然想起了“时间就是生命”这句话。他立即召见宰相。“一天多少个小时？”鼠王明知故问。“24个小时。”宰相不明白他的用意。“朕的时间今后改为每天20个小时。”鼠王下旨。聪明的宰相恍然大悟，鼠王是要偷时间呀！他每天偷4个小时出来，就可以比别人多活好多天了！“陛下英明！”宰相说，“这样，陛下就可长生不老了！”鼠王大喜。从此以后，掌管鼠王时间的表每天只走20个小时，省下的4个小时推迟到第二天使用。渐渐地，鼠王又觉得不满意了，他下令每天只使用12个小时。这样，鼠王的寿命增加了一倍。时间既然这么宝贵，鼠民们一下子从人间偷来了成百上千只表，几乎每鼠一只。为此，鼠王专门颁发了圣旨。圣旨关于使用时间的规定：一般鼠民——每

天36小时；大臣——每天26小时。发现私下偷时间者，处以极刑。鼠王成了掌管时间的最高权威。不知为什么，他希望他的臣民活得短一些，多换几代。时间也成为鼠王对臣民赏罚的工具。有功的臣民，鼠王奖他每天减几个小时。犯法的臣民，鼠王罚他每天增加几个小时。有一次，一只老鼠连续7天未向鼠王献礼，鼠王罚他的时间是一天走100个小时！

日子一长，鼠王又不满足了。他决定把自己的时间减少为每天零小时。这样，他就可以永远不死，永远当鼠王了。于是，鼠王的表停止了运转。他成为世界上第一只不长岁数的鼠王。这下鼠民们可慌了。原先，他们生活中唯一的希望就是盼鼠王死。只有鼠王死了，他们才有当鼠王的可能——尽管这可能性小得可怜。这下可好，鼠王的岁数原地不动了！鼠民们傻眼了，再没有比知道自己肯定当不上鼠王更令鼠民们伤心的事了。一天，鼠王忽然觉得在自己的生活中缺少了什么。再一想，原来是自己不过生日了，鼠民们也不给他送生日礼物了。不行，还得过生日！鼠王既不想长岁数，又想过生日，这可怎么办好呢？宰相献计道：“您可以把表针往回拨——您的时间倒着过。这样，您既可以庆祝自己的生日，比如先过4岁生日，然后是3岁生日。……又可以越活越年轻。”鼠王兴奋了！他可以倒着使用时间！鼠王一高兴，下旨每天减少宰相的时间5个小时！宰相磕头谢恩不止。

筹备庆祝鼠王4岁生日，准备进献礼品的圣旨发出了。鼠民们只得像往常一样，纷纷绞尽脑汁，准备礼物。这次生日出乎鼠民们意料，那么多礼品都没引起鼠王的兴趣，而宰相的一句话竟博得了鼠王的欢心——宰相留任了。宰相只说了一句："陛下比去年年轻了！"从此，每逢鼠王过生日，鼠民们争相奉献上美好的言辞，说他越活越年轻——尽管鼠王已老态龙钟。鼠王有时也觉得奇怪，怎么年龄越小走路越困难呀？可又一想，刚生出来的小鼠是不会走路的呀！鼠王坦然了。

终于，隆重庆祝鼠王零岁生日的时候到了。这时的鼠王，已经不能动弹了，真像刚刚出生的小老鼠，还需要别人喂他饭吃。鼠王的眼神儿也不行了，他看见来祝寿的鼠民们都空着手！鼠王忽然明白了：过了零岁就没有了呀！鼠王慌了，他下令赶快把他的时间停住，别倒着过了！可是已经晚了，鼠王的话谁也听不清了。鼠王在庆祝自己零岁大寿时，死了。临死前，他后悔莫及——应该在一岁生日时把时间停住。据说，下一任鼠王接受了前任的教训，他的表针既没动弹过，也不想过生日。不知他是否一直活到现在。

时间究竟是什么，它又有多宝贵，绝大多数人是无从知晓的。许多时候，当人们领悟到时间的宝贵时，时间已匆匆而去。"时间就是生命"，这已经是人们听得耳膜都起了老茧的话了。现实生活中，我们又有多少人知道时间的宝贵呢？儿童基本没有时间观念，因为他们的生命才刚刚开始，时间还远没有尽头。可时间已像飞轮一样飞转了，等到他们长大后，他们才能真正认识到时间的重要，于是，便开始了与时间的赛跑。可是，与时间赛跑，就好比马在风中跑一样，永远都在风里跑。同样，我们永远跑不过时间。当我们感叹人生庸庸碌碌，一事无成时，时间却如流水一般，已冲走过半。人生不可重复，“生命既已逝，盛年不再来”，对时间的损失我们永远无法追偿。

教导孩子珍惜时间

犹太人中流传着这样一种说法：“打算”先生有个伙伴，他的名字叫“不去做”，你曾经碰巧遇见他们吗？他们是否拜访过你？这两个家伙一起住在一间叫“从未成功”的屋子里，听说“原来可以”的鬼魂，经常来纠缠他们。形容得多么贴切啊！犹太人把时间看得如此重要，在工作中也往往以秒计算，分秒必争。一旦规定了工作时间，就严格遵守。下班铃声一响，即使是打字员，他们只要再花几秒钟时间再打10个字就能完成的一件公文，他们也会停止而选择下班。强烈的时间观念提高了他们的工作效率，而把时间和商品对等，使盗窃时间就像偷取别人金柜内的金钱那样可耻。

歌德的儿子，在自己的纪念册里摘引了别人写的一段诗：“人生在这里有两分半钟的时间，一分钟微笑，一分钟叹息，半分钟爱，因为在爱的这分钟中间，他死去了。”歌德偶然看到了儿子纪念册上的这些话，很不满意。他认为对人生采取这样玩世不恭的态度，太不严肃了。于是他提笔写道：“一个钟头有六十分钟，一天就超过了一千。小儿子要知道这个道理，人能够有多少贡献。”歌德认为，把一生只当作两分半钟，嬉戏人生，那就只能无所作为，浪费宝贵的光阴。真正用每一分钟作为时间单位来计划自己的一生，争分夺秒地学习、工作和创造，那就成了时间上的大富翁，就可以比那些用年、月、日来计算的人，多做许多事。他给儿子写的这首诗，正是抓住了对孩子教育中的这个关键问题。他不但在言论上这样教育儿子，而且自己就是这样一个人。他在一首诗里写道：“我的产业是多么美，多么广，多么宽！时间是我的财产，我的田地是时间！”他把时间集中地用到他的文学事业上。他写名著《浮士德》就用了前后60年的时间。直到1832年3月22日，这位将近84岁的老人在临死前，还伏在自己的桌上写作。他用自己的行动实践了他对儿子的教导，同时也为后代做出了榜样。

孩子们在家中有父母的叮咛；到学校有老师的教诲。可是，有多少人真正重视，自觉珍惜，像对待生命一样对待时间呢？犹太家长们经常教育孩子说：“人若不去享受神赋予的快乐，是一种罪恶；但如果过分享乐，同样是一种罪恶。真正懂得珍惜时间的人，就知道善待人生，珍惜生命，享受生活。适当享乐，抓紧时间，完善生命，这才是最美好的。”怎样对待时间呢？聪明者，利用时间；愚昧者，等待时间；有志者，赢得时间；无志者，放弃时间。愿我们是聪明者、有志者！儿童是一个民族的希望，要让他们从小就养成珍惜时间的意识，这个民族的明天才会更好。

勿盗窃时间

今天就是最后一天，永远不要等待明天，因为没有人知道明天会是什么样子。

在犹太人看来，时间和商品一样，是赚钱的资本，因此盗窃了时间就等于盗窃了商品，也就是盗窃了金钱。

犹太人把时间看得十分重要，在工作中也往往以秒来计算时间。一旦规定了工作的时间，就严格遵守。下班的铃声一响，打字员即使只有几个字就可以打完，他们也会立即搁下工作回家。因为，他们的理由是“我在工作时间没有随便浪费一秒钟，因此我也不能浪费属于我的时间”。

瞧！这就是犹太人的时间观念。

他们把时间和金钱看得一样重要，无缘无故地浪费时间和盗窃别人金柜里的金钱一样是罪恶的事情。一个犹太富商曾经这样计算过：他每天的工资为8000美元，那么每分钟约合17美元，假如他被打扰而因此浪费了5分钟时间，这样就等于自己被盗窃现款85美元。

犹太人的思想观念里，时间是如此重要，千万不可以随便浪费。即使一些看来是必要的活动，也被他们简单化了。比如客人和主人约定时间谈事情，说好在上午10：00—10：15的，那么时间一到，无论你的事情是否谈完，都请自动离开。犹太人为了把会谈的时间尽量压缩，通常见面后，他们便直奔主题："今天我们来谈谈什么事情……"而不像其他民族，见面就谈一些"今天的天气不错"之类的客套话。在犹太人看来那些是毫无意义的，纯粹是在浪费时间，除非他觉得和你客套能从中得到什么好处，才跟你客套几句。

约定了时间，请务必准时到达，即使差一分钟也是不礼貌的；一进办公室，立即进行谈话，这样才是礼貌的商人。在规定的时间把话题说完，如果需要，请你来之前作好谈话的准备，但是既然来了，切勿拖延对方的时间，这就是礼貌。

钱可以再赚，商品可以再造，可是时间是不能重复的。因此，时间远比商品和金钱宝贵。

时间让财产"无中生有"

时间足以使财富"无中生有"。钱对犹太人来说，绝不仅仅止于财富的意义。钱居于生死之间，居于他们生活的中心地位，是他们事业成功的标志。这样的钱必定已具有某种"神圣性"。

巴奈·巴纳特是一个旧服装商的儿子，出生于佩蒂扣特港，就读于一所专为穷人孩子建立的犹太免费学校。成年后，巴纳特带着40箱雪茄作为创业资本来到南非。他把这

些雪茄抵押给探矿者，获得了一些钻石，从而开始了钻石买卖。巴纳特的赢利呈周期性变化，每个星期六是他获利最多的日子，因为这一天银行较早停止营业，巴纳特可以放心大胆地用支票购买钻石，然后赶在星期一银行重新开门之前将钻石售出，以所得款项支付货款。

说到底，巴纳特其实是钻了银行停止营业一天多这个“时间”空子，然而只要他有能力在每星期一早上给自己的账号上存入足够兑付他星期六所开出的所有支票的钱，那他就永远没有开“空头支票”。所以，巴纳特的这种拖延付款，是在吃透了市场运行的时间表，没有侵犯任何人的合法权利的前提下进行的。

巴纳特靠打“时间差”生财，真可谓精明到了极点。在此，时间成了商人手中的“王牌”，“一寸光阴一寸金”已不再是一个隐性的比喻，而成了一种现实的陈说。

商业竞争就是时间的竞争。学会合理有效地安排时间，这是商人最大的智慧。赚钱、攒钱并不是为了满足直接的需要，而是为了满足对安全的需要。至今在犹太人家庭中还有一种习惯，留给子女的财产至少不应该比自己继承到的财产少。这种心愿代表着犹太人对后辈的祝福。

父亲和儿子

很多道理，我们每个人都懂，但却没有将其贯彻在我们日常的生活习惯之中，因此，我们也无法从这些道理中获得真实的人生收益。

哈西德运动时期，有个流浪的犹太艺人，虽然才四十几岁，但是骨瘦如柴，形容枯槁，医生诊断结果是肝癌末期，临终前，他把年仅16岁的独子找来，叮咛着：“你要好好读书，不要像我少壮不努力，老来没成就。我年轻时好勇斗狠，日夜颠倒，烟酒都来，正值壮年就得了绝症。你要谨记在心，不要再走我的老路。我没读什么书，没什么大道理可以教你，但你要记住把‘少壮不努力，老来没成就’这句话传下去。”

说完，他咽下最后一口气，16岁的儿子却懵懵懂懂地站立一旁。

长大后，他儿子仍然在酒家、赌场闹事，有一次与客人起冲突，因出手过重而闹出人命，被捕坐牢。出狱后，人事全非，发觉不能再走老路，但是却无一技之长，无法找个正当的工作，只好下定决心，回到乡下，靠做一些杂工维生。

由于他年轻时无法体会父亲交代的遗言，耽误终身大事，年近半百才成婚。虽然年事渐长，逐渐能体会父亲临终前交代的话，但似乎为时已晚。他的体力一天不如一天，一年不如一年，面对着无法撑持起来的家，心里有着无限的忏悔与悲伤。

有个夜晚，他喝了点酒，带着酒意，把16岁的儿子叫到跟前。他先是一愣，这不就是当年16岁的我吗！父亲临终前交代遗言的景象在脑海中显现。有些自责地喃喃自语：

“我怎么没把那句话听进去啊。”

说着，眼泪直滴脸颊，儿子站在面前，懂事地安慰着：

“爸爸，您喝醉了，早点休息吧！”

“我没有醉，我要把你爷爷交代我的话告诉你，你要牢牢记住。”

“爸爸！什么话这么慎重呀！”

“当年你爷爷临终时交代我不可以‘少壮不努力，老来没成就’，我没听进去，也没听懂。结果我费尽一生才体会出这一句话的道理，但为时已晚。”

“这句话不是人人都知道吗？”

“是啊。但是，并不是每个人都愿意从年轻时就努力奋发向上。一定要年轻时就学好，不然老了就像我一无是处。你一定要认真对待这句话。希望你好好做人，将来儿孙都能成才，不必再把这句话当遗言交代了。”

懂道理的人很多，可是真正明白、并将其作为指导自己行为准则的人就太少了。所以，人在年轻时一定要懂得珍惜时间，懂得运用自己的时间多做一些有意义的事情。才不至于年老时悔恨，只能将自己的失败教训告诫给后辈。

第十三章

财商：君子爱财，取之有道

培养孩子的财商

一个人的能力不是天生的，需要从小培养。

犹太人从小就注重财富的教育，尤其是对于投资的教育是世界闻名的：他们会给刚满周岁的小孩送股票，这成为他们民族的惯例。

小孩3岁的时候，他们的父母就开始教他们辨认硬币和纸币；4岁的时候学会由家长陪伴，用钱购买简单的用品；5岁的时候，让他们知道钱币可以购买任何他们想要的东西，并且告诉他们钱是怎样来的；6岁的时候，能数较大数目的钱，学用储钱工具，培养自己的金钱意识；7岁的时候能看懂价格的标签，以培养他们“钱能换物”的理财观念；8岁的时候，知道可以通过做额外的工作赚钱，知道把钱储存在银行的储蓄账户里；10岁的时候，懂得每周节俭一点钱，以备大笔开支使用；11岁至12岁的时候，知道从电视广告里发现事实，制订并执行两周以上的开销计划，懂得正确使用银行业务的术语。

一位犹太商人曾这样述说他如何对小孩灌输金钱教育，他说："我给约翰姐弟的零用钱不是固定的，是依他们做事的种类及多寡而定。例如我和他们约好，早晨起床后帮忙割院子里的草给10美元，去买一份报纸给2美元，帮忙弄早餐给3美元等。我对他们不分年龄大小，一律采取同工同酬制度。"不少犹太家庭对子女的金钱教育，都是采用以上所说的方法。在他们看来，金钱并非铜臭，也不会玷污童稚之心；相反，让孩子早早接触金钱，对其财商的培养是不无裨益的。

犹太人还通常会给孩子这样的一种清单：

"拖地15美分，收拾好自己的床铺10美分，清除花园的杂草20美分。"

"插花10美分，洗碗10美分，收拾房间30美分。"

而且平时不给孩子们零用钱，如果他们想要得到零用钱就必须自己通过劳动去获得。在家里干的活越多，那么他们所获得的零用钱就会相应越多。

从这一个简单的事例中很明显就可以看出犹太家长的用意，他们要孩子们知道天上不会掉下免费的馅饼，世间没有不劳而获的成功。只有勤劳的、不断争取的人才会获得自己所需要的财富！小孩子的思维就像一张空白的纸，你最先给他画上什么样的底色，不管以后上面画些什么具体的东西，他永远和最初的色彩有关联。同样，小孩子最先接受到的教育也会影响他后来的生活。著名的石油大王洛克菲勒从小就接受了财商的教育。

只拿属于自己的

我们为人行事凭信心信念，不是凭眼见。

犹太人虽然爱钱，但他们却只赚属于自己的钱。他们在金钱的诱惑面前，总能保持足够的定力。他们绝不让金钱腐蚀自己的灵魂。犹太人追求财富，靠的是自己的头脑和双手光明正大地赚钱。在犹太人的眼中，拿不义之财就会受到神的惩罚。

有个犹太妇女购买东西，当她从百货公司回到家里从袋中取出东西时，忽然发现里面有一枚戒指。她并没有买这东西。她把此事告诉了小儿子，并带着孩子一并去找拉比，请教怎样处理此事。

拉比给他们讲了一则故事：

有位拉比平日靠砍柴为生，每天要把砍的柴从山里背到城里去卖。拉比为了节省走路的时间，决定买一头驴来代替。

拉比向阿拉伯人买了一头驴牵回家来。徒弟们看到拉比买了头驴回来，非常高兴，就把驴牵到河边去洗澡，结果驴的脖子上掉下来一颗光彩夺目的钻石。徒弟们高兴得欢呼雀跃，认为从此可以脱离贫穷的樵夫生活，可是拉比领他们赶快去街上把钻石还给阿拉伯人。拉比说：“我买的只是驴子，而没有买钻石。我只能拥有我所买的东西，这才是正当行为。”

阿拉伯人非常惊奇：“你买了这头驴，钻石是在驴身上，你实在没有必要拿来还我。你为什么要这样做呢？”

拉比回答：“这是犹太人的传统。我们只能拿支付过金钱的东西，所以钻石必须归还给你。”

阿拉伯人听后肃然起敬。

听罢这则故事，妇人立即决定回去把戒指还给百货公司。拉比告诉她："如果对方问到你退还戒指的原因时，你只需说一句话就行：'因为我们是犹太人。'请带着孩子一块去，让他目睹这件事。他一定会对自己母亲的正直与伟大永记不忘。"

从这个故事我们可以得到启示：犹太人对待金钱是很有原则的，正所谓"君子爱财，取之有道"。

如果一个民族的灵魂变肮脏了，那这个民族就彻底完了。犹太人的生存经历是一面明镜，值得人类学习和借鉴。灵魂的纯洁是最大的美德。经商者应当牢记：抓住属于自己的钱，而不抓不属于自己的钱！

犹太人从来只拿属于自己的东西，这里属于自己的东西就是已经付过钱的。他们把这当成一种传统，是不可以破坏的。

成功者创造机会

机会来临时，要紧紧抓住；没有机会时，就要创造机会。

古希腊的演说家和政治家德摩西尼曾经说过："微小的机会，往往是伟大的事业开始。"在你的一生中，机会会多次影响你，但绝大多数人却没有认识到它的价值。有些人之所以会与机会失之交臂，原因就是他们对变化的恐惧。

机会只给准备好的人，这准备二字，并非说说而已，它更多地意味着自己去创造。下面就是一则犹太商人创造机会的传奇。

有个住在田纳西的美国籍犹太人，全家去佛罗里达旅行度假。在路上，他发现旅行者们很难找到一个能够为整个家庭提供高质量服务和充分便利的汽车旅馆。回到家之后，他找到一个朋友，告诉他建立一个新的汽车旅馆连锁网的想法，并把重点放在具有家庭气氛的优质服务上。他们从家乡田纳西开始建立第一家汽车旅馆起，在不到10年的时间里，就建立起一个国际性的汽车旅馆网络，比他们所有竞争对手加在一起还要庞大。一次不愉快的假日度假经历，使机会浮出了水面，而这位美国籍犹太人发现并抓住了这个机会，成为美国乃至全世界最大的汽车旅馆集团。机会无处不在，但只提供给那些寻找它的人。对失败的恐惧使得许多有能力的人与机会擦肩而过，所以你要把握你所能够获得的一切。犹太拉比在谈到机会时，总是这样对他的学生说："愚者错失机会，智者善抓机会，成功者创造机会。"

金钱猛于虎

对金钱的贪婪会腐蚀人的心灵，摧毁人类最宝贵的情感。

在犹太人大流亡时代，有两个朋友看到一位犹太拉比从丛林中惊慌失措地跑出来。他们问他为什么这样惊恐不安。犹太拉比说："在那片丛林中，我看到一个吃人的东西。""你是不是说有一只老虎？"两个人不安地问道。"不，"犹太拉比说，"要比老虎厉害得多，是我在挖一些药草时挖出来一堆金币。"

"在哪儿？"两人赶忙问道。

"就在那片丛林中。"说完，犹太拉比就走了。

两个朋友立即跑到犹太拉比所指的地方，果然发现有一些金币。

"那个犹太拉比多蠢啊！"一个人对另一个人说，"竟把这贵如生命的黄金说成是吃人的东西！"

另一个人说："让我们想想怎么办吧。在光天化日之下，现在就把它拿回村里是不安全的，必须在夜里偷偷拿回家去。我们留一人在这儿看着财宝，另一个人回家去拿吃的吧。"

当一个去拿饭时，留下的一个人想道："太遗憾了，今天要是我一个人来多好。现在我还得把这些黄金分给朋友一半，我有一大家子人，需要得到全部黄金。只要他一来，我就用我的刀把他捅死。"

同时，另一个人也在想："我干吗要把黄金分给他一半呢？我负债累累，为晚年准备的积蓄一点都没有，我不能分给他一半。我先吃好饭，然后就在饭里放上毒药，给他带去，他一吃就死了。”想好之后，他带着饭，来到发现金币的地方。他刚一到那里，另一个人就冷不防地给了他一刀，当即结束了他的性命。行凶后，凶手对朋友尸体说道：“可怜的朋友，是一半黄金送了你命。现在，我该吃饭了。”他端起有毒的饭吃了下去。半个小时后，他也一命呜呼了。他在临死的时候说：“犹太拉比的话多么对呀！”

犹太人重视金钱，但他们乐于施舍，勤于助人。因为他们明白：金钱会腐蚀人的心灵、摧毁人类最宝贵的情感，直到死亡的最后一刻人们才幡然醒悟，金钱只不过是身外之物，只有人类的情感才能永存于心。犹太人懂得珍惜、懂得感恩，知道生命的意义在于你拥有多少真情而不是拥有多少金钱，家人和朋友才是我们生命中真正的无价之宝。

思考的价值

思路决定出路，脑袋决定口袋。

两个加利福尼亚的青年一同开山。汤姆把石块砸成石子运到路边，卖给建房的人；而犹太人杰克直接把石块运到码头，卖给加州的花鸟商人，因为这儿的石头总是奇形怪状，杰克认为卖重量不如卖造型。3年后，杰克成为小镇上第一个买上汽车的人。

后来，政府规定不许开山，只许种树，于是这儿成了果园。每到秋天，漫山遍野的鸭梨招徕八方客商。他们把堆积如山的梨子成筐成筐地运往纽约和华盛顿，然后再发往欧洲和日本，因为这儿的梨汁浓肉脆，味道醇正无比。

就在小镇上的人为鸭梨带来的幸福日子欢呼雀跃时，曾卖过石头的果农杰克卖掉果树，开始种柳树。因为他发现，来这儿的客商不愁挑不到好梨，只愁买不到盛梨的筐。5年后，他成为镇里第一个购买别墅的人。

再后来，一条铁路从这儿贯穿南北，这儿的人上车后，可以北到纽约，南抵佛罗里达。随着小镇的开放，果农也由单一的卖果品开始转为果品加工。就在一些人开始集资办厂的时候，杰克在他的地头砌了一垛3米高、百米长的墙。这垛墙面向铁路，背依翠柳，两旁是一望无际的万亩梨园。坐车经过这儿的人，在欣赏盛开的梨花时，会突然看到四个大字：可口可乐。据说这是500里平原中唯一的一个广告，那垛墙的主人杰克就凭这垛墙，第一个走出了小镇，因为他每年有4万美元的额外收入。

英国壳牌石油公司美洲区代表威尔逊来美国考察。当他坐火车路过这个小镇时，听到这个故事。他被杰克罕见的商业头脑所震惊，当即决定下车寻找杰克。

当威尔逊找到杰克的时候，杰克正在自己的店门口与对门的店主吵架，因为他店里的一套西装标价800美元的时候，同样的西装对门标价750美元；而当他标价750美元的时候，对门就标价700美元。一月下来，他仅批发出8套西装，而对门却批发出800套。

威尔逊看到这种情形，非常失望，以为被讲故事的人欺骗了。但后来，当他弄清真相之后，立即决定以百万美元的年薪聘请他，因为对门的那个店也是杰克的。

不会思考的人总是跟在别人后面亦步亦趋，会思考的人才能在别人的前面开创自己的天地！犹太人之所以事业有成，主要是他们比别的民族更会思考。智慧创造财富，高超的智慧创造巨大的财富。

一壶井水

金钱不过是身外之物，不要为了金钱而迷失了自己。

4个商人和一个为他们做杂活的犹太少年，骑马穿越大沙漠，遇上了沙尘暴。5匹驮着水和食物的马不见了踪影，他们也可怕地迷失了方向。

天上烈日喷火，沙漠烘烤如炉。5个人由于干渴而无比痛苦，都无力地躺在沙丘下。他们嘴唇干裂，舌头成了一片干木板，全身仿佛在一点点枯萎，从每个人口中发出的沙哑声音都是一个字："水！"

胖商人身上此时确有一小壶井水，500毫升的重量。在穿越沙漠前他灌了一小铁壶酒，同行的商人和他开了个玩笑，偷偷倒出酒给他装上了水。完全出乎他们意料的是，现在这小壶井水不知要比一壶酒贵重多少倍。关键是500毫升水如果给一个人喝下去，这个人很可能走出沙漠，脱离险境；如果5个人各喝一份，每人喝到100毫升水，毫无疑问都将倒在沙漠里。

3个商人都把目光盯向了胖商人身上的那一小壶井水，他们认为能让自己喝到那小壶井水的最有效办法，就是用金钱换取。于是，瘦商人抢先提出用10枚金币买那一小壶井水，另外两个商人也马上竞价买水。很快，买价上升到100枚金币，最后3个商人愿倾其身上所有的金币来换水。

那个做杂活的少年一声不响，绝望地闭着眼睛躺着听他们争吵着买水。只有他身上没有金币，因而那壶水一滴也不

属于他。

然而，3个商人谁也没有买成那小壶井水，拥有这小壶井水的胖商人不为大把的金币所动。他头脑十分清醒地说："谁喝下这壶井水，谁就有可能走出沙漠。卖给你们这壶水，我只能倒在这里，得到再多的金币又有什么用？你们难道看不出来，金币的价值现在等于零吗？"

3个商人目瞪口呆。

随即争夺那小壶井水的生死搏斗在4个商人中展开了。先是厮打叫骂，拳脚相加，很快用上了贴身的匕首、皮带。不太久，搏杀平息了，4个商人都倒了下去。他们流出的黏稠的血，在烈日下干结。

4个商人都没有得到的那小壶井水，却意外地属于了干杂活、身无分文的少年，这始料不及的突变竟使少年一时茫然不知所措。更让他心惊肉跳的是，映入他视线的散落在地上的大把金币，那些从前一直与他无缘、对他毫无感情的灿灿金币，此时只要他肯弯下腰，就可以成为它们的新主人。少年却没有弯腰，他的手中只捧着那小壶井水，他那颗稚嫩的心在这场生死搏斗中被深深地震撼。聪明的他十分清楚，拾一枚金币就可能会拾两枚三枚以至全部，沙漠中负重行走会加大干渴的程度，他虽然得到了这小壶井水，但同样还可能倒下去。因此，少年头也不回地离开了那些金币。晚霞为他镀一身金光，他的生命之树开始复绿。

犹太少年战胜了大漠，也战胜了自己，而战胜自己让他最后战胜了大漠。

钱就是钱

经商思想是非常自由的，只要不违法，没有什么生意不可以做，没有什么钱不可以赚。以钱为生，是每个犹太人朴素而又自然的生活方式。也是犹太父母教给孩子的基础课程。钱是生存的根基，但不是人生的全部。

在社会中，人成功的标志和自身价值的实现，更多的是依靠财富的多少来衡量。犹太人更是此中的佼佼者，犹太父母经常教育自己的孩子，经商、赚钱、做生意没有什么可耻。犹太人教育孩子从小关心的事是如何赚钱，而不是钱的性质。

无论在过去还是当代，即使在最艰难的二战时期，犹太人也从未放弃过对金钱的追求。当然，犹太人也不讳言金钱的消极功能，不可否认许多人为了金钱会做出危害社会、危害他人的违背道德甚至违法乱纪的事情来。但是犹太人认为：以金钱作为基础的现代文明，其福祉远远大于弊端。金钱能够改变一个人的地位，但却改变不了一个人精神上的贫困。犹太人的思想是充实的，他们从来都只是把金钱看作一种手段而并不是命运的载体。对于金钱，我们当中绝大多数人是缄口不谈的，他们害怕背上“拜金主义者”的包袱，甚至有人视之为洪水猛兽。但犹太人却不是这样，他们从不回避有关钱的话题。尽管犹太人把金钱奉为世俗的“万能的上帝”，但他们并没有在金钱面前俯首称臣，成为金钱的奴隶。

洛克菲勒这位世界有名的亿万富翁，对金钱的看法是：不但不做金钱的奴隶，还要把金钱当作自己的奴隶来使唤。他习惯到他熟悉的餐厅用餐，用餐后往往他会付给服务生15美分的小费。但是有一天，他在用完餐后却不知道什么原因，只付给服务生 5 美分的小费。服务生见他这次给的小费只是往常的三分之一，不禁埋怨道："如果我像你那样富有，决不会吝惜那10美分的。"洛克菲勒却毫不生气，笑着说："这也就是你一辈子都只能当服务生的原因了。"

服务生每次都会从洛克菲勒手中得到15美分的小费，偏偏这一次只有5美分，如果他不是把钱看得那么重，而是一如既往地服务好洛克菲勒先生，也许洛克菲勒会再给他补上那10美分。即使这一次只有 5 美分这么多，那也不代表以后总是5美分。而现在他这样毫无礼貌地指责洛克菲勒先生，可以想见，以后洛克菲勒都不会再给他那么多小费了，哪怕只有区区5美分。要让你的孩子从小懂得：金钱只是一种动力，它不能成为生命的全部意义。

别把硬币不当钱

别想一下就造出大海，必须先由小河川开始。

两个年轻人一同寻找工作，一个是英国人，一个是犹太人。

一枚硬币躺在地上，英国青年看也不看地走了过去，犹太青年却激动地将它捡起来。英国青年对犹太青年的举动露出鄙夷之色：一枚硬币也捡，真没出息！犹太青年望着远去的英国青年心生感慨：让钱白白地从身边溜走，真没出息！

两个人同时走进一家公司。公司很小，工作很累，工资也低，英国青年不屑一顾地走了，而犹太青年却高兴地留了下来。

两年后，两人在街上相遇。犹太青年已成了老板，而英国青年还在寻找工作。英国青年对此迷惑不解，说："你这么没出息的人怎么能这么快地'发'了？"

犹太青年说："因为我没有像你那样绅士般地从一枚硬币上迈过去。你连一枚硬币都不要，怎么会发大财呢？"

也许这个英国青年并非不要钱，可他眼睛盯着的是大钱而不是小钱，所以他的钱总在明天。但是，没有小钱就不会有大钱，你不懂得从小钱积起，那么财富就永远不会降临到你的头上。

犹太人告诉我们：金钱也跟人一样，你尊重它们，它们就不会亏待你；你忽略它们，它们就会从你的身边溜走。在人生

的旅途中，不要忽视任何一次机会，也不要轻视任何一分钱，说不定正是那一次机会、那一分钱使你步入了辉煌。

财富的积累离不开金钱的积累。而要积累金钱，还得掌握金钱的特性。因为钱是喜欢群居的东西，当它们处于分散的状态时，也许没有什么威力；但当它们由少成多地聚集起来时，成千上万的金钱就会发挥巨大的力量。另外，金钱还有这么一个特性，就是你越尊重它，它便越拥护你；你越藐视它，它便越避开你。要想积累财富，首先就得掌握金钱的特性，不要放过身边的每一个小钱。

看看一位犹太人是如何积累财富的：

犹太人亚凯德对一位自称卖蛋的节俭人说："假使你每天早上收进10个蛋放到蛋篮里，每天晚上你从蛋篮里取出9个蛋，其结果是如何呢？"

"时间久了，蛋篮就要满溢啦。"

"这是什么道理？"

"因为我每天放进的蛋数比取出的蛋数多一个呀。"

"好啦，"亚凯德继续说，"现在我向你介绍一个发财的秘诀，你要照我说的去做。因为你把10块钱收进钱包里，但你只取出9块钱作为费用，这表示你的钱包已经开始膨胀。当你觉得手中钱包重量增加时，你的心中一定有满足感。"

"不要以为我说得太简单而嘲笑我，发财秘诀往往都很简单。开始，我的钱包也是空的，无法满足我的发财欲望，不过，当我开始放进10块钱而只取出9块花用的时候，我的空钱包便开始膨胀。我想，各位如果如法炮制，各位的空钱包自然也会膨胀了。”

它的道理很简单。事实是这样的：当你的支出不超过全部收入的90%时，你就觉得生活过得很不错，不像以前那样穷困。不久后会觉得赚钱也比往日容易。能保守而且只花费全部收入的一部分的人，很容易赚得金钱；反过来说，花尽钱包存款的人，他的钱包永远都是空空的。

在生意人的这个圈子里，有一个所谓9：1法则，那就是当你收入10块钱时，你最多只花费9元，让那1元“遗忘”在钱包里，无论何时何地，永不破例，哪怕只收入1块钱，你也保证冻结十分之一。这是白手起家的第一法则。

别小看这一法则，它可以使你的钱包由空虚变充实。其意义并不仅仅在于攒几个钱，它可以使你形成一个把未来与金钱统一成一个整体的观念，使你养成积蓄的习惯，刺激你获取财富的欲望，激发你对美好未来的追求。从一个方面来看，当你的投资进入最后阶段时，这最后的一块钱往往能起到决定性的作用。

做生意切勿因利小而不为。这是因为做生意的目的是赚钱，只要有钱赚，不分多少。俗语说，“积少成多”“集腋成裘”“聚沙成塔”，世界上许多富商巨贾也是从小商小贩做起的。例如，美国的亿万富翁沃尔顿，是经营零售业起家的；鼎鼎有名的麦克唐纳公司，是经营小小汉堡包发财的。

在经营项目及数量上，也要注意“勿以利小而不为”。这是因为，看起来似乎是微不足道的小商品、小买卖（例如小百货、小杂货之类），可是它能吸引顾客，使你的事业兴旺发达。

有个犹太小商人居住在美国佛罗里达州。他注意到家务繁重的母亲们总是急急忙忙去买纸尿片，因此他想到建立一个“打电话送尿片”的公司为那些忙碌的妈妈们减轻负担。

是不是很多人认为这个小商人太没有志气了，居然送尿片，还送货上门。这种本小利薄的生意，傻子才会去做。

事实上，这个商人不仅是想，而且付诸实践。他雇用全美国最廉价的劳动力和最廉价的交通工具。后来他把送尿片服务扩展为兼送婴儿药物、玩具和各种婴儿用品、食品，随叫随送，只是在商品价格上面多收了15%。最终他的生意越来越旺。

犹太商人的成功并不是起点很高，并不是一开始就想着要做大生意、赚大钱。他懂得，凡事要从细小的地方入手，一步一步进行，财富的雪球才会越滚越大。

凡事从小做起，从零开始，慢慢进行，不要小看那些不起眼的事物。这一道理从古至今永不衰竭，被许多犹太成功人士演练了无数次。

有个叫哈罗德的犹太青年，开始只是经营一个小型餐饮店的商人。他看到麦当劳里面每天人山人海的场面，就感叹那里面所隐藏的巨大的商业利润。

他想，如果自己可以代理经营麦当劳，那利润一定是极可观的。

他马上行动，找到麦当劳总部的负责人，说明自己想代理麦当劳的意图。但是负责人的话却给哈罗德出了一个难题——麦当劳的代理需要200万美元的资金才可以。而哈罗德并没有足够的金钱去代理，而且相差甚远。

但是，哈罗德并没有因此而放弃，他决定每个月都给自己存1000美元。于是每到月初的1号，他都把自己赚取的钱存入银行。

为了害怕自己花掉手里的钱，他总是先把1000美元存入银行，再考虑自己的经营费用和日常生活的开销。

无论发生什么样的事情，都一直坚持这样做。

6年！哈罗德为了自己当初的计划，整整坚持不懈存了6年。由于他总是在同一个时间——每个月的1号去存钱，连银行里面的服务小姐都认识了他，并为他的坚韧所感动！

现在的哈罗德手中有了72万美元，是他长期努力的结果。但是相对200万美元来讲仍然是远远不够的。

麦当劳负责人知道了这些，终于被哈罗德的不懈精神感动了，当即决定把麦当劳的代理全部交给哈罗德。

就这样，哈罗德开始迈向成功之路，而且在以后的日子里不断向新的领域发展，成为一代巨富。

如果，哈罗德没有坚持每个月为自己存入1000美元，就不会有72万美元，也不会代理到麦当劳。如果当初只想着自己手中的钱太微不足道，不足以成就大事业，那么他永远只能是一个默默无闻的小商人。

为了让自己心中的种子发芽，哈罗德从1000美元开始慢慢充实自己的口袋，而且长达6年之久，终于感动了麦当劳负责人，也开始了他自己的富裕人生。

万丈高楼平地起，你不要认为为了一分钱与别人讨价还价是一件丑事，也不要认为小商小贩没什么出息。

金钱需要一分一厘地积攒，而人生经验也需要一点一滴地积累。在你成为富翁的那一天，你已成了一位人生经验十分丰富的人。

看紧你的钱包

犹太人的长期流散，使他们重视金钱。因为每当形势紧张，他们重新踏上出走之路时，钱是最便于携带的东西，也是保证他们旅途中得以生存的最重要物品。

正是因为如此，犹太父母会教导孩子：对钱财必须具有爱惜之情，它才会聚集到你身边。你越尊重它、珍惜它，它越心甘情愿地跑进你的口袋。

“紧紧地看住你的钱包，不要让你的金钱随意地出去，不要怕别人说你吝啬。你的钱每花出去一分都要有两分钱利润的时候，才可以花出去。”犹太巨富洛克菲勒是这个信条虔诚的遵守者。

洛克菲勒早年在一家大石油公司做焊接工，任务是焊接装石油的巨大油桶。他细心地发现每焊接一个油桶要掉落的铁渣每次不多不少正好是509滴，他想要焊接那摞得像山一样的油桶要浪费多少焊条呀！于是他改进了焊接的工艺和焊接的方法，让每次滴落的铁渣正好是508滴，仅此一项改进，让这家大石油公司全年节约的资金是5.7亿美元之多！洛克菲勒本人也因此获得了一次极佳的晋升机会。

努力挣钱是开源，设法省钱是节流。巨大的财富需要努力

才能追求得到，同时也需要杜绝漏洞才能积聚。

洛克菲勒成为亿万富翁以后，他的经营管理也是以精于节约为特点的。他给部下的要求是提炼一加仑原油的成本要计算到小数点后的第三位。每天早上他一上班，就要求公司各部门将一份有关成本和利润的报表送上来。多年的商业经验让他熟稔了经理们报上来的成本开支、销售以及损益等各项数字，他常常能从中发现问题，并且以此指标考核每个部门的工作。1879年的一天，他质问一个炼油厂的经理："为什么你们提炼一加仑原油要花19.8492美元，而东部的一个炼油厂干同样的工作却只要19.849美元？"这正如后人对他的评价，洛克菲勒是统计分析、成本会计和单位计价的一名先驱，是今天大企业的"一块拱顶石"。

到了老年时期，有一天，他向他的秘书借了5美分。当洛克菲勒给秘书还钱的时候，秘书不好意思要，洛克菲勒当即大怒："记住，5美分是一美元一年的利息！"由此可见他对于金钱的节俭和计算真是到了极致。

犹太人的用钱原则就是只把钱用在该用的地方，他们认为不该用的地方，是一块钱也不会花出去的。他们说："对钱财必须具有爱惜之情，它才会聚集到你身边，你越尊重它、珍惜它，它越心甘情愿地跑进你的口袋。"

另一位犹太人，也是以崇尚节俭、爱惜钱财著称的连锁商店大王克里奇，他的商店遍及全美50个州和国外很多地方。他的资产数以亿计，但他的午餐从来都是1美元左右。克德石油公司老板波尔·克德有一天去参观一个展览，在购票处看到一块牌子上写着：“5时以后入场半价收费。”克德一看手表是4时40分，于是他在入口处等了20分钟后，才购买了一张半价票入场，节省下0.25美元。要知道，克德公司每年收入上亿美元，他之所以节省0.25美元，完全是受他节俭的习惯和精神所支配，这也是他成为富豪的原因之一。

犹太人特别是犹太商人不管多么富有，绝不会随意挥霍钱财。在宴请宾客时，以吃饱吃好为尚，不会讲排场、乱开支；在生活中，以积蓄钱财为尚，不会用光吃光。犹太人测算过，依照世界的标准利率来算，如果一个人每天储蓄1美元，88年后可以得到100万美元。88年时间虽然长了一点，但如果每天储蓄2美元，大都在实行了10年、20年后很容易就可以达到100万美元。可见对金钱除了爱之外，还要惜。也就是说，除了想发财外，还要想办法保护已有的钱财。这就是犹太人经营致富的一个奥秘。犹太富商亚凯德说：“犹太人普遍遵守的发财原则，那就是不要让自己的支出超过自己的收入。如果支出超过收入便是不正常的现象，更谈不上发财致富了。”

犹太人有句格言这样说：“花1美元，就要发挥1美元100%的功效。”

很多犹太人老板对任何的开支都精打细算，为的就是尽量地降低成本，减少费用。他们总是说：“要把一块钱当作两块钱来使用。如果在一个地方错用了一块钱，并不就是损失一块钱，而是花了两块钱。”

赚钱是游戏

金钱不神圣，不是高不可攀的圣物。犹太人对钱持一种平常心。他们认为金钱同衣服一样，不过是一件有用的物品而已。犹太孩子则在这种环境下，耳濡目染，和父母学习对待金钱的态度。

有许多犹太大亨，他们手中掌握着数以百万、千万，甚至亿万财富的时候，他们感觉手里拿的不过就是一堆纸张而已，并不觉得这是可以时刻给人带来祸福安危的东西。如果他们把金钱看得很重，就不敢再那样心不跳、气不喘地赚钱了。

要想赚钱，就绝对不能给自己增加心理负担，而是应该从容地、冷静地对待。对金钱不感兴趣自然赚不到钱，但倘若把金钱看得太重，也就给自己背负了沉重的包袱。

犹太人注重金钱，认为金钱是现实中万能的上帝。金钱在他们眼中显得无比的神圣，但是在赚取

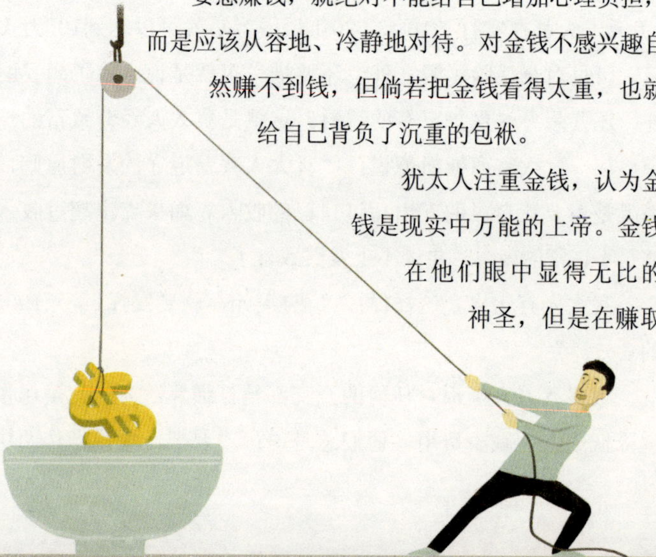

金钱的时候，他们已经把金钱当作是一种十分普通的东西，就和纸张、石头一样，丝毫不觉得金钱有烫手的感觉。

犹太人只把金钱当作是一种很好玩的物品。它在刺激着每一个人的神经，人们投入资金的时候就是投入了一次次危险但有趣的游戏中。如果不是把赚钱当作游戏，而是看作一项沉重的工作，甚至是在拿命运作赌注的时候，心理的压力会十分强大，以至于人们不敢去冒风险。

犹太人这样形容自己：在赚钱的时候你就进入了一个游戏的世界。作为游戏的参与者，你要不停地和对手进行较量和角逐。你要采用一切办法和手段来胜过其他的人，你要超越所有的人才可以赢得最后的胜利。

著名的金融家摩根就是这样的赚钱观念，即绝不让赚钱变成一种沉重的负担，而是一种新鲜刺激的游戏。他认为只有以这样游戏的心态去赚取金钱，才是最佳的赚钱心态。

摩根对赚钱甚至达到痴迷的程度。他一直有一个习惯，每当黄昏的时候，他就到小报摊上买一份载有股市收盘的当地晚报回家阅读。当他的朋友都在忙着怎样娱乐的时候，他则说："有些人热衷于研究棒球或者足球的时候，我却喜欢研究怎么赚钱。"

在谈到投资的时候，他总是说："玩扑克的时候，你应当认真观察每一位玩者，你会看出一位冤大头。如果看不出，那这个冤大头就是你。"

他从来不乱花钱去做自己不喜欢的事情。他总是琢磨赚钱的办法。有的同事开玩笑说："摩根你已经是百万富翁了，感觉滋味如何？”摩根的回答让人玩味：“凡是我想要的东西而又可以用钱买到的时候，我都能买到。至于其他人所梦想的东西，比如名车、名画、豪宅我都不为所动，因为我不想得到。”

他并不是一个为金钱而生活的人，他甚至不需要金钱来装饰他的生活。他喜欢的仅仅是游戏的感觉，那种一次次投入资金，又一次次地通过自己的智慧把钱赚回来的感觉，充满了风险和艰辛，但是也颇为刺激。他喜欢的就是刺激。摩根说：“金钱对我来说并不重要，而赚钱的过程，即不断地接受挑战才是乐趣，不是要钱，而是赚钱，看着钱滚钱才是有意义的。”

视钱为平常物，视赚钱为游戏，这就是犹太商人的高明之处。唯有如此，才成就了那么多的犹太大亨。

从信息里赚钱

即使是风，嗅一嗅它的味道，你也可以知道它的来历。这是一个信息的时代，一切东西都可以用信息来代替和表示。信息是这个时代的最大财富，拥有了信息就等于拥有了财富。

犹太人似乎很早就懂得了这个关系。他们知道信息的重要性，并很早就开始利用信息赚钱了。在犹太人的语言——希伯来语中，信息的含义往往和“经营活动”是一个意思。也许是受到了这一启示，犹太大亨们将信息看得无比重要。这个信条也一代代地传了下来。

美国亚默尔肉类加工公司的老板菲普力·亚默尔习惯于天天看报纸，虽然生意繁忙，但他每天早上到了办公室，就会看

秘书给他送来的当天的各种报刊。

1875年初春的一个上午，他仍然和平时一样细心地翻阅报纸，一条不过百字的消息把他的眼睛牢牢吸引住了：墨西哥疑有瘟疫。

亚默尔顿时眼睛一亮：如果墨西哥发生了瘟疫，就会很快传到加州、德州，而加州和德州的畜牧业是北美肉类的主要供应基地，一旦这里发生瘟疫，全国的肉类供应就会立即紧张起来，肉价肯定也会飞涨。

他立即派人到墨西哥去实地调查。几天以后，调查人员证实了这一消息的准确性。

亚默尔立即集中大量资金收购加州和德州的肉牛和生猪，运到离加州和德州较远的东部饲养。两三个星期后，瘟疫就从墨西哥传染到联邦西部的几个州。联邦政府立即下令严禁从这几个州外运食品，北美市场一下子肉类奇缺、价格暴涨。

亚默尔及时把囤积在东部的肉牛和生猪高价出售。短短的3个月时间，他净赚了900万美元（相当于现在的1.3亿美元）。这一条信息让他赚取了巨额利润。

犹太商人消息灵通是世界闻名的。据日本商人说，犹太商人非常喜欢收购国外破产企业。每当日本有让犹太商人看着中意的企业破产之时，远在美国的犹太商人便会第一批获得这一消息。而许多日本企业主近在国内，却是“出口转内销”，还得从犹太人那里获得有关情报。

在这方面，素有“犹太经商之道代表”之美称的罗斯柴尔德家族，就是一个很好的例子。

罗斯柴尔德家族的信息网遍布西欧各国。这种分布使这个家族较易于获得情报信息，也使各种信息具有了特别重大的价值：在一地已经过时了的消息，在另一地可能仍还有巨大的商业价值。为此，罗斯柴尔德家族特地组织了一个专为其家族服务的信息快速传递网，在交通和通信尚没有像今天这般便利快捷的时代，这个传递网还着实发挥过一阵子作用。有一次，罗斯柴尔德为了获取信息，亲临火线并当了一回信息传递员。

19世纪初，法国拿破仑和欧洲联军苦苦作战，战局变化不定，谁胜谁负一时难以判断。后来，联军统帅英国惠灵顿将军在比利时发起了新的攻势，因为一开始打得非常糟糕，欧洲证券市场上的英国股票疲软得很。

这时，在伦敦的纳坦·罗斯柴尔德为了了解战局的走向，专程渡过英吉利海峡，来到法国打听战况。当战争发生逆转，法军已成败局之时，纳坦·罗斯柴尔德就在滑铁卢战地上。纳坦一得知这个确切消息，马上动身，赶在政府急件传递员之前几个小时，回到伦敦。罗斯柴尔德家族靠信息的便利而占了先机。他们动用了大笔资金，乘英国股票尚未上涨之际，大批吃进。短短几小时后，政府公布消息，股价直线上升，转眼之间罗斯柴尔德就发了一笔大财。

无独有偶，1973年3月，扎伊尔发生武装叛乱，叛军向赞比亚铜矿移动。日本三菱公司从卢萨卡得到这一信息后，从中推断出这一局势将会妨碍铜矿交通，影响铜矿开采，进而会直接影响世界铜市场的产量和价格。于是，三菱公司根据情况采取了对策，大批购买铜。此时伦敦五金交易所却反应迟钝，铜价依然如故，每吨860英镑。时隔不久，铜价果然猛涨，转眼之间，日本人利用情报信息就赚了一大笔钱。

所以犹太人会教育孩子，无论什么年代，信息都是有价的，从信息里赚钱首先要从信息里发现商机，在别人之前抓住信息，你就比别人先抓住了商机，进而抢先抓住财富。

用脑袋去赚钱

西方有句名言说：“从人们思想中挖出来的金矿，超过从地下开采出来的黄金。”所以，犹太人会告诉孩子，不去自己思考和判断，就是把自己的脑袋交给别人帮你看管。

财富是靠脑袋的，犹太人说，人的价值是脑袋，而不是手。他们就是依靠脑袋发财的。犹太人在经商的时候显得很轻松，但他们其实是经过不断思考的。

“钞票有的是，遗憾的是你的口袋太小了。如果你的思维足够开阔，那你的钱包就会随之增大。”犹太人如是说。

犹太人做生意是极为精明的，他们用自己聪明的头脑构筑了一个个绝妙的想法而赚了钱。

犹太人的商业原则是：作为商人，他的任务就是想办法制订好一套完整的合理的商业计划，剩下的事情就让别人去摆弄，自己等着赚钱就可以了。

有这样一个故事：

有位国王拥有一大片葡萄园，雇了许多工人来照管，其中有一位工人能力特别强，技艺超群。于是国王让他来管理这片园子。

有一天，这位国王来到葡萄园散步，就让他陪同。这天工作完后，工人们排起长队领取工资，几乎所有人的工资都相同，但是当这位看管园子的人领取工资的时候，却遭到了大家的抗议和议论。他们认为这位工人只干了两个小时的活，其他的时间都在陪国王到处闲逛，所以不能领取与别人等同的工资。

这时，国王说话了：“我派他来是因为他熟悉你们的工作，是来看管你们的。今天他虽然只干了两个小时的活，但是他走的时候，你们仍然按他给你们的规定完成了任务，他的两个小时就干完了你们一天才完成的工作量，所以他的工资和你们一样。”

工作成就不能以工作时间来计算，也不是按他干了多少活来计算，而是应该以他实际工作所获得的有效劳动成果的多少来计算。

犹太人在他们历史的早期就已经这样做了。在1910年，大量犹太人进入北美。开始的时候，他们和一起移民来的英国人、西班牙人、葡萄牙人一样，都是从事最简单的体力劳动。他们每10个人里有8个是体力工人，但是不久之后他们就都不干了。因为，对于犹太人来说，开始他们从事这些出卖体力的职业是由于遭受歧视、缺乏机会才不得不这么做。当他们有了基本的生存保证后，就不再这样做了。这些工作报酬低微，但是付出的辛苦又很多，工作还很不稳定，尤其是这些工作会降低人的身份，这完全不符合犹太人的追求。

于是，他们依靠自己良好的教育背景纷纷去找那些体面、薪水报酬高、有油水可捞的工作。过了几十年，他们中有不少人成为百万富翁。著名的罗斯柴尔德家族就是从这个时候开始闻名的。到了后来，每10个犹太人里就只有1个是蓝领工人了，其他的人都变成有产阶级了。在人们的眼睛里，每一个犹太人都成了重要的人物。而那些其他民族的人还是不得不继续卖力地挥动他们的锄头，汗流浃背地工作，以求每日的餐饭。

这就是两种不同的观念造成的不同命运：前者依靠自己的智慧变得富有；后者则依旧靠出卖体力来生活，他们的一生也不得不继续他们被奴役的生活。

可以看出，财富绝对是靠智慧的大脑得来的，那种传统的依靠体力来劳作是不会得到大财富的，即使是传说中的那些大力士在今天也顶多是维持自己的生计罢了。在今天越来越重视知识的年代，富有智慧的人们注定是这个世界的主宰者。

犹太人对于赚钱，自有主见。他们会教育孩子，赚钱有三种方式：一是靠身体，二是靠体力，三是靠脑袋。出卖自己身体是最可悲也是最下等的赚钱方式，而靠出卖自己的体力赚钱则是其次，最上乘的赚钱方式就是靠脑袋。犹太人向来就是靠脑袋致富的，有很多犹太人在世界各国过得逍遥自在，而且他们能在休闲中赚取自己想要的东西。

勤勉是生存的关键